PROF. DR. HEINZ-ROLF LÜCKERT
Selbstheilung durch geistige Kräfte

Prof. Dr. Heinz-Rolf Lückert

Selbstheilung durch geistige Kräfte

Ein Handbuch der Methoden und ihrer Anwendungen

Herausgegeben von
Dr. Inge Lückert

Kreuz

Inhalt

Wir sind ein Lichtsystem, so wie alle anderen Wesen auch. Die Frequenz unseres Lichts hängt von unserem Bewusstsein ab. Wenn wir die Stufen unseres Bewusstseins verändern, wechseln wir auch die Frequenz unseres Lichts. Durch die Wahl unserer Gedanken und durch die Entscheidung, von welchen emotionalen Strömen wir uns befreien und welche wir verstärken, bestimmen wir die Qualität unseres Lichts. Licht bedeutet Bewusstsein.

GARY ZUKAV

Autor von ›Die tanzenden Wu Li Meister‹

Imagination ist wichtiger als Wissen.

ALBERT EINSTEIN

Was wir brauchen, ist Imagination. Wir müssen ein neues Weltbild finden.

RICHARD P. FEYNMAN

Vorwort

Heinz-Rolf Lückert hat sich seit Mitte der siebziger Jahre umfassend mit dem Thema ›Heilung durch geistige Kräfte‹ befasst. In diesen Jahren haben wir gemeinsam unsere psychotherapeutische Praxis aufgebaut, die sich auf die Erkenntnisse der Psychoneuroimmunologie und die Grundlagen der Kognitiven Verhaltenstherapie stützt. Er hat diese Therapie, um den Bezug zur neurologischen Forschung zu betonen, ›Aktivationstherapie‹ genannt. Bei seinen Forschungen auf diesem Gebiet kam er zu dem Ergebnis, dass die heilende Kraft der Imagination – diese zentrale psychische Funktion – einen erlebnismäßigen Zugang zum tragenden Grund der Wirklichkeit, zum allumfassenden GEIST, ermöglicht. Auf diesen GEIST werden wir in der Einleitung noch genauer eingehen.

Das vorliegende Buch, das sich auf erfahrungsorientiertes und -bestätigtes Wissen, auf wissenschaftliche Erkenntnisse stützt, bietet eine umfassende Übersicht darüber, welche Wirkungen Imagination zu erbringen vermag und wo und wie sie eingesetzt wird. Dabei werden auch Therapierichtungen im Aufriss beschrieben, die sich der Imagination in besonderer Weise zugewandt haben, Therapien, die die Existenz einer Energieform ›Geist‹ belegen.

Der rote Faden, die verbindende Klammer, die das Buch jedoch zu mehr machen soll als zu einem Überblick, ist das Anliegen meines Mannes, die Beziehung zum kreativen Selbst herzustellen, die Aufspaltung von Körper und Geist zu überwinden. Leserinnen und Leser sollen mit einem holistischen, ganzheitlichen Bild vom Menschen und der Welt vertraut werden – in Abgrenzung zu den meisten gegenwärtig so populären esoterischen Vorstellungen. Das Ziel ist nicht nur die Gesunderhaltung oder Heilung des Körpers im Sinne eines Mobilisierens von Selbstheilungskräften, sondern auch zu innerem Frieden, zu Zufriedenheit und Gelassenheit zu gelangen.

Mein Mann kam 1992 anlässlich eines tragischen Verkehrsunfalles ums Leben. Er hinterließ vier noch nicht ganz abgeschlossene Buchmanuskripte. Da wir auch beruflich ein Team waren, ist es mir ein Anliegen, das Vermächtnis meines Mannes zu erfüllen und die Bücher auf den Weg zu bringen. Bei der vorliegenden – letzten – Publikation war es meine Aufgabe, an einigen Stellen Kürzungen, an anderen Ergänzungen vorzunehmen. Außerdem habe ich die Literatur seit 1992 im Hinblick auf die vorliegende Thematik verfolgt, um das eine und andere neu einzubringen und das Buch auf einem aktuellen Stand zu halten.

Im Januar 1999 *Inge Lückert*

Einleitung

Im Mittelpunkt dieser Veröffentlichung stehen die Erkenntnisse der Psychoneurologie, der Immunforschung und das Zusammenspiel dieser beiden Forschungsbereiche in der seit einigen Jahren etablierten Psychoneuroimmunologie. Bei den vernetzten psychischen und psychosomatischen Phänomenen kommt der Imagination – *den bildhaft-eindringlichen Vorstellungen* – eine Brückenfunktion zu.

In diesem Buch wird die *heilende Kraft der Imagination* dargestellt und versucht, die Phänomene durch Berichte über wissenschaftliche Erhebungen, Untersuchungen und Therapieansätze einsichtig und verständlich zu machen.

Beim Studium der sechs Kapitel, der Wanderung durch die sechs Landschaften psychischer Tatsachen und Erkenntnisse, sollten wir bedenken, dass wir mittels der zentralen psychischen Funktion, nämlich der

Imagination

einen erlebnismäßigen Zugang zu dem tragenden Grund der Wirklichkeit, zum GEIST, haben.

Im Abschlusskapitel (VII) möchten wir mit dem Leser auf einen Berg steigen, der uns einen weiteren Blick auf das grenzenlose Panorama des GEISTES gewährt.

Am Ende des Buches – bei der Rückkehr zum Alltag – werden dem Leser noch eine Reihe praktischer Hinweise gegeben, die er bei verschiedenen Gelegenheiten zur Lebensbewältigung nutzen kann.

Durch die Imaginationsforschungen in Psychologie und Medizin, aber auch durch unsere Lebens- und Praxiserfahrungen sind wir davon überzeugt, dass Psychisches auf Körperliches einzuwirken vermag. Wie dies im Einzelnen geschieht, ist allerdings noch nicht geklärt.

Immer wieder wurde von naturwissenschaftlich orientierten Wissenschaftlern das Innenleben (Bewusstsein, Vorstellung, Wille usw.) zum Schein verurteilt. Zwei Argumente wurden gegen die subjektive Wirksamkeitserfahrung vorgebracht: Zum einen erscheint eine Wirkung des Psychischen auf das Physische unvereinbar mit der immanenten Vollständigkeit physischer Determinanten (Unvereinbarkeits-Argument = These von der physikalischen Nichtzulassung psychischer Ursachen). Zum anderen, so behauptet man, sei das Psychische gar nicht imstande, eine solche Wirkung auszuüben, da es eine abhängige Begleiterscheinung physischer Vorgänge ohne eigene Kraft der Determination sei (Epiphänomen-Argument = These von der Kraftlosigkeit des Psychischen).

Hans Jonas diskutiert und kritisiert diese beiden Thesen in seinem Buch ›Macht oder Ohnmacht der Subjektivität‹ (Frankfurt 1981).

Mit Recht macht Jonas darauf aufmerksam, dass erst mit der Quantenmechanik die Verträglichkeit psychischer Kodeterminierung physischen Geschehens mit den Naturgesetzen erkennbar wurde. Der Organismus als Verstärker ist befähigt, minimale unsichtbare geistige Energien in wahrnehmbare Handlungen zu überführen. Der Geist oder das Bewusstsein fungiert dabei als Auslöser. Diese Ergebnisse »rechtfertigen die Vermutung oder stärken die Ahnung, dass ›hier‹, im Raume quantenmechanischer Vorgänge der Ort sein muss, wo die geheimnisvolle Schaltung stattfindet – vom Geist zum Stoff und vom Stoff zum Geist« (S.114).

Von hier aus verstehen wir auch, dass mit dem Aufkommen der modernen Physik unsere naive, an der Alltagserfahrung orientierte Psychologie der Wunsch-Wille-Verhalten-Handlungsdetermination im Rahmen einer allgemeinen Geist-Materie-Determination gesehen werden kann. Durch die Stützung der modernen Naturwissenschaft hat die spirituelle Weltansicht an Glaubwürdigkeit und Gewicht gewonnen.

An dieser Stelle sollten wir uns fragen:

Was ist Bewusstsein (Geist)? Oder anders gefragt: Lässt sich Bewusstsein überhaupt definieren und wenn, wie? Welche Rolle spielt Bewusstsein?

Der Bewusstseinsbegriff nach Descartes wird gleichsam zum zentralen anthropologischen Begriff, das Bewusstsein wird zum Wesenskonstituens des Menschen.

Für Leibnitz ist das Bewusstsein der gesamte Inhalt unserer Ich-Erfahrung.

Grundsätzlich können wir festhalten, dass die Bedeutung dieses Begriffs und die theoretisch bestimmten Sichtweisen hierüber im Bereich der Psychologie uneinheitlich sind.

Zunächst sollten wir uns darauf besinnen, dass ›Bewusstsein‹ wie ›Leben‹ Grundphänomene sind, die sich nicht definieren, sondern nur umschreiben lassen. Wenn wir von Bewusstsein sprechen, meinen wir das Gewahrwerden der äußeren Welt und der eigenen Innerlichkeit, der inneren Erlebniswelt. Intentionalität und Reflexion sind also die beiden Wesensmerkmale des Bewusstseins.

Mit anderen Worten: Das Bewusstsein ist die Art und Weise, wie seelische Prozesse unmittelbar vom Individuum erfahren werden, beispielsweise Vorstellungen, Gedanken, Meinungen, Gesinnungen, Strebungen, Wahrnehmungen, Erinnerungen, Vermutungen, Willensprozesse, Erwartungen und Befürchtungen. Diese Kognitionen sind verdeckte psychische Ereignisse und Stellungnahmen. Sie melden sich unmittelbar in den inneren Dialogen und Selbstgesprächen. Allen *Bewusstseinserscheinungen* und Verhaltensweisen liegt die neurophysiologische Aktivation (Erregung und Motivation) zugrunde.

Nach Gardner Murphy, Forschungsdirektor der Menninger-Klinik in den USA, ist der »lebendige Organismus ... eine psychophysische Einheit«. Er sieht den *Bewusstseinsvorgang* als einen durch das Nervensystem vermittelten dynamischen Anpassungsvorgang, und er kommt zu dem Schluss: »Geist und Körper haben wir keineswegs endgültig begriffen. Auch lässt sich nicht behaupten, das eine sei die Ursache des anderen. Man sieht beide vielleicht am besten als zwei Seiten einer grundsätzlichen Einheit, deren letzte Natur wir noch lange nicht enträtseln werden.«

Raynor C. Johnson von der Universität Melbourne, der auch eine mehr philosophische Sichtweise vertritt, meint: »Bewusstsein ist eine fundamentale Gegebenheit, die sich jeglicher Definition entzieht. Doch ohne dieses Bewusstsein kann überhaupt nichts definiert werden. Es lässt sich mit nichts vergleichen, da es gleichzeitig Subjekt und Objekt ist. Es ist und weiß, dass es ist. Von Wahrnehmungen, Gefühlen, Gedanken und Erinnerungen usw. als von einem Bewusstseinsstrom zu reden, ist falsch: Es handelt sich vielmehr um einen Erlebnisstrom. Das Bewusstsein oder das ›Ich‹ ist sich nur seiner selbst bewusst, aber es nimmt das wahr, was das ›Nicht-Ich‹ ausmacht. Wahrnehmungen, Gefühle, Gedanken und Erinnerungen sind Teile der Erfahrungen des ›Ich‹, sie sind sogar ein wesentlicher Teil desselben; denn sie konstituieren ... seine Persönlichkeit oder sein Ego.«

Sir John Eccles, auch Wilder Penfield sowie eine Reihe weiterer Hirnspezialisten, beispielsweise auch Sir Charles Sherrington, betonen, dass zwar zwischen Gehirn und Bewusstsein ein Zusammenhang besteht. Gehirn und Bewusstsein sind aber nicht dasselbe, das heißt das Gehirn ist kein bewusstseinserzeugendes Organ, sondern es stellt dieser Aussagen zufolge lediglich das materielle (biologische) Verbindungsorgan zum Bewusstsein dar, ist nicht das Bewusstsein selbst.

Tatsächlich gibt es weder einen Beweis dafür, dass das Bewusstsein vom Gehirn produziert wird noch, wie so etwas überhaupt möglich sein könnte.

Nach Eccles existierte Bewusstsein zuerst. Es entwickelte Materie und Form, indem es sich zu manifestieren begann. Wie Eccles ausführt, konnte er experimentell die autonome Rolle des Bewusstseins, dessen übergeordnete Rolle gegenüber dem materiellen Körper, nachweisen.

Die von Eccles vertretene Theorie, dass das Bewusstsein vom materiellen Körper unabhängig sei, wird indirekt von dem bedeutenden Physiker David Bohm gestützt, der annimmt, dass das Bewusstsein seinen Ursprung im Immateriellen habe, sozusagen in der impliziten Ordnung, es also von nichtphysiologischer Natur sei. Und der bekannte Physiker Evan Harris Walker, der Gehirn und Bewusstsein quantenphysikalisch betrachtet, kommt ebenfalls zu dem Ergebnis, dass das Bewusstsein von nichtphysikalischer Realität sei, dass jedoch das Gehirn und das Bewusstsein durch eine bestimmte physikalische Größe fundamentaler Art verknüpft wäre. Diese Größe zu finden, sei eine der bedeutsamsten Aufgaben der theoretischen Physik des kommenden Jahrhunderts.

Wir wollen diesen interessanten theoretischen Exkurs an dieser Stelle beenden, jedoch den *Zusammenhang* zwischen Bewusstsein und Gehirn (Gehirn als hochsensible Schaltstelle) herausstellen, um zum Ausgangspunkt, der Psychoneuroimmunologie, zurückzukehren:

Die Psychoneuroimmunologie weist darauf hin, dass wir uns mit der Vorstellung vertraut zu machen haben, dass nicht das Gehirn allein jener Ort ist, an dem Bewusstseinsinhalte – wie auch immer – verarbeitet werden, an dem sich Bewusstsein abspielt, sondern dass Bewusstsein im ganzen Körper vorfindbar ist. Mit anderen Worten: Das Bewusstsein konzentriert sich nicht nur auf das Gehirn, sondern es dehnt sich auch auf die inneren Organe, das kardiovaskuläre System, die Körpermuskulatur aus, eine Tatsache, die in allen Meditationslehren erkannt wurde. Die Vernetzung von Bewusstseinszuständen und neurophysiologischer Aktivität legt von daher ein Bewusstseinskonzept nahe, nach dem der gesamte Körper Ausdruck des Bewusstseins ist (Pelletier 1982).

Diese inzwischen bestätigten Erkenntnisse der Psychoneuroimmunologie machen deutlich, dass eine weitgehend nur auf den Körper konzentrierte Medizin nicht mehr haltbar ist. Die Vorrangstellung des Bewusstseins im Bauplan des Menschen sollte mehr beachtet werden.

In dieser Arbeit ist an verschiedenen Stellen vom GEIST die Rede, so dass nun versucht wird, diesen Begriff in einem kurzen Exkurs zu umschreiben:

GEIST bezeichnete schon früh eine übermenschliche, belebende göttliche Kraft, die sich in der religiösen Ek(En)stase wirksam erweist. Es ist das Prinzip aller Ordnung, alles Lebens und Werdens auf allen Ebenen des materiellen und lebendigen Seins. An diesem ›kosmischen Geist‹, der unteilbar und unzerstörbar gedacht wird, hat auch der Mensch teil. Er wird sich dieses tragenden Prinzips, dieser Teilhabe in der Kontemplation, Meditation, Imagination und Kreativität bewusst.

Der Begriff »GEIST« (griechisch: pneuma, hebräisch: ruach, lateinisch: spiritus mens, französisch: esprit, englisch: spirit mind) hat eine lange Geschichte: Nachdem er in der modernen Philosophie – weil er nicht eindeutig zu definieren war – vorübergehend exkommuniziert wurde, wird er neuerdings überraschenderweise von den modernen Physikern und den an der Atom-, speziell Quantenphysik orientierten Philosophen wieder eingeführt.

Der griechische Ausdruck für GEIST ›Pneuma‹ bedeutete ursprünglich Luft in Bewegung, eingeatmete Luft, Atem.

Anaximander im 6. Jh. v. Chr. gebrauchte den Ausdruck, um den Zusammenhang des Kosmos zu erklären. Wie die aus Luft bestehende Seele den Menschen zusammenhält, so ist es auch mit dem Kosmos, den er als lebenden Organismus auffasste. In der stoischen Philosophie erhält der Ausdruck ›Pneuma‹ eine umfassende Bedeutung. Er wird einerseits gebraucht, um ebenso die Substanz der immanenten Gottheit wie die der individuellen Seele zu bezeichnen. Das Pneuma durchdringt alles und garantiert die Einheit des Kosmos und der Einzelwesen, die in ihm enthalten sind. Der Kosmos wird als ein großer Organismus betrachtet, als ein Lebewesen, dessen Teile alle aufeinander abgestimmt sind und sich gegenseitig beeinflussen.

Wir versuchen heute, diese alles durchdringende und verbindende Kraft als elektromagnetische Energie, GEIST (großgeschrieben, weil es sich nicht um die persönliche Geistestätigkeit handelt) oder ›kosmisches Bewusstsein‹ zu verstehen. Da wir annehmen, dass der Kosmos oder das Universum mit all seinen Erscheinungen von der Materie bis zum Leben im Einzelnen und in den Gemeinschaften durch selbst organisierte Kräfte gesteuert werden, sprechen wir dem Kosmos GEIST zu.

›GEIST‹ oder ›kosmisches Bewusstsein‹ und die Zuschreibung einer ihnen eigenen ›Energie‹ sind gedankliche Konstruktionen, um eine Reihe von Phänomenen zu verstehen, die uns zum Beispiel in der Therapie bei der Beobachtung ihrer Wirkung und darüber hinaus bei vielen ungeklärten Heilungsprozessen begegnen. Die genannten Begriffe verweisen unseres Erachtens auf ein reales Sein und Werden, das wir bei dem heutigen Stand der Wissenschaft noch nicht näher bestimmen können.

Unsere akademische Psychologie befindet sich in einem Umbruch. Wir haben erkannt, dass sich diese Psychologie durch eine große Anzahl unreflektierter Annahmen zu starke Beschränkungen auferlegt hat. Vieles weist darauf hin, dass die psychische Wirklichkeit viel weiter reicht als wir bisher angenommen haben.

Kapitel I: Die Macht der Einbildungskraft

Die transpersonale Psychologie unserer Zeit geht davon aus, dass das persönliche Bewusstsein des Menschen mit dem so genannten kosmischen Bewusstsein Kontakt aufnehmen und von dort her lebensfördernde Signale und Weisungen empfangen kann. Dieses kosmische Bewusstsein stellt sich der wissenschaftsorientierte Mensch als unerschöpfliche elektromagnetische Energie vor, von der alle Materie und belebte Natur durchdrungen ist.

Wir wissen seit längerer Zeit, dass alle Dinge um uns herum voller Energien sind – sich aus Atomen und Molekülen zusammensetzen. Dieses Pult vor mir ist zum Beispiel aus Holz. Man kann es anzünden, dann wird Energie frei und diese setzt sich über Feuer in Licht und Wärme um. Das Pult, die träge Energie, lodert auf und zerfällt in eine andere noch trägere formlose Materie – die Asche.

Bei den Pflanzen, und besonders bei den Tieren und Menschen, äußert sich diese Energie im Verhalten, nämlich im Fortpflanzungs-, Wachstums-, Bewegungs- und Sterbeverhalten, aber auch im *Erleben und Bewusstsein*, dies wohl erst bei höher entwickelten Tieren und ganz besonders beim Menschen mit der Entwicklung seines stellungnehmenden *Ich-* oder *Selbstbewusstseins*.

Wir bezeichnen das persönliche Energiezentrum des Menschen auch als Selbst oder kreatives Selbst – eine geistige Kraftquelle der Lebensmeisterung und persönlichen Entwicklung.

Der Zugang zu diesem Selbst, das den allumfassenden GEIST, das kosmische Bewusstsein, widerspiegelt, ist normalerweise unserer bewussten Wahrnehmungsfähigkeit nicht möglich. Er kann jedoch durch Lebenskrisen, Meditation, suggestive oder autosuggestive Methoden, Rituale usw. erleichtert werden, ferner durch Verhaltensweisen, die dem *förderlichen* Ich zuzuschreiben sind.

Während das Ich in zwei Formen erlebt wird, als hemmendes Ich und als förderliches Ich, erfahren wir das Selbst nur als positive Energie. Es vermittelt uns *Kraft, Harmonie, Sicherheit, Freude, Zuversicht* und mobilisiert im Falle einer Erkrankung *Heilungs-*

kräfte. Deshalb würde der Ausdruck ›Selbstunsicherheit‹ besser durch ›Ich-Schwäche‹, ›Ich-Unsicherheit‹ oder ›Dominanz des hemmenden Ichs‹ zu kennzeichnen sein. Ebenso wäre es richtiger, ›Selbstsicherheit‹, ›Selbstbewusstsein‹ als ›Ich-Sicherheit‹, ›Ich-Bewusstsein‹ (= förderliches Ich) zu bezeichnen. Doch sind die Begriffe Selbstunsicherheit – Selbstsicherheit usw. üblich geworden.

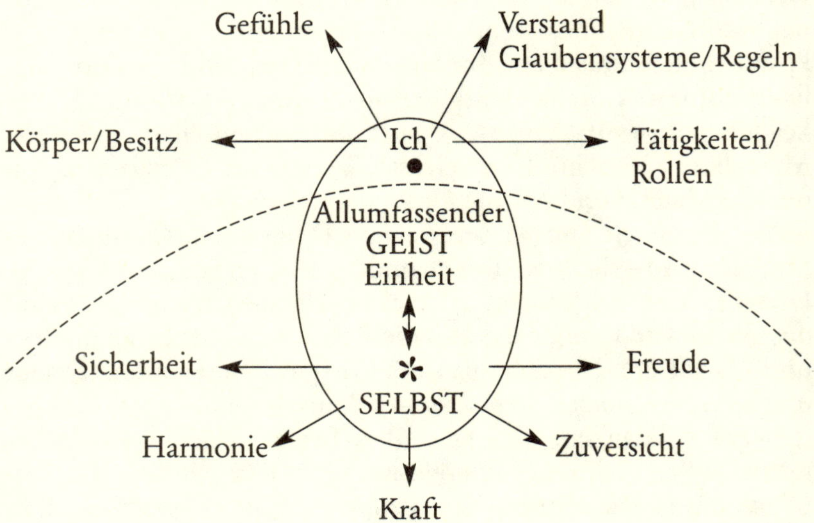

Seelische Schwierigkeiten, psychische (und körperliche) Störungen kommen dadurch zustande, dass der Betroffene seinen unmittelbaren Kontakt zu seinem zentralen geistigen Persönlichkeitskern, dem Selbst, und dem mit ihm verbundenen förderlichen Ich, in dem die Heilungs- und Selbstheilungskräfte des Selbst zum Ausdruck oder zum Bewusstsein kommen, abgeblockt hat.

Wenn es dem Betroffenen (evtl. unter Anleitung des Therapeuten) gelingt, über den Abbau der Blockaden Kontakt zu seinem Selbst zu erreichen, wird sein förderliches Ich gestärkt. (Ein paar Aussagen zum förderlichen und hemmenden Ich finden Sie unter VI, Kapitel »Suggestion gegen Krankheit«).

Etwa im letzten Stadium der Meditation oder imaginativen Versenkung vermag der Mensch über das Selbst in Kontakt mit dem allumfassenden GEIST zu treten und in den mystischen Zustand der Erleuchtung und Einheit zu gelangen. In einem solchen Gipfelerlebnis fühlt er sich mit allem um ihn herum zutiefst verbunden. Die kosmische Rückbindung (religio) kann in ihm kreative und krankheitsüberwindende Kräfte freisetzen.

Solche Gedanken der kosmischen Rückbildung lassen sich, wenn auch in jeweils kultur- und zeitgeschichtlich verschiedenen Ausprägungen, von den ältesten Zeiten bis heute nachweisen. Sie sind seit über 20.000 Jahren das Glaubensszenarium, in dem sich Heilungen vollzogen, vermittelt durch Medizinmänner, Schamanen und Geistheiler.

Wir wollen für diese Heilungen eine wissenschaftliche, das heißt nachprüfbare Erklärung suchen. Es muss im Menschen eine Selbstheilungskraft verborgen sein, die Psychisches und Organisches gleichermaßen beeinflussen kann. Auf der Suche nach dieser Kraft sind Psychologen und Psychotherapeuten auf die *Imagination* gestoßen. Sie ist – um in unserem schon angedeuteten Modell zu bleiben – *der dynamische Ausdruck der zentralen Persönlichkeitsinstanz, des Selbst.* Diese bildhafte Vorstellung oder Einbildungskraft kann, wenn sie gezielt auf den Krankheitsherd und die Heilung gerichtet ist, die Abwehrkräfte des Körpers, das Nerven- und Immunsystem anregen und stärken. Sie führt so zur Linderung der Schmerzen und in günstigen Fällen zur Rückbildung der Krankheit(serscheinungen), also zur Heilung.

Um die Macht der Einbildungskraft in ihrem extrem negativen Aspekt zu demonstrieren, wird ein Beispiel von Henry G. Tietze (1983) wiedergegeben. Wie Tietze schrieb, war nicht mehr aufzuklären, ob es sich um ein Versehen gehandelt oder ob sich jemand einen üblen Streich erlaubt hat. Fest stand lediglich: Ein Bahnarbeiter war in einem Kühlwagen eingeschlossen worden. Am folgenden Tage fand man ihn darin tot auf, mit hochgeschlagenem Jackenkragen und mit beiden Armen seine angezogenen Beine krampfhaft umklammert. Da das Kühlaggregat aber nicht in Betrieb war, herrschten im Wagen normale Temperaturen. Es scheint offensichtlich, dass sich der Mann so sehr in die Illusion hineingesteigert hat, erfrieren zu müssen, dass er aufgrund eingebildeter Kälte verstarb.

Einbildungskraft oder Imagination beeinflussen also in hohem Maße unsere psychischen und physiologischen Prozesse. Sie können den Menschen, je nach Vorzeichen, unsicher und krank machen, sogar zum Tode führen; sie können ihn aber auch stärken und gesund machen.

Bei den Eingeborenen kann der Fluch eines anderen bei dem Verfluchten schnell den Tod durch Lähmung des parasympatischen Nervensystems herbeiführen. Wir sprechen dann vom Vodoo-Tod. Die phantasierte Hoffnungslosigkeit ist – psychologisch gesehen – die Ursache des Todes. Mit anderen Worten: Der Glaube, das Annahmensystem und die Erwartung können unsere körperlichen Funktionen überraschend wirksam beeinflussen. Sehr überzeugend sind Beispiele, in denen Eingeborene, die aufgrund eines Fluches kurz davor stehen zu sterben, schnell gesunden, sobald der Zauber durch einen stärkeren gebrochen wird.

Betrachten wir hierzu eine Anekdote, die J. D. Frank (1972, 84f) berichtet:

Vor einigen Jahren beschäftigte mein Vater, der in Kenya lebte, als Gärtner-›Boy‹ einen Kikuyu, den wir alle gern hatten. Njombo war vergnügt und ausgelassen, im schönsten Alter. Er sparte Ziegen für den Kauf einer Frau zusammen, freute sich auf die Ehe und hatte ein Stückchen eigenes Land. Eines Tages merkten wir, dass er abzumagern begann und bedrückt und elend aussah. Umsonst stopften wir ihn mit all den üblichen Medikamenten voll. Dann überredeten wir ihn, sehr gegen seinen Willen, in ein Krankenhaus zu gehen. Drei Wochen später kam er wieder, mit einer Notiz des Arztes: ›Diesem Mann fehlt nichts, nur dass er entschlossen ist zu sterben.‹

Danach blieb Njombo im Bett. Er war nur noch Haut und Knochen, aß und trank nichts. Er schrumpfte in sich zusammen und fiel schließlich in ein Koma. Was wir auch taten und sagten, es berührte ihn nicht. Ihm schien alles eins zu sein.

Als nichts anderes mehr blieb, ging schließlich mein Vater zu dem örtlichen Häuptling und drohte ihm allerlei grässliche Strafen an, wenn er nichts tue, um Njombos Leben zu retten. Es war in der Hauptsache Bluff, aber der Häuptling fiel drauf herein. An dem Abend sahen wir, wie ein Mann mit einem Bündel verstöpselter Kürbisflaschen in Njombos Hütte ging. Wir mischten uns nicht ein, und kein Zweifel, eine Ziege wurde geschlachtet. Am nächsten Morgen ließ Njombo sich von uns mit einem bisschen Fleischbrühe füttern. Von dem Augenblick an begann er wieder zu Kräften zu kommen; sein Lebenswille war wiederhergestellt. Wir stellten keine Fragen, doch erfuhren wir etwas später, dass Njombo einen heftigen Streit wegen seines Mädchens gehabt und dass sein Rivale ihn verflucht hatte. Erst als der Fluch aufgehoben war, konnte er hoffen weiterzuleben.

Ähnliches berichtet Larry Dossey in seinem Buch ›Die Medizin in Raum und Zeit‹ (1984). Als alle anderen Mittel im Krankenhaus versagten, wurde eine der Verhexung analoge Zeremonie veranstaltet. Die ›Enthexung‹ schlug fast unmittelbar an. Der schon fast bis zum Skelett abgemagerte Patient entwickelte Hunger, aß wieder und wurde gesund.

In manchen Gesellschaften wird die Todeserwartung durch die Einstellung und das Verhalten der Gruppe noch mächtig verstärkt. Sobald beispielsweise von einem Mitglied der Murngin, einem nordaustralischen Stamm, bekannt wird, dass ihm die Seele geraubt worden ist, bemühen sich auch die anderen Stammesmitglieder, sein Ableben durch Entzug persönlicher Kontakte zu beschleunigen (vgl. Warner 1941, 241f in: Frank 1972, 85f).

1. Überblick über die Funktionen der Persönlichkeit

Ohne auf die einzelnen Funktionen der Persönlichkeit näher einzugehen, soll hier ein Überblick über sie gegeben werden. Die zentrale Achse ist: KONZENTRATION – Erregung – LERNEN.

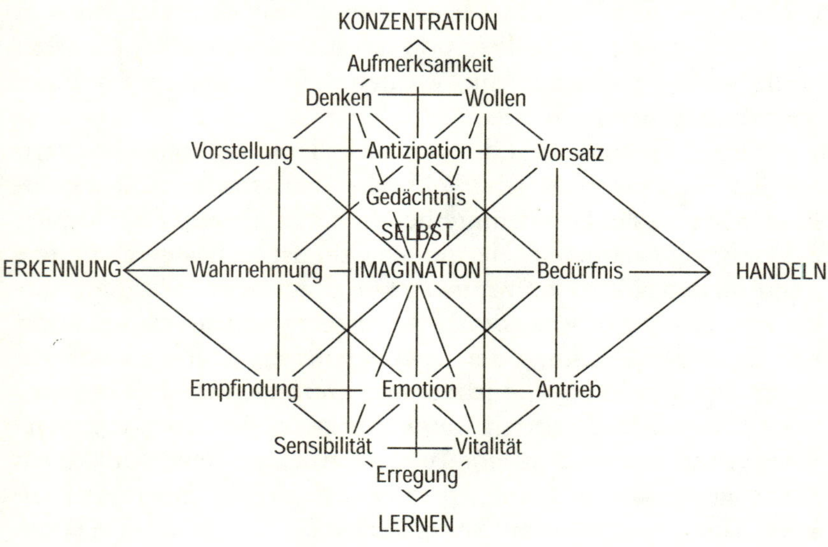

Wir sprechen von psychischen Funktionen, Fähigkeiten und Fertigkeiten als seien sie in verschiedenen Empfangs-, Verarbeitungs- und Sendestationen des Gehirns lokalisiert: Sinnesempfindungen und Wahrnehmungen, Gefühlsregungen, Behaltens- und Denkprozesse, Antriebe, Bedürfnisse und Vorsätze. Wir übersehen dabei leicht zweierlei: einmal, dass alle psychischen Vorgänge miteinander verwoben sind, zum anderen, dass sie bei aller gesonderten Ausrichtung eng mit einer *zentralen Energiequelle* verbunden sind, die wir *Einbildungskraft* oder *Imagination* nennen. Es sind Vorstellungen; sie heben sich aber von den sonst üblichen Erinnerungs- und Zukunftsvorstellungen durch ihre eindringliche, *emotionsgesättigte Bildhaftigkeit* ab.

2. Die verschiedenen Richtungen innerhalb der Medizin bis hin zur transpersonalen Medizin

Die Schulmedizin (Allopathie) hat sich die Naturwissenschaft zum Vorbild genommen in der Hoffnung, die Präzision und Genauigkeit zu erreichen, die in der klassischen Physik exemplarisch zum Ausdruck kommt. Diese Präzision hat aber – wie wir heute wissen – die Medizin nie erreicht. Während die Physik ihre Grundanschauung bereits in der ersten Hälfte unseres Jahrhunderts grundlegend geändert hat, hinkt die Medizin mit ihrem veralteten Modell des Newton'schen Weltbildes dem fortschrittlichen Erkenntnisstand der Physik hinterher. In der modernen Physik spielt der Geist eine zentrale Rolle, die Medizin dagegen ist noch weitgehend auf den Körper konzentriert. Die Untersuchungen – auch die der so genannten Psychosomatik – beginnen und enden beim Körper. Die Vorrangstellung des Bewusstseins im Bauplan des Menschen wurde bisher noch nicht zureichend beachtet.

Es kann nicht bestritten werden, dass die Schulmedizin trotz ihres veralteten Modells eine Reihe von klassischen Krankheiten befriedigend klären konnte, so zum Beispiel bei gewissen Blutkrankheiten, die auf eine Anomalie in der Synthese des Hämoglobinmoleküls zurückgeführt wurden. Auch bei arteriosklerotischen Herzkrankheiten konnte nachgewiesen werden, dass sich das Cholesterin-Molekül in den Wandschichten der Blutgefäße absondert und dadurch Hemmungen im Blutfluss bewirkt. Doch schon viel schwieriger ist die Klärung der Anomalien des Blutdrucks, der Krebskrankheiten und der Zuckerkrankheit. Zwar wissen wir, dass zum Beispiel bei der Zuckerkrankheit das Insulinmolekül zahlenmäßig unterrepräsentiert ist, der Patient durch Insulingaben am Leben erhalten werden kann, doch die genaueren Entstehungsbedingungen kennen wir noch nicht. Das liegt wohl daran, dass wir es bei diesen Erkrankungen mit einem Netzwerk von Gründen zu tun haben, dessen einzelne Ursachen durch die individuelle Konstitution und Lebensweise ein je verschiedenes Gewicht erhalten.

Krankheiten, seien sie mehr körperlicher oder seelischer Art, können generell als Störungen der Bindung an die schöpferische Macht des Geistes angesehen werden, die unser Leben im Hintergrund bestimmt. Diese Einsicht und die erlebnismäßige Rückbindung im erweiterten Bewusstsein können dem Menschen Halt, Weg und Ziel, also Anstöße sinnerfüllter Lebensgestaltung, vermitteln.

Von der dominierenden Schulmedizin zu unterscheiden ist die so genannte Alternativmedizin oder ganzheitliche Medizin. Behandlungsmöglichkeiten sind dabei etwa Massagen, Aromatherapie, Rolfing. Heilungssysteme wie die Homöopathie oder die chinesische Medizin traditioneller Art sind der ganzheitlichen Medizin zuzuordnen.

Neben diesen Richtungen konnte sich die Verhaltensmedizin als relativ neues Heilungssystem etablieren. Im Gegensatz zu den vorgenannten Systemen, bei denen der Patient nichts weiter tun kann als sich der Behandlung zu unterziehen, sich ihr zu fügen, strebt die Verhaltensmedizin Gesundheit durch Verhaltensänderung an, wobei der Patient selbst mittels Biofeedback, Körperübungen, Entspannung, Meditation, Übungen zur Stressimmunisierung usw. Einfluss auf seine körperlichen Funktionen nimmt. Verhaltensmedizin arbeitet zwar mit der vorwiegend materialistisch orientierten Schulmedizin und der Alternativmedizin zusammen, geht jedoch von der unausgesprochenen Annahme einer Verbundenheit von Geist und Körper aus.

In der US-Zeitschrift ›Revision‹ erwähnte die Psychologie-Professorin Jeanne Achterberg 1992 (Vol. 14, 3) erstmals den Begriff ›Transpersonale Medizin‹, bei der Rituale und Symbole die Medizin darstellen, dienen diese doch »als greifbare körperliche Repräsentanten dessen, von dem man glaubt, dass es im Reich des Unsichtbaren abläuft« (Achterberg, J., 1996, 38). Bei der transpersonalen Medizin wird von einem ›Durchbruch in eine neue Dimension‹ gesprochen.

Hier blickt man auf die größeren kosmischen und spirituellen Zusammenhänge der menschlichen Gemeinschaft, das heißt über die Entwicklung und den Ausdruck des Selbst hinaus. In der transpersonalen Medizin glaubt man an die Heilkraft der Gemeinschaft, die das Körperliche transzendiert; ferner an die Macht heiliger Plätze auf der Erde, denen besondere Heilenergien zugeschrieben werden.

Die meisten Formen der transpersonalen Medizin haben eine Vorstellung gemeinsam: Heiler und Patient gelangen in einen außergewöhnlichen Bewusstseinszustand, der vom normalen Alltagsbewusstsein abweicht. Ein solcher Bewusstseinszustand wird als Trance, Alpha-/Theta-Zustand oder als meditativer Zustand bezeichnet.

Der amerikanische Arzt Larry Dossey spricht 1992 in seinen Ausführungen in der Zeitschrift ›Revision‹ (Vol. 14.3) von einem ›dritten Zeitalter der Medizin‹. Sie gehe andere Wege, indem sie den Geist oder das Bewusstsein nicht – wie die Schulmedizin – als Ergebnis der Gehirnfunktionen betrachte, sondern vielmehr als unabhängig von Zeit und Raum, gleichsam als unsterblich und unbegrenzt. Von daher wirke der Heilungsfaktor auch nicht nur innerhalb der jeweiligen Person, sondern ebenso im zwischenmenschlichen Bereich. Wendet eine Person sich ihrer eigenen Heilung zu, wird von ›lokaler Medizin‹ gesprochen. Begünstigt der Geist einer Person die Heilung einer anderen Person, indem sie sich positiv auf diese Person konzentriert, auch dann, wenn die kranke Person gar nicht weiß, dass man sie ›behandelt‹, wird dieser Bereich als ›nicht-lokal‹ bezeichnet. Insofern gehören zur transpersonalen Medizin Methoden des Handauflegens, der Fernheilung, einer Heilung durch Gebete, Träume, Visionen, schamanistische Heilungszeremonien, aber auch Wunderheilungen.

Dossey sieht in der transpersonalen Medizin eine Bereicherung der bisherigen medizinischen Systeme, die miteinander kombinierbar sind. Jeanne Achterberg stellt insbesondere die Imagination als Heilungsmethode heraus.

Kapitel II: Wunder- und Geistheilungen

Bei den marginalen Gesellschaften und in den alten Kulturen waren die Schamanen angesehene Leute. Sie waren Berater von Häuptlingen, Wetterpropheten, Poeten, Priester und Heiler. Durch bestimmte Ekstasetechniken versetzten sie sich in einen erweiterten Bewusstseinszustand. Dabei erlangten sie Kontakt mit übernatürlichen Kräften, Schutzgeistern und empfingen Macht, Wissen und Heilkräfte, um der Gemeinschaft zu dienen.

Die Praktiken der Schamanen sind über alle Länder, Gemeinschaften und Zeiten hinweg sehr ähnlich. Es ist unwahrscheinlich, dass sie durch kulturelle Kontakte zustande kamen. Vielmehr scheint es so zu sein, dass der Schamanismus als Urreligion – bei der die Welt von Geist und Geistern, die sich in Pflanzen, Tieren und Menschen verkörpern konnten – eine gleichartige psychologische Ausgangslage hatte.

Das schamanistische Glaubenssystem gründet in einigen anthropologischen Konstanten. Sie sind von Anthropologen erforscht worden und auch in den heute noch vorfindbaren Praktiken der Medizinmänner, beispielsweise in Mexiko, Brasilien, Indonesien und bei den Geistheilern moderner Gesellschaften, nachweisbar.

Welches sind nun diese überzeitlichen Konstanten? Sie sind einmal gegeben in drei menschlichen Grundbedürfnissen und zum anderen in zwei Erkenntnissen, die in den vergangenen Jahren auf wissenschaftliche Weise erforscht und belegt werden konnten.

Die drei menschlichen Grundbedürfnisse:

- Das Bedürfnis, einer Gemeinschaft anzugehören (Sicherheit, Geborgenheit, Liebe);
- das Bedürfnis, von Schmerzen, Leiden und Krankheiten frei oder befreit zu sein und seine körperlichen, seelischen und geis-

tigen Fähigkeiten zu entwickeln (Wohlbefinden, Lebensbewältigung);

- das Bedürfnis, einer geistigen Welt anzugehören, von der der Mensch bei Unsicherheit und Not Weisungen für Entscheidungen und seine Lebensführung erwarten kann und in die der Mensch nach seinem Tode aufgenommen wird (Lebenssinn).

Die zwei Erkenntnisse:

- Die Überzeugung von der Macht des Geistigen im Leben des Menschen, in der Selbstorganisation der Materie und des Kosmos;
- die emotionale und imaginative Beeinflussbarkeit der menschlichen Physiologie.

Krankheit ist nach schamanistischer Auffassung – gleich ob sie sich vorwiegend im leiblichen oder seelischen Bereich äußert – eine Störung der geistigen Bindung des Menschen an die kosmische Energie. Krankheit hat also danach ihren Ursprung in der Geistwelt. Der Sinn des Lebens besteht darin, sich im Einklang mit dem Universum zu befinden. Die Krankheit ist ein Zeichen, dass der Mensch diese Harmonie und damit seine persönliche Widerstandskraft verloren hat. In diesem Zustand ist er anfällig für die ihn umgebenden Krankheitserreger. Die Aufgabe des Schamanen ist es, durch Vermittlung geistiger Energien die Abwehrkräfte des Kranken, dessen Selbstheilungskräfte, zu stärken.

Auch in der modernen Medizin und Psychotherapie geht es in erster Linie darum, die Abwehrkräfte, die emotionale Stabilität und damit die Selbstheilungskräfte zu stärken. Nicht die Frustrationen, die Bakterien und Viren machen uns krank, sind sie doch allgegenwärtig, sondern die psychosomatische Anfälligkeit. Wenn unser Immunsystem geschwächt ist, werden wir Opfer von Stress, Bakterien und Viren. Als Robert Koch den Bazillus für die Tuberkulose entdeckte, war er der Auffassung, dass dieser die Krankheitsursache sei. Sein Kollege Pettenkofer von der Universität München strich sich aus einer Kultur Tuberkelbazillen diese auf eine Brotschnitte, aß sie und blieb gesund. Er war der Auffassung, dass nur ein geschwächter Körper sich anstecken und daraufhin krank werden könne.

Es ist davon auszugehen, dass Krankheit nicht nur als eine Störung der Lebensordnung, sondern auch der Glaubensordnung und die Heilung als Wiederherstellung dieser Ordnungen verstanden werden kann.

Im Einzelnen sind die Ordnungsvorstellungen bei den Individuen und ihren Gesellschaften sehr verschieden. Sie weisen aber bei allen Unterschieden doch auf zentrale Lebens- und Erkrankungsprozesse hin. Diese Vitalprozesse sind neuro- oder/und immunphysiologischer Art, Abläufe, die dem Kranken gar nicht bewusst zu sein brauchen. Sie sind ihm aber als Zu- und Abnahme seiner Vitalität (Kraft, Bewegung, Leistung, Kommunikation, Sexualität) erlebnismäßig zugänglich.

Krankheit ist ein Verlust der Ordnung, des lebenstragenden Gleichgewichts der inneren Funktionen und der Bezüge zur Umwelt. Der Schamane erfährt das Geheimnis dieser Ordnung »in der Ekstase, wenn er sich innerlich erhitzt. Und dies bedeutet der Name ›Schamane‹: sich selbst erhitzen« (Gruber 1985, 25).

1. Die zwei Bewusstseinsformen

Stanislav Grof (1987) unterscheidet zwei Bewusstseinsformen: das alltägliche oder *hylotrope Bewusstsein* und das transpersonale, erweiterte oder *holotrope Bewusstsein.*

Das *hylotrope Bewusstsein* (hylé = Materie, trepein = sich auf etwas zubewegen) ist das materieorientierte Bewusstsein. Hier erfährt sich der Mensch als physische Einheit mit klar definierten Grenzen. Seine Wahrnehmung reicht so weit wie seine Sinne reichen. Die Welt scheint aus einzelnen Objekten zu bestehen. Sie besitzt die typischen Eigenschaften wie sie die Newton'sche Physik beschreibt: Die Zeit ist linear, erstreckt sich von Vergangenheit auf die Gegenwart und Zukunft. Der Raum ist dreidimensional. Die Ereignisse folgen dem Gesetz von Ursache und Wirkung. In diesem Bewusstseinszustand können wir nur den gegenwärtigen

Ort und den gegenwärtigen Augenblick (das Hier und Jetzt) in der phänomenalen Welt erfahren.

Das *holotrope Bewusstsein* (holos = ganz, trepein = sich auf etwas zubewegen), das also auf die Ganzheit hin orientiert ist, eröffnet ein unbegrenztes Bewusstseinsfeld, das zu allen Aspekten der Existenz Zugang hat. Es arbeitet ohne Vermittlung der Sinne. In ihm erscheint – wie in der Quantenphysik – die Festigkeit und Diskontinuität der Materie als eine Illusion. Zeit und Raum sind letztlich willkürlich; ein und derselbe Raum kann gleichzeitig von vielen Objekten eingenommen werden. Vergangenheit und Zukunft sind stets verfügbar und können im gegenwärtigen Augenblick unmittelbar erlebt werden.

Man kann sich gleichzeitig an verschiedenen Orten und zu verschiedenen Zeiten erleben.

In der menschlichen Psyche stehen die beiden Bewusstseinsformen in dynamischer Wechselwirkung. Wir befinden uns im Allgemeinen im hylotropen und selten – bei außergewöhnlichen ekstatischen Erlebnissen – im holotropen Zustand. Solange diese Zustände getrennt erfahren werden, entstehen keine besonderen Schwierigkeiten. Problematisch ist jedoch der Grenzbereich der Überschneidungen. Grof gibt hierfür eine instruktive Analogie: »Jemand, der weitab vom Strand im Meer schwimmt, befindet sich in der Welt der Wellen und gerät in keine Schwierigkeiten ... Wenn dieselbe Person an der Küste hoch über dem Wasser steht, also festen Boden unter den Füßen hat, gibt es ebenfalls keine Probleme. Nur an der Linie, an der sich die Wellen überschlagen – wo also Festland und Wasser zusammentreffen und keines vom anderen getrennt werden kann -, ist sie potentiell in Gefahr« (Grof 1987, 288).

Psychopathologische Symptome entstehen nach Grofs Auffassung durch eine Kollision zwischen dem hylotropen und dem holotropen Bewusstseinszustand. Deswegen sollte die Durchbrechung der Schranken des Alltagsbewusstseins mittels verschiedener äußerer Vorgehensweisen, die nachfolgend dargestellt werden, nicht im Alleingang, das heißt ohne fachkundigen Beistand, durchgeführt werden.

Wir können festhalten: Obwohl die Wege, die zu einem holotropen Bewusstseinszustand führen, sehr verschieden sind, ist ihnen eines gemeinsam: Sie schränken alle mehr oder weniger drastisch das alltägliche Wachbewusstsein ein.

Es handelt sich vor allem um folgende Veranstaltungen, die Grof ›Techniken des Heiligen‹ nennt:

- Rituelle Schwitzbäder (bei Naturvölkern etwa die Schwitzhütten),
- Wasser-, Nahrungs- und Schlafentzug sowie
- der Gebrauch psychoaktiver Pflanzen, die zu den wirksamsten Mitteln für Bewusstseinsveränderung zählen.
- Der Mensch schaltet das bewusste Beachten äußerer Eindrücke ab, gibt sich einer monotonen Abfolge oder Wiederholung von *Lauten, Klängen* (Trommeln, Rasseln, rhythmischen Gesängen), *Pendel- oder Körperbewegungen*, etwa *rhythmischen Tänzen* hin.

Das Herbeiführen holotroper Zustände mittels etwa vorstehender bewusstseinsverändernder Techniken war und ist Grundvoraussetzung für den Schamanismus.

In der westlichen Welt gibt es daneben eine Reihe weiterer bewusstseinsverändernder Techniken wie zum Beispiel

- eine vertiefende (meditative) Betrachtung von einfachen *Bildern, Naturerscheinungen* (Quelle, Wasserlauf, See, Meereswellen, Wolken, Baum, Blüte) und *Symbolen* (Kreis, Dreieck, Quadrat, Rad).
- Andererseits sucht man einen Ort auf, an dem – neben sozialer Isolation – nur ein Minimum äußerer Reize auf einen einwirken kann (in einem abgedunkelten Stilleraum oder gar in einem Isoliertank).
- Eine wichtige Methode ist die ausschließliche Konzentration auf das Atmen, gesteigert durch den Versuch einer einhergehenden Hyperventilation oder einer Hypoventilation oder holotrope Atemarbeit, eine spezielle von Grof entwickelte Form des Atmens.
- In neuerer Zeit wird auch das Biofeedback-Gehirnwellentraining zur Tiefenentspannung und zum Erreichen von Alpha-/Thetazuständen (holotroper Bewusstseinszustände) eingesetzt, um einen schnelleren und direkten Zugang zum eigenen kreativen Potential, dem Selbst, zu finden.

Es gibt heute eine Reihe elektronischer Geräte, die Gehirnwellen durch akustische und optische Reize zu stimulieren vermögen. Es gibt ferner eine große Anzahl von Musikstücken, die das Erreichen eines erweiterten Bewusstseins erleichtern, zum Beispiel:

Zeitwind, oder einzelne Stücke aus dem *X-Album* von Klaus Schultze,

Shakti von John McLaughin,

Toteninsel von Sergej Rachmaninow,

Le Poème le l'Extase von Alexander Skrjabin,

All Men Are Brothers und *The Mysterious Mountain* von Alan Hovhanness,

Renaissance of the Celtic Harp von Alan Stivell,

Inside the Taj Mahal und *Inside the Great Pyramide* von Paul Horn,

Big Sur Tapestry von Charles Lloyd und

Musik für Zen-Meditation sowie *Musik für Yoga-Meditation* von Tony Scott.

2. Heilungszeremonien – Heilungsrituale

Alle Naturvölker setzen Rituale und Zeremonien ein, mittels derer sie in visionäre Zustände geraten. Bewusstseinsverändernde schamanische Techniken haben in der Menschheitsgeschichte stets eine zentrale Rolle gespielt.

Der Schamane gelangt durch diese speziellen Techniken – im vorangehenden Abschnitt sind einige aufgeführt – in einen außergewöhnlichen Bewusstseinszustand, in eine hellseherische Wirklichkeit. Er versucht, den Kranken – gleichsam als Mittler und Medium – mit dieser anderen Wirklichkeit in Verbindung zu bringen. Durch seine intensive Fürsorge und Liebe gewinnt er das Entgegenkommen des Kranken, und damit stehen beide – Heiler und Kranker – wie die Brennpunkte einer Ellipse im gemeinsamen heilungsfördernden Energiefeld.

Die Konzentration auf den Heiler und die Heilungsrituale stellen eine Form sensorischer Deprivation dar, wie wir sie in Experimenten im reizarmen Raum oder Isolationstank kennen. Dabei verschwimmen – wie übrigens auch in der tiefen Meditation und in mystischen Stadien – die normalen Grenzen zwischen Selbst und Nicht-Selbst. In diesen Zuständen scheint der Mensch schwerelos zu schweben, Sinne und Motorik ruhen. Die Energie fließt der Produktion innerer Bilder zu. Es kommt zu visuell gestaltbildenden Prozessen und damit zur Aktivierung der imaginativen Heilkräfte.

Claude Levi-Strauss weist in einem Abschnitt seines Buches (1978) auf die Wirksamkeit der Symbole und die Bedeutung der Imagination bei den Heilverfahren der Schamanen hin. Der angebliche Kampf gegen die schädlichen Geister wird zumeist erst in der Hütte und dann unter freiem Himmel ausgefochten. Oder der Kranke wird auf die verschiedenen Partien einer mit Sand und farbigem Blütenstaub auf den Boden gemalten Figur gelegt, die eine direkte Beziehung zu der besonderen Störung hat, die es zu heilen gilt. Dazu spricht der Schamane bestimmte Beschwörungen aus und schreibt Handlungen vor. Es werden hierbei bei dem Kranken bestimmte Vorstellungen und begleitende Erlebnisse hervorgerufen, um physiologische Störungen, die genau definiert werden, zu erreichen und zu beheben. Das ganze Verfahren ist eingebettet in Symbolsprache und symbolische Handlungen. Die gebrauchten Gegenstände, die Ritualhandlungen, die benannten Schutzgeister oder bösen Geister und Tiere symbolisieren magische Kräfte, an die der Kranke als Mitglied der jeweiligen Gesellschaft glaubt. Da er in seinem bisherigen Leben von diesem Annahmen- oder Glaubenssystem gesteuert wurde, werden gerade in Notzuständen durch den Beistand des Schamanen diese Kräfte besonders wirksam.

Die Heilungen, die unter schamanistischer Regie zustande kamen und auch heute noch zustande kommen, haben die Berichterstatter seit alters her in Erstaunen versetzt. Da man keine wissenschaftliche Erklärung hatte, bezeichnete man sie als Wunderheilungen. Der Glaube, getragen von *bildkräftigen Heilungsvorstellungen*, vermag ›Berge zu versetzen‹.

3. Die Wunderheilungen von Lourdes

Viele der Wunderheilungen erscheinen uns im Lichte der modernen Psychotherapie erklärbar. Wir wissen bereits seit längerer Zeit, dass Lähmungen und Erblindungen als Konversionssymptome aufgrund fehlgeleiteter Konfliktverarbeitung, also über psychische Verursachung, entstehen können. Darüber hinaus konnte seit Ende der sechziger Jahre nachgewiesen werden, dass die meisten körperlichen Beschwerden eine psychische Auslöser- und Ausbildungsursache haben. Psychosomatik und Sozialmedizin haben auf ein ganzes Netzwerk psychosozialer Defiziterscheinungen bei der Entstehung von Krankheiten hingewiesen. Allein über die psychologischen Bedingungen der Krebskrankheit sind in den letzten Jahren Hunderte von Arbeiten und eine Reihe von Büchern erschienen. Man bezeichnet dieses spezielle Gebiet als ›Psychoonkologie‹.

Wenn auch die Abhängigkeit der Krankheiten und der Gesundung von der psychischen Lagebefindlichkeit schon vielfach nachgewiesen wurde, so blieb doch der zentrale Einflussfaktor der Imagination im psychosomatischen Bedingungsgeflecht bis in die neuere Zeit hinein weitgehend ungeklärt.

Wunderheilungen sind auch in den entfalteten Hochreligionen – dem Buddhismus, Hinduismus, dem Islam, dem Christentum – immer wieder vorgekommen und bezeugt worden.

Seit über hundert Jahren wird von Wunderheilungen in Lourdes berichtet. Das Christentum kannte von Anfang an den Gedanken einer Heilung durch göttlichen Eingriff. Die heutigen Heilsekten, wie beispielsweise die Christian Science, berufen sich auf die Heilungswunder Christi. Die Heilrituale dieser Gruppen entsprechen in vieler Hinsicht der religiösen Heilkunst marginaler Gesellschaften. Über die Heilungen in Lourdes liegen gute Beschreibungen vor. Viele der Heilungen von schweren Krankheiten, die nach Eintauchen in die Quelle geschahen, sind genau dokumentiert und kritisch geprüft worden. Jedes Jahr kommen über zwei Millionen Pilger nach Lourdes. Unter ihnen sind etwa fünfzigtausend Schwerkranke. Sie sind gewöhnlich schon seit längerer Zeit krank, und ihre Leiden konnten durch medizinische Heilmittel nicht behoben werden. Diese Menschen haben sich aus dem aktiven Leben zurückziehen müssen. Ihre Tage verlaufen eintönig und eingeengt. Zumeist fallen sie ihren Familien zur Last.

Mit dem Entschluss der Pilgerfahrt ändert sich die Situation des Patienten radikal. Er bricht aus der Routine des tristen Alltags aus, lässt ärztliche Untersuchungen vornehmen, macht Reisepläne. Es finden Gebete und Messen für den Kranken statt. Familienangehörige, Geistliche und oft auch ein Hausarzt begleiten ihn und bezeugen Interesse an seinem Wohlergehen. Der Patient steht im Mittelpunkt der Heilerwartung. Jeder in der Gruppe hofft, eine wunderbare Heilung mit anzusehen. Diese mehrfach gestützte Hilfserwartung und dann der gewaltige Eindruck der Prozession und der heiligen Handlungen und Gebete am Ort können den Kranken emotional tief erregen und so seine Gesundungskräfte mobilisieren.

Die große Mehrheit der Kranken erlebt allerdings keine Heilung. Doch bedeutet die Zeremonie für die meisten Teilnehmer ein großes Erlebnis. Die Beweise, dass manchmal tatsächlich ein fortgeschrittenes organisches Leiden in Lourdes geheilt wird, sind offenkundig doch selten. Es scheint vielen zumindest zeitweilig besser zu gehen. Gelegentlich tritt die Linderung der Leiden oder eine gewisse Rehabilitation erst nach einiger Zeit ein.

Von den jedes Jahr nach Lourdes kommenden etwa fünfzigtausend Schwerkranken werden von den Pilgern jedoch lediglich etwa dreißig als wundergeheilt gemeldet. In den 125 Jahren seit der Erscheinung der Mutter Gottes in der Grotte sind aber erst fünfundsechzig Heilungen als Wunder anerkannt worden.

Um als Wunderheilung anerkannt zu werden, muss der Fall in mehreren Instanzen geprüft werden: von zwei medizinischen Kommissionen und einer theologischen, dem Bischof der Heimatdiözese. Sechs Kriterien müssen erfüllt sein:

- Es muss sich um eine lebensbedrohliche Krankheit gehandelt haben.
- Vor der Wallfahrt nach Lourdes durfte keine Besserung eingetreten sein.
- Gegen die Krankheit darf es keine wirksamen Heilmittel geben.
- Die Heilung muss plötzlich während des Besuchs von Lourdes oder danach erfolgt sein.
- Der Kranke muss wieder ganz gesund sein.
- Die Heilung muss dauernd sein.

In solchen Fällen nimmt die Kirche an, dass die Heilung auf göttliche Einwirkung zurückgeht. Die Heilung selbst kann dann durch die Auslösung natürlicher Heilungsmechanismen vonstatten gehen.

Sicher scheint zu sein, dass die emotionale Erregung, die spirituelle Glaubensglut und die bildhaft gesättigte Heilimagination der Kranken von großer Bedeutung sind. Wir nähern uns schrittweise dem Verständnis dieser Erscheinungen, ohne jedoch ihren Ursprung erklären zu können.

Diesen ›Ur-Sprung‹, das Grundproblem, können wir beim gegenwärtigen Stand der Wissenschaft nicht lösen. Die grundlegende Frage bleibt: Wie wirken Vorstellungen auf unsere Physiologie ein?

Wir wissen zwar, dass sich dieser Vorgang in den synaptischen Strukturen des Nervensystems vollzieht; doch bleibt der Seele-Leib-Übergang oder der Ebenen-Wechsel nach wie vor ein geheimnisvolles Geschehen.

Bei den folgenden Erörterungen sollten wir uns immer wieder an die Ungelöstheit – und vielleicht Unlösbarkeit – dieses Grundproblems erinnern.

Kapitel III: Vorstellungsbild und Körperfunktion

In diesem und den folgenden Abschnitten wollen wir uns mit der Macht der Imagination – der Einbildungskraft – befassen. In der Imagination, soweit sie für Heilung und Therapie von Belang ist, identifizieren wir uns mit erwünschten leiblich-seelischen Zuständen oder/und mit Personen, die uns als Vorbild erscheinen. Wir versetzen uns geistig in diese Zustände und Personen hinein und versuchen, sie uns über lebhafte Vorstellungsbilder anzueignen.

Um die Macht der Einbildungskraft eindringlich darzustellen, das heißt zu zeigen, wie Einbildungskraft den Körper, seine Physiologie und seine Organe beeinflussen kann, wenden wir uns einleitend den immer wieder einmal vorkommenden *Stigmatisationen* zu. Diese treten im christlichen Kulturkreis als Identifikationsprodukte mit dem Gekreuzigten und seinen Wundmalen auf. Psychologen und Mediziner sprechen hier von so genannten ›hysterischen Reaktionen‹; Gläubige sehen in diesem Geschehen Auswirkungen übernatürlicher Kräfte.

Wir können das Entstehen der Stigmen als einen viergliedrigen Prozess ansehen:

- *Intention* als Prozess der gerichteten Konzentration,
- *Identifikation* als Ausdruck einer hingebenden Gläubigkeit,
- *Imagination* als bildhaft-konkrete Einverseelung,
- *Stigmatisation* als sichtbares Ergebnis der Prozessreihe.

Loretta Early und Joseph Lifschutz berichten über einen Fall von Stigmatisation. Im Folgenden ein Zitat aus dem Bericht von George Leonhard:

Am 5. März 1962, 21 Tage vor Ostern, begann ein zehnjähriges farbiges Mädchen in seinem Klassenzimmer in Oakland, Kalifornien, aus seiner linken Handfläche zu bluten. Im Laufe der folgenden 19 Tage blutete es bis zu fünfmal täglich aus Wunden an beiden Füßen, beiden Händen, dem Brustkorb und der Stirnmitte. Zeugen dieser Blutungen waren seine Eltern, seine Klassenkameraden und Lehrer, die Schulschwester sowie der Arzt, der über das Phänomen berichtet, und anderes Krankenhauspersonal.

Am Karfreitag, (dem 19. Tag der Blutungen) blutete das Mädchen gleichzeitig aus allen sechs Wunden. Als das Blut an diesem Tag zu fließen aufhörte, hatte es das Gefühl, dass ›alles vorüber‹ sei, und tatsächlich traten keine weiteren Blutungen auf.

Das Mädchen stammte aus einer sehr religiösen Baptistenfamilie, aber es hatte vorher keine Kenntnis des christlichen Stigmenphänomens. Etwa eine Woche vor den Blutungen hatte es ›Crossroads‹ von John Webster, ein Buch über die Kreuzigung, gelesen. Vier Tage vor Beginn der Blutungen hatte es eine Fernsehsendung über die Kreuzigung gesehen, die es gefühlsmäßig stark berührte und in der folgenden Nacht einen lebhaften Traum auslöste. Akustische Halluzinationen, die einige Tage vor Beginn der Blutungen begonnen hatten, dauerten bis Ostersonntag an und bestanden im Allgemeinen aus einfachen positiven Aussagen wie ›deine Gebete werden erhört werden‹.

Damit gesellte sich die zehnjährige Stigmatisierte aus Oakland zu den Tausenden anderen innerhalb und außerhalb der religiösen Institutionen, die das Leiden Christi geteilt haben. Das Phänomen tritt wie in ihrem Fall im Allgemeinen nach intensiver Beschäftigung mit diesem Leiden auf und manifestiert sich in auffallend ›originalgetreuen‹ Nachahmungen nicht nur der Wunden, die Nägel und Lanze schlugen, sondern schließt in manchen Fällen auch die Quetschwunde auf der Schulter ein, die durch das Tragen des Kreuzes entstand, die Schürfwunden der gefesselten Arm- und Fußgelenke sowie die Kopfwunden, die durch die Dornenkrone entstanden. Nonnen und andere tiefreligiöse Frauen haben auch das ›Vermählungszeichen‹ produziert, eine spontane Veränderung der Haut, die einem Fingerring gleicht und bei Frauen auftritt, die ein ekstatisches Verlöbnis mit Christus erlebt haben.

(Leonhard 1986, 146 f, Bezug auf Early und Lifschutz 1974, 197 ff.)

Leonhard erörtert in diesem Zusammenhang die Holonomie-Identitätsauffassung, nach der alle Ereignisse der Welt holonomisch im Menschen existieren, ob er diese nun bewusst kennt oder nicht.

Durch die konzentrative Hinwendung, etwa zur Kreuzigungsgeschichte, nimmt die Person einen innigen Kontakt mit jenem Ereignis auf, das das in ihr ruhende Holoid zur Erscheinung erweckte. Eine solche Auffassung könnte – so meint Leonard – die wissenschafts- und glaubensorientierten Deutungs- und Verstehensversuche miteinander versöhnen.

Die Definition des Begriffes ›Hologramm‹ ist unter VII auf den Seiten 180, 181 nachzulesen.

In seinem Bericht über Therese Neumann von Konnersreuth lenkt Hubert J. Urban unsere Aufmerksamkeit auf etwas, was er die ›Kette der Stigmatisierten‹ nennt. Biot nimmt in umfassender Weise zum ›Rätsel der Stigmatisierung‹ Stellung. Er stellt fest: »Im Todesjahr eines Stigmatisierten erhält ein anderer die Wundmale, ohne dass die betreffenden Personen sich angesichts der Entfernung, die sie voneinander trennt, gekannt hätten« (Biot 1957, 129). Er stellt eine Tabelle auf, in der verschiedene Frauen einander folgen:

»Anna Katharina Emmerich, 1812 stigmatisiert, 1824 gestorben;

dann Margarete Gschirr von Steinbach-Brenner (Österreich), 1824 stigmatisiert, 1869 gestorben;

dann Viktoria Höchst, 1869 stigmatisiert, 1890 gestorben;

hierauf übernimmt Barbara Pfister aus Wattenheim (Pfalz) die Ablösung und stirbt 1909.

Nun ist Anna Schäffer aus Mindelstetten (Bayern) an der Reihe. Und als sie 1925 stirbt, trägt Therese Neumann die bekannten Wunden«.

Biot diskutiert ausführlich die Frage: Handelt es sich bei den Stigmatisationen um eine pathologische oder um eine übernatürliche Erscheinung. Er anerkennt die Tatsache, dass es Kranke gibt, »die einen eigenartigen Hang haben, in und mit ihrem Leib Anomalien der organischen Funktionen zu verwirklichen, deren Gedanke sich in ihnen eingenistet hat. Sie unterliegen so sehr seiner Gewalt, dass sie ihn leben. Er beherrscht sie solchermaßen, dass sie ihn verkörpern« (S. 109).

Biot ist überzeugt, »dass bei der Ausprägung der Stigmen Gedächtnis und Einbildungskraft eine sehr große Rolle spielen, selbst in den Fällen, in denen solche Wunden aufgrund einer ganz besonderen Gnade und außerhalb der natürlichen Kräfte auftreten könnten« (S. 134).

Kehren wir aber wieder zu den psychoneuroimmunologischen Erkenntnissen zurück.

Im Allgemeinen beachten wir unsere Körperfunktionen nicht. Sie laufen eben – weil wir gesund sind – in normaler Weise ab. Erst wenn sich einzelne Organe oder körperliche Funktionen aufdringlich bemerkbar machen, spüren wir, dass in unserem Körper etwas nicht stimmt. Sofort formen wir geistige Bilder aufgrund einer kognitiven Einschätzung der Symptome: Ein Herzflattern wird von manchen Personen aufgrund ihrer Befürchtungsgedanken gleich als Vorbote eines Herzinfarkts, Atembeschwerden werden als Einleitung eines Asthmaanfalls, ein Druckgefühl hinter dem Auge wird als Äußerung eines Hirntumors ›gesehen‹.

Häufig kann man beobachten, dass durch die Aufmerksamkeit und die Konzentration auf das Symptom und seine befürchtete Verschlimmerung die Störung verstärkt wird. Die negativen Erwartungs- oder Vorstellungsbilder und die Angst wirken sich mit ihrer physiologischen Beeinflussung negativ auf die Abwehrkräfte des Körpers aus, wodurch tatsächlich Krankheitserscheinungen nach dem Prinzip der sich selbst erfüllenden Prophezeihung auftreten können.

Es sind aber sicher nicht die Aufmerksamkeit und Konzentration auf die Beschwerden, sondern die mehr oder weniger deutlich damit einhergehenden Befürchtungsgedanken, die negativen Imaginationen, die die Leiden verschlimmern.

1. Die Freisetzung von Heilungskräften – ein paar wirksame Praxisbeispiele

Im Folgenden geben wir Ihnen ein Beispiel aus unserer Praxis, wie Heilungskräfte bei Schmerzen, etwa Kopfschmerzen (aber auch bei Befürchtungen, Sorgen, negativen Vorstellungen), über eine

imaginative Entspannung

freigesetzt werden können:

- Setzen oder legen Sie sich bequem hin, schließen Sie Ihre Augen.
- Strecken Sie Ihre Arme und Beine aus und spannen Sie alle damit erreichbaren Muskeln etwa fünf Sekunden an.
- Lassen Sie dann alle angespannten Muskeln locker.
- Atmen Sie regelmäßig ein und aus – ohne jede Anstrengung.
- Gehen Sie über die Lockerung der Muskeln und das regelmäßige Ein- und Ausatmen tief in das Gefühl des Entspanntseins hinein.
- Nach etwa zwei Minuten des Entspanntseins beginnen Sie, sich auf einen breiten langsam dahinfließenden Strom zu konzentrieren. Er kommt von rechts und fließt nach links. Sie sitzen auf einem Stein am Ufer.
- Auf dem Strom gleiten einzelne große Baumstämme dahin. – Sie wenden Ihren Blick nach rechts, sehen in etwa 300 Meter Entfernung einen Baumstamm und verfolgen ihn, bis er in der Ferne links verschwindet.
- Sie wiederholen das Verfolgen des Baumstammes etwa 4 – 6-mal. Dabei sagen Sie jedes Mal im Stillen zu sich:

  Mit dem Baumstamm schwimmen meine Beschwerden (Kopfschmerzen etc.) dahin.
  Sie lösen sich langsam auf.

  Alsdann öffnen Sie Ihre Augen.
  Sie recken und strecken sich.
  Sie sind ganz wach und frisch, wach, entspannt und frisch.

Anmerkung:
Eine solche Entspannung können Sie sich selbst – in der Ich-Form gesprochen – auch auf Kassette aufnehmen.

Daneben gibt es aber auch noch eine andere Methode, die dem gleichen Ziel dient:

die entspannte aufmerksame Konzentration auf die Krankheitserscheinung

Bei Schmerz verwenden wir in der Praxis u. a. bei dafür offenen Klienten auch eine alte Zen-Technik, die empfiehlt,

- nichts dagegen zu tun, sondern – gerade umgekehrt –
- sich dem Schmerz völlig hinzugeben, sich in ihn ganz zu versenken und zu singen:

  ›Schmerzen, Schmerzen‹

Wenn es uns gelingt, dem Schmerz unsere ganze Aufmerksamkeit zu widmen, wird er plötzlich verschwinden.

Marilyn Ferguson (1981, 54f) machte auf eine weitere

Konfrontationsmethode

aufmerksam. Wir konnten in der Praxis feststellen, dass sie bei Schmerz ebenfalls erfolgreich sein und letztlich von jedermann angewandt werden kann:

- Sie empfinden irgendwo in Ihrem Körper Schmerzen.
- Schließen Sie Ihre Augen und versuchen Sie im Geiste, den Schmerz bewusst zu steigern.
- Wichtig ist, dass Sie sich dem Schmerz total öffnen.
- Stellen Sie sich dabei vor, Sie würden ihn in Ihr Gehirn hineinsaugen.
- Sie sollten diesen gesteigerten Zustand etwa eine halbe Minute aushalten.
- Es besteht die Möglichkeit, dass der Schmerz, wenn Sie mit dieser Übung aufhören, bereits vergangen ist.

Es scheint so, dass durch Konfrontationsmethoden die Tore der Schmerzempfindung, die an verschiedenen Stellen des zentralen Nervensystems aufgebaut sind, geschlossen würden, also eine Hemmung des Schmerzes stattfindet.

Interessant ist in diesem Zusammenhang noch ein Experiment, das der Psychiater Wallace Ellenbrock durchführte und von dem Marilyn Ferguson in ihrem Buch ›Die sanfte Verschwörung‹

(S.302) berichtet.Ellenbrock wies unter chronischer Akne leidende Patienten an, auf jeden neuen Pickel

- *mit nicht bewertender Aufmerksamkeit* zu reagieren.

Die Patienten sollten z. B. in den Spiegel schauen, dabei mit den Pickeln reden, etwa:

»Nun, Pickel da seid ihr ja mal wieder,
genau am rechten Ort, zur rechten Zeit.«

Wichtig war, dass die Patienten die Akne annahmen, akzeptierten, statt mit negativen Gefühlen zu reagieren und sich dabei zu erregen.

Die Teilnehmer des Experiments litten seit 15 und mehr Jahren an Akne, hatten bis dahin keine Besserung erfahren. Die Resultate waren erstaunlich; bei einigen Patienten hatte sich die Akne innerhalb weniger Wochen aufgelöst. Offenbar hatten Widerstände, Leugnen und Angst die Akne aufrechterhalten.

Das Vorgehen *nicht bewertender Aufmerksamkeit* kann bei vielen Beschwerden angewandt werden. Von Schlaflosigkeit, migräneartigen Kopfschmerzen bis hin zu übermäßigem Schwitzen oder nervösem Zittern, wie wir in unserem Institut feststellen konnten.

Wir sollten uns klarmachen, dass wir oft bei Entstehung und Empfindung von Schmerzen aktiv beteiligt sind. Wir haben nicht ein Ding Schmerzen, sondern wir ›schmerzen‹. Wir haben nicht einfach Masern – wie dies unsere Sprache nahe legt, sondern wir ›masern‹. Damit wird zugleich gesagt, dass Krankheiten Vorgänge, Prozesse sind, mit denen wir uns auseinander setzen und sie akzeptieren, ihnen dabei unsere Aufmerksamkeit widmen sollten.

Gesundheit und Krankheit entstehen nicht einfach zufällig. Sie sind aktive Prozesse, die von einer Harmonie oder Disharmonie herrühren und tief greifend von unserem Bewusstseinszustand, unserer Fähigkeit oder Unfähigkeit, mit dem Strom der Erfahrung zu fließen, beeinflusst werden.

2. Der Placebo-Effekt

Wenn die negative Erwartung oder die Befürchtung so wirksam sind, dann müsste doch die positive Erwartung des Krankheitsverlaufs die Chance der Heilung erhöhen.

Zunächst stützt der vielfach nachgewiesene Placebo-Effekt diese Auffassung. Ein vom Arzt verordnetes unwirksames Mittel oder Verfahren wirkt sich günstig auf den an einer Krankheit leidenden Menschen aus. Besonders deutlich ist diese Wirkung bei Patienten, die einen angesehenen Arzt konsultieren und dieser darauf hinweist, dass das neue Mittel wissenschaftlich erprobt und erst seit kurzer Zeit im Handel ist.

Das Wort Placebo ist von dem lateinischen Verb placere abgeleitet und bedeutet ›Ich werde gefallen‹. Placebos können tief greifende Wirkungen auf organische und psychosomatische Krankheiten haben. Oft, wie beispielsweise bei Allgemein- und Kopfschmerzen, Schlaflosigkeit, Magen-Darmbeschwerden, sind Medikamente gar nicht angezeigt. Der Patient aber erwartet vom Arzt ein Rezept zu erhalten. Der Patient huldigt dem magischen Glauben, dass, wo es ein Rezept gibt, Heilung möglich ist. Der kluge Arzt wird in solchen Fällen ein Placebo verordnen. Damit wird der Patient in seinem Wunsch, gesund zu werden, gestärkt. Wie schon angedeutet, spielen Einfluss des Arztes und das Verordnungsritual dabei eine große Rolle.

In einem Experiment wurden Patienten mit blutenden Magengeschwüren in zwei Gruppen eingeteilt. Der ersten Gruppe wurde vom Arzt mitgeteilt, dass das verordnete neue Medikament ganz bestimmt Erleichterung verschaffen werde. Die zweite Gruppe wurde durch eine Krankenschwester darüber informiert, dass das Medikament noch in Erprobung stehe und man über seine Wirkung kaum etwas wisse. Und nun das Ergebnis: Bei 70 Prozent der Patienten der ersten Gruppe wurde ein deutlicher Rückgang der Beschwerden festgestellt. In der zweiten Gruppe verspürten nur 25 Prozent eine Linderung. Beide Gruppen hatten dasselbe ›Medikament‹ erhalten – ein Placebo.

Früher wurden Placebos von vielen Medizinern geringschätzig beurteilt. Für sie hatte der Ausdruck den Beiklang von Schwindelarzneien oder Pseudomedikamenten. Heute befasst man sich in der Forschung sehr ernsthaft mit dem Placebo-Effekt. Es hat sich als ein wirksames Therapeutikum erwiesen. Shapiro, der sich eingehend mit dem Problem befasst hat, schrieb schon 1959: »Placebos können tief greifende Wirkungen auf organische Erkrankungen, einschließlich unheilbar bösartige Krankheiten, haben« (Shapiro 1959).

Dies bedeutet nicht, dass wir auf echte wirksame Medikamente verzichten sollten. Es ist uns allerdings mittlerweile klar geworden, dass gerade die wirksamen Medikamente oft auch vielerlei unerwünschte Nebenwirkungen haben und die Selbstheilungskräfte schwächen. Deshalb sind moderne Ärzte bei der Verschreibung sehr vorsichtig.

Wir sollten bei der Placebo-Frage nicht die Fähigkeit des Menschen zur Selbsttäuschung in den Vordergrund rücken, sondern eher beachten, dass die Placebowirkung den Wunsch und Willen zur Gesundung in psychische Realität verwandelt. Viele Studien weisen nach, dass das Placebo spezifische biochemische Veränderungen im Körper bewirkt. *Hoffnung* wird in erkennbare biochemische Veränderungen umgewandelt.

»Das Placebo ist der Beweis dafür, dass es keine wirkliche Trennung zwischen Seele und Körper gibt. Krankheit ist immer ein Wechselspiel zwischen beiden. Sie kann in der Seele beginnen und den Körper beeinflussen, oder sie kann im Körper beginnen und die Seele beeinflussen. Beide sind an denselben Blutkreislauf angeschlossen« (Cousins 1981, 57). Cousins weist auf eine Anzahl von Untersuchungen hin, in denen die Wirksamkeit der Placebos bewiesen wird, z. B. bei blutenden Magengeschwüren, postoperativen Wundschmerzen, Kopfschmerzen, rheumatischer und degenerativer Arthritis, Bluthochdruck usw.

Früher nahm man an, dass Patienten mit geringerer Intelligenz eine höhere Empfänglichkeit für die Placebo-Wirkung haben. Diese Annahme wurde jedoch schon 1946 auf der Therapiekonferenz in Cornell entkräftet. Dr. Gold erklärte unter Bezug auf seine umfassenden Untersuchungen: Je höher die Intelligenz, um so größer der potentielle Nutzen einer Placebo-Behandlung (Gold u. a. 1946).

Die Placeboforschung weist uns auf die große Bedeutung der psychischen Faktoren bei den Prozessen der Erkrankung und Heilung hin. Dabei spielen die Faktoren der Krankheitsbefürchtung und der Gesundheits- oder Gesundungserwartung eine große

Rolle. Sobald sich die auf Gesundwerden gerichtete Erwartung in bildhafte Imagination verdichtet, kann sie ein hochwirksames Heilmittel werden.

Wissenschaftler schätzen heute, dass bei jedem dritten Menschen allein durch den Glauben, die Einbildung und Erwartung an die Wirksamkeit eines Medikaments eine Verbesserung ihrer Lagebefindlichkeit im Krankheitsfall eintreten kann.

Was beim Verabreichen eines Placebos im Menschen genau vor sich geht, ist gegenwärtig wissenschaftlich noch nicht zu enträtseln.

3. Weitere mentale Einflüsse auf die Körperfunktionen

Ohne dass man die speziellen Zusammenhänge kannte, wurde seit alters her in den Yogapraktiken dieser mentale Einfluss auf die Körperfunktionen belegt.

Autogenes Training

In den zwanziger Jahren hat J. H. Schultz diese Erkenntnissse zu der von ihm entwickelten Technik des Autogenen Trainings ausgearbeitet. In abgestuften Übungen lernt der Klient, sich zu entspannen und durch Konzentration bestimmte psychische und physiologische Zustände hervorzurufen. Das Sonnengeflecht (der Solarplexus), das dabei auch angesprochen wird, ist ein wichtiger Teil des vegetativen Nervensystems, das die Tätigkeit der inneren Organe in der Bauchhöhle regelt. Über dieses Nervengeflecht, das hinter dem Magen liegt, wird unsere Stimmungslage auf die Verdauungs- und Ausscheidungsorgane übertragen.
Der Klient sitzt oder liegt entspannt und erhält in der Unterstufe des Trainings folgende zu verinnerlichenden Formeln, das heißt er sagt zu sich im Stillen und stellt es sich zugleich *bildhaft* vor (vgl. Schultz 1932 und 1970):

- Rechter Arm ganz schwer.
- Ich bin vollkommen ruhig. 6 x

- Rechter Arm ganz warm.
- Ich bin vollkommen ruhig. 6 x

- Herz schlägt ganz ruhig und kräftig.
- Ich bin vollkommen ruhig 6 x

- Atmung ganz ruhig und gleichmäßig.
- Es atmet mich.
- Ich bin vollkommen ruhig. 6 x

- Sonnengeflecht strömend warm.
  Ich bin vollkommen ruhig. 6 x

- Stirn angenehm kühl.
- Ich bin vollkommen ruhig. 6 x

- Arme fest, tief atmen, Augen auf.

Schultz sieht die Entspannung in einer ›Umschaltung‹. Sie führt zu einer qualitativen Veränderung des Bewusstseinszustandes und einer Vielzahl physiologischer Veränderungen. Die letzte Formel dient der Zurücknahme der Entspannung; sie soll deutlich und schwungvoll gesprochen werden.

›Sensorische Information‹

Der englische Arzt Grantly Dick-Read erkannte in den dreißiger Jahren, dass die Angst vor der Geburt ein Störfaktor für die neuromuskuläre Harmonie der Wehen darstellt, einen qualvollen Zustand schafft und oft die Geburt kompliziert. Durch ein spezielles Entspannungstraining und eine Neubewertung des Geburtsvorganges bei Schwangeren konnte Dick-Read die so genannte sanfte Geburt erreichen. Die Frauen lernten, sich bei der Entspannung auf ihren Atem zu konzentrieren, ihre beim Gebärvorgang angespannten Muskeln zu erfühlen und zu kontrollieren und das Ereignis durch vorwegnehmende mentale Übungen als sehr erfreulich zu erwarten und später zu erleben.

Wenn man erreichen kann, dass die Geburt für die Mutter sanft verläuft, so wird man diese Methode auch vor der medizinischen Einleitung eines anderweitigen schmerzhaften Eingriffs anwenden können. Durch

Einübung in Entspannung und Information über den Ablauf des Geschehens

können der Arzt oder die Krankenschwester dem Patienten helfen, die Angst vor dem Ungewissen, das ihn erwartet, und damit die Befürchtungsvorstellungen abzubauen. Man bezeichnet dieses heute in vielen Krankenhäusern übliche Verfahren als ›sensorische Information‹. Zusätzlich kann man den Patienten dazu anhalten, in Gedanken und Vorstellungen das kommende Ergebnis (die Operation) vorwegzunehmen. Verschiedene Untersuchungen haben ergeben, dass solche vorbereiteten und wohlinformierten Patienten besser auf die Behandlung reagieren und in kürzerer Zeit das Krankenhaus verlassen können.

Mentales Training

Seitdem das Mentale Training beim Hochleistungssport etwa Anfang der siebziger Jahre eingeführt wurde, konnten viele Leistungen beträchtlich verbessert werden. Vor allem im Hochsprung, Stabhochsprung, Weitsprung, Kugelstoßen, Speerwerfen, Langlauf, Kunstspringen, aber auch im Tennis, Skispringen, im Slalomlauf usw. hat das Mentale Training die Leistungsfähigkeit der Sportler gesteigert.

Neben dem körperlichen Training haben sich die Sportler zwischendurch und vor allem kurz vor ihrem Einsatz den Ablauf ihrer Leistung und besonders die gewünschte Zielleistung im Entspannungszustand (meist bei geschlossenen Augen) bildhaft vorzustellen und sich mit emotional-positiver Erwartung aufzuladen. Man nimmt an, dass diese *visualisierten Vorstellungsübungen* im Gehirn so genannte Erfolgsschleifen aufbauen, und dass dadurch Ängste abgebaut, die Bewegungskoordination und die Freisetzung von Energiepotentialen verbessert werden.

Besonders bewährt hat sich das Mentale Training auch bei der Vorbereitung von sportlichen Spielen, bei denen einzelne oder mehrere Teilnehmer gegeneinander spielen (Tennis, Golf, Fußball, Handball – aber auch Fechten, Boxen, Ringen usw.).

Jedes dieser Spiele besteht aus zwei Teilen:
- einem *äußeren* und
- einem *inneren* Spiel.

Das *äußere Spie*l wird gegen einen sichtbaren Gegner gespielt, auf dessen ›Spielzüge‹ in Vorbereitung, Ansatz und Vollzug zu achten ist. Das *innere Spiel* bezieht sich auf die Flexibilität und Vervollkommnung der eigenen ›Spielzüge‹, den Abbau von schlechten Gewohnheiten, den Abbau innerer Unsicherheit, Nervosität, Verspannung und den Aufbau einer erfolgszuversichtlichen Haltung und Leistungssteigerung.

Im Mentalen Training lernen wir, in neuer Weise zu uns selbst zu sprechen.

Im Tennisspiel folgen solche Selbstgespräche oft blitzschnell – im Telegrammstil – aufeinander. Zum Beispiel ›Spiel auf seine Rückhand!‹ ›Jetzt nach rechts!‹ Der Spieler spricht zu sich selbst. – Der Schlüssel zum besseren Tennis findet sich, wenn die Beziehung zwischen dem bewussten Bestimmer und dem unbewussten automatischen Macher verbessert wird.

In seinem Buch ›Tennis und Psyche. Das innere Spiel‹ zeigt W. Timothy Gallwey anhand von Beispielen wie der Einklang, der den guten Spieler auszeichnet, herzustellen ist. Man bringt das Denken zur Ruhe und läßt es geschehen. Er beschreibt ferner, wie man mit Hilfe des inneren Spiels die Gewohnheiten ändern kann. Die geglückten Augenblicke vollendeter Spielzüge erschließen letztlich dem Meisterspieler jenes Zentrum des erweiterten Bewusstseins, das ihn auch im erweiterten Spiel des Lebens zu lenken scheint.

Imaginationstraining

In der Kognitiven Verhaltenstherapie hat man die zentrale Bedeutung des Vorstellungsbildes als psychophysisches Energetikum erkannt und in die Therapie eingebaut. Man betont hier die

Einbildungskraft des Vorstellungsbildes

und bezeichnet sie daher als Imagination.

Wie Ungeduld und Zeitdruck weitgehend ein Zeichen modernen Lebens geworden sind, so sind Angst und eine negative Erwartungshaltung durchgängig ein Zeichen psychischen Fehlverhaltens. In der Angst und in den Befürchtungsgedanken erleben wir Gegenwart und Zukunft als Bedrohung. Darüber hinaus mischen sich vergangene Misserfolge in unser Erleben ein und belasten uns, so als seien sie gegenwärtig.

Die Zeit scheint sich zusammenzudrängen. In der großen Angst scheint der Tod nahe bevorzustehen; wir geraten in eine ›Torschlusspanik‹. Für Depressive und Schmerzgeplagte ist jeder Augenblick schwer zu ertragen. Sie können nicht aus sich herausgehen, an der Welt und den Geschehnissen teilnehmen; sie werden niedergedrückt von verdichteter Zeitlast. Es kommt zum Verlust der Beweglichkeit und Flexibilität, der Wahrnehmungs-, Gestaltungs- und Äußerungsfähigkeit (Erstarrung) und zum Verlust der Teilhabe und Bindungen (Isolation).

In der Therapie lernen die Klienten unter anderem durch die *Vorstellung von beruhigenden Situationen* ihre physiologische Angsterregung abzubauen. Auch die Methode der Desensibilisierung beruht darauf, dass vorgestellte Angstsituationen eliminiert werden können, indem man sich in der Entspannung *realistische* Gegengedanken vorstellt, die diesen Angstsituationen entsprechen. Denn Angst und Erregung vertragen sich nicht mit Entspannung.

Kapitel IV: Imagination und Nervensystem

Vorstellungen können ähnliche innere Reaktionen auslösen wie äußere Reize, beispielsweise Geruchsempfindungen. Wir sind hungrig, stellen uns unsere Lieblingsspeise vor und das Wasser (der Speichel) läuft uns im Munde zusammen. Es gibt Menschen mit starker Einbildungskraft. Wenn sie sich vorstellen, dass sie rennen, schlägt ihr Herz schneller. Wenn wir uns eine bestimmte Körperbewegung vorstellen, werden die dazugehörigen Nervenzellen (motorische Neuronen) aktiviert. Man kann die Muskelaktivität mit empfindlichen Messinstrumenten wahrnehmbar machen. In Experimenten hat man nachgewiesen, dass die Vorstellung verschieden schwerer Gewichte, die zu heben waren, entsprechende Muskelanspannungen hervorriefen. Forschungsarbeiten ergaben, dass das Vorstellungsbild in der Lage ist, sogar Bereiche des Immunsystems zu kontrollieren. Vorstellungsbilder üben also eine direkte Wirkung auf unsere Skelettmuskulatur und auf unser vegetatives Nervensystem aus.

Unser Nervensystem ist ein kompliziertes Netzwerk, das den ganzen Körper durchzieht. Es wird eingeteilt in das *zentrale Nervensystem* (ZNS), das im Wesentlichen die Nerven des Gehirns mit seinen verschiedenen Teilen und des Rückenmarks umfasst. Die Impulse von und zum Gehirn finden im Rückenmark statt. Sie sind für den Körper der einzige Zugang zum Gehirn. Der andere Bereich des Nervensystems – das periphere Nervensystem – gliedert sich in das somatische und vegetative Nervensystem. Das somatische Nervensystem umfasst Gehirnnervenpaare und Nervenpaare des Rückenmarks; das *vegetative Nervensystem* gliedert sich wieder auf in das symphatische und parasympathische Nervensystem. Ersteres dient der Aktivierung, Letzteres der Harmonisierung der Körperfunktionen.

1. Das Zentrale Nervensystem

Das Gehirn besteht aus Milliarden von Neuronen (oder Nervenzellen). Sie sind in ein unterstützendes Netzwerk von Gliazellen eingebettet. Die Gliazellen bilden den einzigen Zugang, den die Neuronen zu den Nährstoffen des Blutes haben. Sie filtern, synthetisieren und lagern Materialien zum Verbrauch für die Neuronen.

Im zentralen Nervensystem werden Informationen auf Faserkanälen (Neuronenbündeln) mit elektrochemischen Eigenschaften von einer Struktur zur anderen transportiert. Ein Neuron kann man sich als einen von einer Flüssigkeit gefüllten Beutel mit einem Empfangsbereich (Dendriten) und einem Sendebereich (Neuriten) vorstellen. Ein Neuron wird aktiv und ›feuert‹, wenn in seiner Umgebung chemische Stoffe, so genannte Transmittersubstanzen, auftreten.

Alles was wir sehen, hören, riechen usw., all die Vorstellungsbilder, die in unserem Erinnerungsvermögen gespeichert sind, basieren auf der Häufigkeit, mit der Neuronen sich entladen. Im Gehirn – dem großen Biocomputer – sind Leitungen und Strukturen durch die Informationsübertragung verbunden.

Die Vorstellungsbilder spielen dabei die Rolle eines integrierenden Mechanismus zwischen neuralen und physiologischen Vorgängen. Wenn ein Gedankenimpuls – die Lebhaftigkeit des Vorstellungsbildes – stark ist, wird die Nachricht durch das ganze Gehirn gestrahlt. Die Vorstellung zum Beispiel vom Aufschlag im Tennismatch, aktiviert alle dafür benötigten Muskeln.

Die Hirnrinde mit ihren vielschichtigen Lagen von Nervenzellen besteht aus zwei Hälften, die durch ein großes Faserbündel (Corpus callosum) verbunden sind. Zwischen beiden Hemisphären findet eine Verständigung von Neuronen statt, die den Balken durchqueren. Die beiden Hemisphären haben spezialisierte Funktionen entwickelt. Die linke Hemisphäre enthält vorwiegend sprachverarbeitende Bereiche, die rechte Hemisphäre besondere Komponenten, die für die Speicherung von Vorstellungsbildern und ihre Abrufung von Bedeutung sind.

Aus den gegenwärtigen neuropsychologischen Untersuchungen können wir zunächst folgende fünf Erkenntnisse festhalten:

1. Die Vorstellungsbilder sind vorzugsweise in der rechten Hirnhälfte lokalisiert. Auch das Körperbild ist hier angesiedelt. Wenn beispielsweise der Scheitellappen der rechten Hirnhälfte durch einen Schlaganfall Schaden nimmt, kann es sein, dass sich der Patient eines Teils seines Körpers nicht mehr bewusst ist. Zum Beispiel wäscht er ihn nicht oder er zieht ihn nicht an.

2. Der rechten Hirnhälfte kommt auch eine überlegene Rolle bei der Verarbeitung emotionaler Informationen zu. Sie wird besonders in Stresssituationen aktiviert. Wir erkennen, dass Emotionen und Vorstellungsbilder eng verbunden sind.

3. Die rechte Hirnhälfte steht in direktem Zusammenhang mit dem vegetativen Nervensystem. Ein umfangreiches Netzwerk von Nervenverbindungen führt vom limbischen zum vegetativen System. Die Botschaften von der rechten Hemisphäre werden in eine nicht verbale bildhafte Terminologie übersetzt, die dann das vegetative System versteht.

4. Ehe das Vorstellungsbild zu bedeutungsvollen logischen Gedanken verarbeitet werden kann, muss es der linken Hemisphäre zugänglich gemacht werden. Wenn die Verbindung zur linken Hemisphäre geschwächt, gestört oder zerstört ist, erzeugen die Vorstellungsbilder zwar Emotionen und wirken auf die Physiologie ein; es findet jedoch keine intellektuelle Interpretation statt. Verschiedene psychosomatische Beschwerden scheinen auf dieser Störung zu beruhen. Bei der so genannten Alexithymie (der Unfähigkeit, Gefühle *adäquat* wahrnehmen und ausdrücken zu können) werden zwar Emotionen und Vorstellungsbilder erlebt, jedoch nicht übersetzt. Da dann nicht entsprechend gehandelt werden kann, können sich die Spannungen nicht auflösen. Die Emotionen suchen einen anderen Ausweg. Sie verteilen sich auf verschiedene Körpersysteme. Es kommt zu psychosomatischen Beschwerden wie beispielsweise rheumatische Arthritis, Asthma bronchiale, Migräne usw.

5. Die linke Hemisphäre kann eine vorsätzliche und bewusste Kontrolle über das System ausüben, das die Skelettmuskulatur betrifft. Beispiele für verbale Befehle, die der Körper hört und

problemlos befolgen kann, sind etwa: den Arm strecken, mit dem Kopf nicken,den Fuß heben, die Faust öffnen.

Das Vorstellungsbild der rechten Hemisphäre kann dieselbe Kontrolle ausüben, indem es innere Bilder an die entsprechenden Muskeln weitergibt: Vorstellung des gestreckten Armes, Vorstellung des Kopfnickens, Vorstellung des Fußhebens, Vorstellung der Faust, die sich wie eine Blume öffnet.

Die sprachorientierte linke Hemisphäre stellt die Berührungspunkte mit der Außenwelt her mittels des zwischenmenschlichen Sprachaustauschs und des Muskeltonus, der uns aufrechterhält.

Die Vorstellungsfähigkeit der rechten Gehirnhälfte ist das Medium zur Kommunikation zwischen Bewusstsein und der Innenwelt, dem seelischen Bereich unseres Körpers.

Beide Systeme sind für Gesundheit und Wohlergehen unerlässlich.

Die Vorstellungsbilder sind in verschiedenen Hirnbereichen lokalisiert. Daraus kann man folgern, dass Vorstellungsbilder für das Überleben des Menschen wichtig sind.

Außer den Hemisphären des Kortex sind für den Fluss der Vorstellungsbilder noch andere Gehirnbereiche zuständig, die das Bewusstsein nach unten lenken und die Physiologie beeinflussen:

Das **Limbische System**, dessen Erweiterung die mit den Vorstellungsbildern beladenen Stirnlappen sind. Dieses System macht etwa ein Drittel des Gehirns aus. Es ist verantwortlich für die Gefühlswelt, beispielsweise das Vergnügen, Schmerz, Furcht oder Wut. Alle diese Reaktionen sind mit dem vegetativen Nervensystem, das auch für den Weg der Vorstellungsbilder von entscheidender Bedeutung ist, verknüpft.

Der **Hypothalamus** ist in funktioneller und struktureller Hinsicht eng mit jenen Nervenbahnen verwandt, die Gedanken und Vorstellungsbilder erzeugen. Der Hypothalamus reguliert verschiedene Körperfunktionen wie Essen, Schlafen, Körperrhythmen, Temperatur. Er hat Einfluss auf den Herzrhythmus, die Atmung, die Zusammensetzung des Blutes und die Drüsenfunktionen. Wichtig ist vor allem auch seine Steuerfunktion für das Immunsystem.

Die **Hypophyse** hat als Hauptdrüse des Körpers sowohl neurale als auch chemische Verbindungsbahnen zum Hypothalamus. Sie wirkt über diese Bahnen auf das Hormonsystem ein (z. B. Nebenniere, Schilddrüse, Nebenschilddrüse) und darüber hinaus auf jedes Organgewebe und jede Zelle.

2. Das Vegetative Nervensystem

Die beiden Zweige des vegetativen Nervensystems – das sympathische und parasympathische Nervensystem – unterstehen beide der Kontrolle durch das Gehirn.

Die Bahnen des vegetativen Nervensystems sorgen für die Verbindung zwischen Gehirn und Verhalten. Weitere ähnliche Bahnen bewirken beispielsweise sexuelle Erregung, Angst, Wut, Depression, aber auch gute Laune. Sie werden dabei von anderen chemischen Reizen unterstützt.

Körper und *Geist* reagieren als *Einheit.* Es gibt keinen Gedanken, kein Gefühl, kein Vorstellungsbild ohne elektrochemische und biochemische Aktivität, an der nicht jede Zelle beteiligt ist. Außerdem sind die wichtigsten Organe und Drüsen in der Lage, den Gefühlszustand zu beeinflussen, indem sie ihre Hormone ausschütten.

Die Stressforschung hat die Bahnen vom Gehirn zu den Verhaltensweisen bei Belastungen untersucht. Die Wahrnehmung oder auch die Einbildung, das heißt die lebhafte Vorstellung einer drohenden Gefahr, löst Angst aus. Es sind nicht die gelegentlichen Gedanken, die schädliche Stressreaktionen auslösen, sondern die dauernden Nörgeleien, Streitereien und Aufregungen, das immer währende Unter-Druck-Stehen.

In Stresssituationen dominiert das sympathische Nervensystem und agiert im Einklang mit den Nebennierendrüsen. Es kommt zu Absonderungen der Hormone Adrenalin und Noradrenalin, die einen mobilisierenden Effekt auf den Körper haben: Erhöhung der Herzfrequenz, Freisetzung von Zucker in der Leber zur Energiebildung, Erweiterung der Pupillen zur Verbesserung der Sicht bei Dunkelheit, schnellere Blutgerinnung als Vorsorge für Verletzungen, Erhöhung der Aktivität der weißen Blutkörperchen als Einstellung des Körpers auf einen Notfall.

Der Alarmzustand muss, wenn der Krieg, für den der Körper gerüstet ist, nicht stattfindet, schnell aufgehoben werden. Wenn dies nicht geschieht, wird der Alarmzustand zum Feind. Verlängerte Stresssituationen führen zu verschiedenen Krankheiten, beispielweise Herz-Kreislauf-Erkrankungen, Bluthochdruck oder Migräne. Solche Patienten sind keine guten ›Aufheber‹. Da der Körper auch bei Ermüdung aktiviert wird, kommt es zu entzündlichen Prozessen im Körper und damit zur Schwächung des Immunsystems. Dies ist die Ursache für sehr verschiedene Krankheiten, beispielsweise für Infektionen, Krebs und autoimmune Krankheiten wie rheumatische Arthritis und multiple Sklerose.

Nun erklären aber die bisherigen Vorstellungen vom neuroanatomischen Modell nicht alle Phänomene des Denkens und Fühlens:

- Erinnerungen sind nicht nur in einem Bereich, sondern in vielen sich überschneidenden Arealen gespeichert.
- Fähigkeiten, die zunächst bei Hirnverletzungen (Schusswunde, Tumor, Schlaganfall) eingebüßt werden, stellen sich oft wieder ein.
- Phänomene wie beispielsweise Phantomschmerzen oder Auren, die sich über die festkörperlichen Grenzen hinaus erstrecken, stellen nicht nur die Speicherung eines Körperbildes in Frage, sondern werfen auch die Frage auf, wodurch die Grenzen des Körpers denn nun festgelegt sind.
- Die Fähigkeit des Gehirns zur Selbstanalyse, zur Gedankenbildung und die Fähigkeit, Vorstellungsbilder zu schaffen und abzurufen.
- Paranormale Ereignisse wie das Empfangen, Verarbeiten und Senden von Informationen auf Wegen, die unser Verständnis vom Energietransfer übersteigen. Hierher gehören transpersonale geistige Heilungen und mystische Erfahrungen.

Ein Modell, das versucht, die erstaunlichen Leistungen des Gehirns verständlich zu machen, stammt von Karl Pribram und Ken Wilber (1986). Sie betrachten das Gehirn als ein Hologramm.

Die Besonderheit am Hologramm ist, dass jedes einzelne Teilstück des Hologramms das Gesamtbild zu rekonstruieren vermag. Wie das Hologramm, so speichert auch das Gehirn Daten auf redundante Weise: Jeder Teil des Gehirns beinhaltet zugleich Daten über jeden anderen Teil. Ein einziges Wort kann die Erinnerung an ein Gedicht wieder aufleben lassen; ein Duft weckt ein längst vergessenes Erlebnis.

Vorstellungsbilder, Verhalten und physiologische Begleiterscheinungen sind Aspekte ein und desselben Phänomens. Die Stärke der Vorstellungsbilder bestimmt die Stärke der Physiologie an den Neuralverbindungsstellen. Der Glaube an Genesung und Gesundheit aktiviert gespeicherte Erinnerungen und Muster der Gesundheit.

Die Biochemie weist auf eine weitere Möglichkeit der *Gehirn-Körper-Interaktion* hin: Bei der Übertragung von Informationen vom Hypothalamus zur Hypophyse spielen chemische Prozesse eine große Rolle: Tritt etwa ein veränderter Bewusstseinszustand ein, so verändern sich nachweislich auch dementsprechend die Stoffwechsel- oder biochemischen Prozesse.

Wir sollten dieses Kapitel über Imagination und das Nervensystem noch um einen weiteren Abschnitt erweitern, in dem Kontrollmöglichkeiten und Ergebnisse der Biofeedback-Forschung dargestellt werden.

3. Kontrollmöglichkeiten autonomer Funktionen über Biofeedback

Nehmen wir an, wir möchten lernen, mit Wurfpfeilen das Zentrum einer Scheibe zu erreichen. Wie gehen wir vor? Wir üben und vervollkommnen auf diese Weise unsere Geschicklichkeit. Was ist bei diesem Lernprozess wichtig? Wir überprüfen bei jedem Wurf unsere Wurfgenauigkeit an den Resultaten. Nur durch diese Rückmeldung (feedback) können wir uns verbessern. Zum Lernen einer Fähigkeit gehört also die Wahrnehmung ihrer Ausführung oder ihres Ergebnisses. Mit Hilfe dieser Selbstregulierung lernen wir fast alle unsere leistungs- und sozialbezogenen Verhaltensweisen. Alle Funktionen, die uns über die Wahrnehmung zugänglich, also bewusst sind, können wir kontrollieren.

Normalerweise sind uns physiologische Erregungen und Veränderungen unserer inneren Organe nicht bewusst zugänglich. Zum Beispiel bei Schmerzen und Angst, Migräne und Spannungskopfschmerzen, Bluthochdruck, Stress, Funktionsstörungen der Durchblutung des Herzens, Schlaflosigkeit, Konzentrationsstörungen usw. Sie unterstehen dem so genannten autonomen Nervensystem, ›autonom‹ deshalb, weil wir es – wie man bisher annahm – willentlich nicht beeinflussen können. Sofern wir unser Bewusstsein jedoch erweitern – und dies kann über Biofeedback-Geräte geschehen – besteht die Möglichkeit, diese physiologischen Funktionen zu kontrollieren.

Die physiologischen Funktionen äußern sich in sehr schwachen bioelektrischen Potentialen, die wir über einen Elektroencephalographen (EEG) und Elektromyographen (EMG) messen und in visuelle und auditive Signale umsetzen und verstärken können. Auf diese Weise können wir die feinsten Regungen unserer Hirnwellen- und Muskelaktivität wahrnehmen und sie somit kontrollieren. Beim Biofeedback wird also eine Körperfunktion, die normalerweise nicht willentlich beeinflussbar ist – beispielsweise Blutdruck oder Puls – mittels physikalischer Messmethoden hörbar oder sichtbar gemacht. Der Patient wird an eine bestimmte Apperatur angeschlossen und erhält die jeweiligen Signale, um einzelne Körperfunktionen willentlich verändern und steuern zu können. Zahlreiche amerikanische Studien der letzten 20 Jahre zeigen, dass über Biofeedback Krankheitssymptome entweder ganz zurückgehen oder zumindest gemildert werden.

Die Yogis haben seit alters bewiesen, dass wir fähig sind, ›autonome‹ Funktionen zu kontrollieren. Diese Fähigkeit haben sie jedoch in jahrelanger Meditation mühevoll schrittweise erworben. Durch die Biofeedback-Methode kann die Fähigkeit der physiologischen Selbstbeeinflussung schneller, gezielter und bei allen Klienten erreicht werden. Wichtig ist, dass nach einem solchen über mehrere Wochen sich erstreckenden Training am Gerät der Klient dann ohne apparative Hilfe auskommt.

Im Zusammenhang mit Psychotherapie und Entspannung hat die Biofeedback-Forschung einen interessanten Beitrag geliefert.

Schon 1924 hatte der deutsche Mediziner Hans Berger die Existenz zweier Gehirnwellenmuster nachweisen können, die er ›Alpha‹ und ›Beta‹ nannte. Er konnte eine Beziehung zwischen den Mustern und psychischen Zuständen entdecken: Beta bei Konzentration und Leistung, Alpha bei Gelassenheit und Entspannung. Die Gehirnwellen sind ein Produkt einer elektrochemischen Aktivität in den Gehirnzellen. Diese Zellen kombinieren und übermitteln im ganzen Körper Informationen.

Mittels weiterentwickelter Geräte konnten die beiden Muster Alpha und Beta durch Theta und Delta erweitert werden. Durch Einsatz von Computern ist es heute möglich, EEG-Topographien anzufertigen, das heißt die Verteilung der EEG-Muster über das Gehirn in Bildern in anschaulicher Weise wiederzugeben. Inzwischen ist zu den vorgenannten vier Gehirnwellenmustern ›Gamma‹ hinzugekommen.

Gamma: Es handelt sich hier um hochfrequente Wellen zwischen 33 und 50 Hertz. Diese Frequenz ist Kennzeichen für höchste bewusste Aufmerksamkeit.

Beta: Diese Wellenfrequenz liegt zwischen 14 und 32 Hertz. Sie geht mit bewusster Aufmerksamkeit und analytischer Geistestätigkeit einher, tritt gewöhnlich mit dem normalen Wachleben auf.

Alpha: 8 bis 13 Zyklen pro Sekunde, ein Zustand, der am häufigsten als angenehm und entspannt beschrieben wird. Die Gehirnforscher gehen davon aus, dass etwa 90 % aller Menschen täglich Hunderte von Malen eine oder zwei Sekunden Alpha-Rhythmen produzieren.

Theta: 4 bis 7 Zyklen pro Sekunde, ein besonderer Rhythmus, da er als Tor zu unserem Unbewussten betrachtet und mit kreativen Imaginationen, dem Zugang zu unserem Selbst, in Verbindung gebracht wird.

Delta: bis 3 Zyklen, tritt praktisch nur im Schlaf auf.

Im Zustand meditativer und mystischer Erfahrungen treten im Gehirn deutlich Delta- und Gammawellen *zusammen* auf. Beim *Eintreten* in einen solchen erweiterten Bewusstseinszustand und beim *Heraustreten* aus ihm erscheinen Alphawellen, welche die Delta- und Gammawellen zum Ausklingen bringen. Psychophysiologen konnten in verschiedenen Untersuchungen konstatieren, dass die Alphawellenaktivität zurückging, wenn Delta- und Gammawellen *zusammen* auftraten. Alphawellen werden von daher als »Schwellenhüter« (Wilson 1993) beim Eintreten und Ausklingen transpersonaler Zustände betrachtet. Mittels dieses Alpha-Tores bewegen wir uns offenbar vom Raum- und Zeitbewusstsein weg und zum raum- und zeitoffenen Bewusstsein hin.

1958 machte Joe Kamiya an der Universität Chicago die Entdeckung, dass der Mensch seine Gehirnaktivität kontrollieren kann. Nachdem er zuvor feststellte, dass Alpha-Rhythmen im Wach-EEG auftraten und wieder verschwanden, fragte er sich, ob es möglich sei, mit dem leicht zu registrierenden Rhythmus über ein Laborexperiment einer Testperson beizubringen, auf einen inneren Zustand zu achten. Im Experiment musste die Testperson erraten, ob sie sich im Alpha- oder Nicht-Alpha-Stadium befand. Die Testperson erriet am ersten Tag nur 50% richtig, am vierten Tag lag sie bei jedem Versuch richtig, das heißt 400-mal nacheinander.

Die Wiederholung dieses Experiments an elf Testpersonen bestätigte nicht nur die Resultate des ersten Experiments, sondern es konnte darüber hinaus festgestellt werden, dass die Testpersonen nicht nur die Alpha- und Nicht-Alpha-Stadien identifizierten. Sie waren zudem in der Lage, ihre Psyche zu kontrollieren, das heißt jedes Stadium auf Kommando herbeizuführen und auch beizubehalten (Kamiya 1968).

Seit Kamiyas Pionierexperiment wurde die Forschung über Hirnwellentraining beschleunigt, so dass man bis heute auch die anderen Muster unter Kontrolle brachte. Speziell das Alphawellen-Training, das im Allgemeinen mit Entspannung und Wohlbefinden korreliert, wurde weiter ausgebaut und verfeinert.

Neuere Untersuchungen weisen darauf hin, dass die Thetawellen ein ganz besonderes Gehirnwellenstadium darstellen. Es tritt kurz vor Schlafbeginn ein, einer Zeit, bei der kreative Menschen gewöhnlich ihre besten Einfälle haben. Zen-Meister gelangen während tiefer Meditationen nach dem Alpha- ins Thetastadium oder nach dem Alpha- ins Delta-Gammastadium. Wenn Theta-Gehirnwellen dominieren, befinden wir uns in einem völlig entspannten und gedankenleeren Zustand. Es tauchen in uns traumähnliche Bilder auf. Wir sprechen von Wachträumereien. In diesem Zustand können wir auch Ereignisse erfahren, die normalerweise im Unterbewusstsein verborgen sind. Es waren Elmer und Alyce Green, die erstmals auf diese ›Thetakraft‹ aufmerksam machten (vgl. Green, E. u. Green, A., 1978).

Patricia Norris, die Tochter von Elmer und Alyce Green, führt heute an der Menninger-Klinik in Topeka, Kansas, gemeinsam mit ihrem Mann Steven Fahrion die Biofeedback-Forschungen weiter.

Die Ergebnisse der Biofeedback-Forschung

Die Ergebnisse der Biofeedback-Forschung führen uns zu folgenden kritischen, aber auch weiterführenden Einsichten:

1. Die Ergebnisse sind wegen der Komplexität der physiologischen Prozesse und der Feinsteuerung der Geräte nicht so einheitlich, um im Einzelfall bei der Anwendung gesicherte Prognosen zu erstellen. Die außerordentlich schwachen elektrischen Potentiale werden oft durch Feldkräfte verschiedener Art und durch die Verstärkung beeinflusst oder verzerrt. Es schleichen sich bei den Untersuchungen leicht Messfehler ein (vgl. Kröner, B. u. Sachse R., 1981, 42ff). Die Klienten sprechen – wie zu erwarten ist – verschieden gut auf diese Methode an. Da der Erwartungs- und Placeboeffekt bei den Untersuchungen eine Rolle spielt, ist die Beurteilung der jeweiligen Ergebnisse zusätzlich erschwert.

2. Die Untersuchungen bestätigen allerdings, dass zwischen Bewusstsein und unbewussten physiologischen Prozessen eine enge Beziehung besteht, ein ständiger Informationsaustausch stattfindet. Sie zeigen, dass das Bewusstsein ein hohes Energiepotential enthält, das therapeutisch genutzt werden kann. Sie liefern darüber hinaus eine wissenschaftliche Bestätigung von Heilungskräften, die den Yoga- und anderen Entspannungs-

und Meditationspraktiken zugesprochen werden. Im Übrigen haben die Untersuchungen gezeigt, dass es zweckmäßig ist, Biofeedback mit Entspannungsmethoden zu kombinieren.

3. Die Ergebnisse stützen den Hinweis auf die schon vielerorts erwähnten und bewiesenen Selbstheilungskräfte des Körpers und zeigen, wie diese mobilisiert werden können. Damit weisen die Untersuchungen auf eine neue Philosophie der Heilkunde hin, die darin liegt, dass der Arzt oder Therapeut mit seinen Patienten oder Klienten in einer Partnerschaft gegen die Krankheit, die psychischen und psychosomatischen Störungen, zusammenarbeiten sollten. Auf diese Weise hat der Heilungssuchende mehr Möglichkeiten, Verantwortung für seine Gesundheit zu übernehmen.

4. Biofeedback hebt die unkontrollierte Autonomie des vegetativen Nervensystems auf, führt damit also zu einer gewissen Unabhängigkeit von diesem. Wir sind nach einem Biofeedback-Training nicht mehr Spielball und Opfer unserer psychosomatischen Fehlregulierungen.

5. Norris und Fahrion praktizieren heute eine Variante der Biofeedback-Methode, das Alpha-Theta-Gehirnwellentraining, sie werden dabei von Elmer Green und anderen Wissenschaftlern unterstützt. Die Methode wird medizinisch angewendet, aber auch von Personen bevorzugt, die möglichst schnell meditative, kreative oder transpersonale Bewusstseinszustände zu erreichen suchen. Dies scheint der westliche Abkürzungsweg gegenüber traditionellen jahrelangen Ausbildungen durch persönliche Betreuer oder Meister zu sein wie sie etwa Schamanen oder Yogis erhalten. Denn in nur wenigen Sitzungen kann mittels dieser Methode das vermehrte Auftreten von Thetawellen trainiert, erarbeitet und später ohne Apparaturen jederzeit abgerufen werden.
   Die Klienten empfangen über Kopfhörer eine Rückmeldung: Wenn sie bei der Meditation in einen Alphazustand gelangen, ertönt ein heller Brummton. Sobald sie in den tieferen Thetazustand kommen, hören sie einen tiefen Ton. Je anhaltender diese beiden Töne zu hören sind, um so dauerhafter ist das

Lernergebnis in Bezug auf die erwünschten Bewusstseinszustände.
Nach einem Gehirnwellentraining wird es den Personen möglich, ohne Apparate-Feedback willentlich die verschiedenen Bewusstseinszustände anzusteuern.

Ergebnisse bei Alkohol- und Drogenabhängigkeit durch Biofeedback-Training (Alpha-Theta-Gehirnwellentraining)

Vorbemerkungen zum Abhängigkeitsproblem

Die Schwierigkeit einer Therapie bei Alkohol- und Drogenabhängigkeit liegt in der Art der Selbstkontrolle Abhängiger. Wenn das Ich zum Gegenspieler der zur Gewohnheit gewordenen, also inkorporierten Abhängigkeit angesehen wird, dann geht man der kartesianischen Utopie einer Trennung von Geist und Körper auf den Leim. Der bewusste Wille wird zum Angriff auf den Rest der Persönlichkeit aufgerufen. Im entspannten Zustand kann der Abhängige tatsächlich den Entschluss zur Veränderung fassen. Doch er kann nicht durchhalten, weil der Körper nicht in den Entschluss einbezogen ist. Der Abhängige fällt wieder in sein verankertes Verhaltensmuster zurück – und steht dann im Einklang mit sich selbst und seiner Schwäche. Er fühlt sich als Teil der menschlichen Szenerie, das heißt er steht nicht mehr über allem, was schwach und menschlich ist. So ist der Alkoholabhängige beispielsweise der festen Überzeugung, dass seine Abhängigkeit im Körper verankert sei. Er meint, der einsichtsvolle, bewusste Wille in ihm müsse versuchen, den schwachen alkoholischen Körper dort draußen zu kontrollieren. Solange er diese Auffassung hat, wird er immer wieder scheitern; denn er steht seinem Körper feindlich gegenüber. Er hat sich selbst gespalten, kann sich also mit seinem hemmenden (reduzierten) Ich nicht in Kontakt zu seinem Selbst bringen. In der Therapie lernt der Betroffene in einem ersten Schritt zuzugeben, dass seine *ganze* Persönlichkeit abhängig ist; er ist gegenüber dem Alkohol hilflos, also kein Sieger.

Die Abhängigkeit kommt dadurch zustande, dass er – wie bei anderen psychischen und psychosomatischen Störungen auch – den Kontakt zu seinem Selbst verloren hat (siehe hierzu auch S.20).

Wie schon Bateson gezeigt hat, haben wir es bei den Abhängigkeitskrankheiten nicht mit Gewöhnung zu tun. Wenn ein Mensch von der Höhe des Meeresspiegels auf 3.000 Meter über dem Meer gebracht wird, fängt er an, nach Luft zu schnappen und sein Herz beginnt zu jagen. Diese ersten Veränderungen können leicht reversibel, also rückgängig gemacht werden. Wenn er am folgenden Tag absteigt, verschwinden die Beschwerden. Bleibt er oben, tritt eine zweite Verteidigungslinie ein. Er wird sich infolge komplexer physiologischer Veränderungen langsam akklimatisieren: Das Herz hört auf zu jagen und er wird nicht mehr nach Luft schnappen. Wenn der Mensch auf die Höhe des Meeresspiegels zurückkehrt, werden die Charakteristika der zweiten Verteidigungslinie langsam verschwinden. Wir bezeichnen diesen Vorgang als Lernprozess. Dieser setzt Flexibilität voraus, die jedoch bei Abhängigen in hohem Maß eingeschränkt ist. Sie ist nicht zerstört, jedoch reduziert. Diese Schwächung hat zumeist ihre Geschichte: Der Abhängige hat schon viele Male versucht, den Anfechtungen zu widerstehen und ist immer wieder dabei gescheitert. Dadurch hat sich bei ihm die rigide Einstellung gebildet, dass er nicht mehr frei werden könne und zum Scheitern verurteilt sei.

Wichtig ist, dass es dem Abhängigen (eventuell unter Anleitung des Therapeuten) gelingt, einen Zugang zu seinem zentralen geistigen Persönlichkeitskern zu erreichen.

Alpha-Theta-Gehirnwellentraininig bei Alkohol- und Drogenabhängigkeit

Peniston und Kulkosky (1989) haben in Zusammenarbeit mit Norris und Fahrion ein Rehabilitationsprogramm für strafgefangene Alkohol- und Drogenabhängige entwickelt, bei denen neben dem konventionellen Therapieprogramm zusätzlich 45 Sitzungen des Alpha-Theta-Gehirnwellen-Trainings eingesetzt wurden.

Die Forscher stellten vor Einsatz des Trainings bei der Auswertung der EEG-Diagramme dieser Personengruppe fest, dass sie im Wachzustand so gut wie keine Alpha- und Thetawellen zu produzieren in der Lage waren, vielmehr fast ausschließlich nur Betawellen, das heißt tiefere Bewusstseinszustände fehlten weitgehend.

Mit Erstaunen konnten bereits wenige Wochen nach Anwendung des Gehirnwellentrainings bei den suchtkranken Strafgefangenen im Wachzustand wieder Alpha- und Thetawellen gemessen werden. Und damit begann sich etwas im Denken dieser Personengruppe zu verändern: So verbesserte sich die Einstellung und das Verhalten gegenüber ihren Familien und der Gesellschaft zunehmend. Und nach Beendigung des Programms wurden sie – zusammen mit der Kontrollgruppe, die lediglich die übliche Therapie erhielt – auf Bewährung entlassen, wobei es bei ihnen zu erstaunlich wenig Rückfällen kam. Um die Ergebnisse sicherzustellen, wurden beide Gruppen ein Jahr lang überprüft. Mit Erfolg therapiert galten jene Personen, die Alkohol und Drogen nicht mehr benutzten, was durch medizinische Untersuchungen sichergestellt wurde. Sie durften sich außerdem in keinster Weise mehr etwas zuschulden kommen lassen. Kündigungen am Arbeitsplatz, auch Strafmandate wegen zu schnellen Fahrens usw., galten schon als Vergehen. Das Ergebnis: Die kombinierte Therapie (übliche Therapie plus Alpha-Theta-Gehirnwellentraining) war dreimal erfolgreicher als die konventionelle Therapie. Das Programm erbrachte eine Erfolgsquote von 68 %.

Die Suchtkranken lernten, Stress willentlich zu reduzieren und über das Gehirnwellentraining Bewusstseinszustände zu erreichen, die es ihnen möglich machten, ihre Kriminalität und Drogenabhängigkeit zu bewältigen. Sie lernten, über die Kontrolle ihrer Gehirnwellen in Kontakt mit ihrem Selbst zu kommen und so Entspannung und inneren Frieden zu erreichen.

Feld-Unabhängigkeit / Feld-Abhängigkeit – weiterführende Biofeedback-Forschungen und Gedanken

Biofeedback fördert zugleich auch die Selbstidentität und damit die Unabhängigkeit von der Umwelt:

Um Selbständigkeit, Selbstsicherheit und Selbstvertrauen zu erreichen, müssen wir in der Lage sein, uns abgrenzen zu können. Der Aufbau unseres Selbstbildes verlangt von uns eine gewisse Feld-Unabhängigkeit.

Mit dieser Persönlichkeitsdimension – Feld-Unabhängigkeit/-Feld-Abhängigkeit – hat sich Harold Witkin seit Ende der vierziger Jahre befasst. Seine Untersuchungen ergaben, dass Menschen sich darin unterscheiden, wie sie einen Gegenstand im Verhältnis zu ihrer Umgebung oder einen Teil innerhalb eines größeren Ganzen wahrnehmen. Für einige Personen war die Wahrnehmung des Teils durch das umgebende Feld stark beeinflusst, während andere diesem Einfluss entgingen und den Teil als eine relativ unabhängige Einheit identifizierten (Witkin 1950).

Witkin entwarf den so genannten Stab- und Rahmen-Test zur Feststellung der Feld-Abhängigkeit und -Unabhängigkeit. In einem dunklen Raum sollte die Testperson entscheiden, wann ein phosphoreszierender Stab senkrecht steht, der in verschiedenen Winkeln geneigt war. Der Stab selber befand sich innerhalb eines phosphoreszierenden Rahmens. Konnte eine Person den Stab senkrecht sehen, gleichgültig, wie der Rahmen geneigt war, dann war sie feld-unabhängig.

Dieser Test kann also feststellen, dass Menschen im unterschiedlichen Grad von der Umwelt beeinflusst werden.

Eine Reihe weiterer Untersuchungen ergab, dass Menschen, die bei diesem Test viele Fehler machen (also feld-abhängig sind), im Allgemeinen eine diffuse, ungenaue, mehr allgemeine Wahrnehmung ihrer selbst sowie ihrer Umwelt haben. Ihnen mangelt es an einer festen Vorstellung von ihrer eigenen Identität, und sie haben eine gewisse Unfähigkeit, Gefühle von Gedanken, Ideen und Vorstellungen zu trennen. Hingegen sind sich Menschen mit Feld-Unabhängigkeit ihrer selbst und damit als von der Umwelt unterschiedene Personen stärker bewusst; sie haben die Fähigkeit, ihre Selbstidentität zu erleben (Green, E. u. Green, A. 1978).

Die Feld-Unabhängigen haben auch im täglichen Leben und in ihrer sozialen Haltung einen relativ konstanten inneren Bezugsrahmen. Sie lassen sich durch andere weniger beeindrucken und bestimmen. Wenn Menschen mehr Feld-Unabhängigkeit entwickeln, bekommen sie ihre Reaktionen leichter unter Kontrolle. Sie lernen, sich getrennt von ihrer Umwelt wahrzunehmen, so dass sie beispielsweise Stress und seine Bedeutung erkennen, ihre Gefühle prüfen und sich auf angemessene Weise verhalten können.

Die Unabhängigkeit/Abhängigkeit bezog sich auf zwei Felder: die Umwelt außerhalb des Körpers und die Umwelt innerhalb des Körpers. Nun gibt es aber noch eine weitere Unabhängigkeit und Abhängigkeit, die eine zentrale Erfahrung des Menschen spiegelt. Wir nehmen die Umwelt wahr, durch Biofeedback auch die inneren psychophysiologischen Vorgänge. Doch wer ist der Wahrnehmende? Wir werden auf das Zentralnervensystem selbst – das dritte Feld – verwiesen, bei dem der Erkennende auf sein Erkennen oder Bewusstsein bezogen ist, das heißt sich die Steuerungsinstanz auf sich selbst bezieht. Wir geraten bei dem Versuch, dies zu verstehen, in das Münchhausen-Paradox: Wie kann man sich am eigenen Haarschopf aus dem Sumpf herausziehen? Wir könnten dies doch nur vollbringen, wenn wir außerhalb von uns existierten. Wir werden somit auf ein transzendentales Wissen verwiesen, das mit unserem diskursiven Denken nicht zu erreichen ist.

Dieses transzendentale Wissen ist nicht mehr logisch zu erfassen, sondern nur existentiell zu erleben. Darauf hat die Philosophie des Zen-Buddhismus, der Hindu-Yogis, der nord- und südamerikanischen Medizinmänner, der tibetanischen Buddhisten, der Sufis, der christlichen Mystiker und der Kalehari-Schamanen in Afrika schon seit alters her hingewiesen. Unser Intellekt steht also noch in Beziehung zu einer übergeordneten Instanz, einer Superintelligenz, einem allgemeinen GEIST oder Gott. Die Brücke zu diesem GEIST ist dem Menschen in seinem *Willen* und seiner *Imagination* gegeben. Diese Metakräfte, auf die wir in der Meditation, Parapsychologie und Mystik verwiesen werden, scheinen fähig zu sein, Veränderungen innerhalb des Geist-Körper-Systems herbeizuführen. Das Ich hat danach Eigenschaften, die in einem gewissen Grade von den drei Feldern unabhängig sind.

Wir sind nicht auf die Maschinerie beschränkt, die wir zu steuern versuchen. Was sind wir also? Die Mystik scheint die einzig zu rechtfertigende Antwort zu geben: Wir sind das, was übrig bleibt, nachdem wir erkannt haben, was wir nicht sind. Was übrig bleibt, muss erfahren werden, um erkannt zu werden. Diese Leere, auf die wir bei unserer Suche stoßen, ist keineswegs ein Nichts. Der Geist ist eine Energiestruktur, die das Gehirn in sich einschließt. Wenn wir im Geiste sind, können wir unseren Körper, unsere Emotionen und Gedanken willkürlich modifizieren. Der Weg dazu führt über die Spiritualtiät. In ihr erreichen wir die höchste Stufe der Feld-Unabhängigkeit, das heißt Freiheit.

Kapitel V: Imagination und Immunsystem

Der Geist ist als Bindeglied zwischen Krankheit und Umwelt ein Steuermechanismus für das Schutzsystem des Körpers. Das neue Forschungsgebiet der Psychoneuroimmunologie konzentriert seine Arbeit besonders auf zwei Gruppen von Menschen:

- Patienten, die entgegen allen Erwartungen von einer entstellenden und tödlichen Krankheit, beispielsweise schwerem Krebs, genesen sind und
- Menschen mit ungewöhnlicher Immunkraft, die gar nicht erkranken.

Alle Lebewesen (einschließlich der Pflanzen) besitzen ein *Abwehrsystem*. Dieses System kann aus genetischen Gründen, aber auch durch Mangel an Vitalität, geschwächt werden, der durch Stress, körperliche Überanstrengung oder durch eine unvernünftige Lebensweise entstehen kann.

Das Abwehrsystem kann aber darauf trainiert werden, gegen die angreifenden Substanzen eine kraftvolle und gezielte Attacke zu führen. Die Immunisierung des Körpers durch Impfung zeigt die natürliche Lernfähigkeit des Körpers. Das Immunsystem erwirbt die Fähigkeit zur Abwehr der Feinde. Die Hauptakteure des Immunsystems sind die weißen Blutkörperchen, die die Eindringlinge angreifen und vernichten.

1. Ergebnisse der Immun- und Stressforschung sowie der Psychoneuroimmunologie

Locke und Horning-Rohan bearbeiteten vor einigen Jahren in einem Sammelreferat 1300 wissenschaftliche Artikel, die den Einfluss des Geistes auf die Immunität und das dazugehörige neuroendokrine System aufzeigten (Locke u. Horning-Rohan 1983). Sie stellten fest, dass das Immunsystem auf Botschaften des Gehirns reagiert. Seitens der Psychoneuroimmunologie scheint zwischenzeitlich erwiesen, dass das limbische System die wichtigste Schaltstelle zwischen Psyche und Körper ist. Es beeinflusst alle physiologischen Aktivitäten des Nerven-, Hormon- und Immunsystems, es reagiert auf Gefühle, Stimmungen, Einstellungen und Vorstellungen. Der von uns gewählte Lebensstil kann sich demnach sowohl positiv als auch negativ auswirken. Der Mensch kann sich selbst krankmachen.

Demonstrieren wir dies zunächst an den Krebserkrankungen. Jede normale Zelle kann entarten und sich auf Kosten des Körpers wild vermehren. So beherbergen wir in uns vereinzelt bösartige Zellen. Sie werden aber normalerweise durch zwei Arten der weißen Blutkörperchen in Schach gehalten, durch die sog. T-Lymphozyten und die Makrophyten. Die T-Lymphozyten zerstören die als Krebs erkannten Zellen. Diese Killerzellen – von Giften angefüllt – dringen in die Krebszellen ein und setzen das Gift frei. An der Krebszelle bilden sich Blasen, als wären sie auf einem Rost gegrillt. Die Blasen werden immer größer, und innerhalb einer tausendstel Sekunde explodiert die bösartige Zelle. Die Makrophyten, der Aufräumtrupp im Blut, schwellen an, sammeln sich, begeben sich an den Ort der Zerstörung und schwemmen über den Urin sämtliche Reste weg.

Die Krebszellen vermehren sich nur, wenn die Verteidiger auf ihrem Kontrollgang den Feind nicht erkennen. Diese Krebsüberwachungstheorie liefert heute die plausibelste Erklärung für den Erkrankungs- und Heilungsprozess. Es gibt in der medizinischen Literatur zahlreiche dokumentierte Fälle von spontaner Remission oder Spontanheilung von Krebs. Bei dieser Heilung verschwindet die Krankheit ohne jede medizinische Intervention und ohne ersichtlichen Grund. Die Spontanheilungen sind wie die Placebo-Effekte ein erstaunliches Phänomen. Sie zeigen, dass der Körper sich selbst heilen kann.

Man fragt sich: Was sind dies für Menschen, bei denen solche Spontanheilungen möglich werden? Wie sieht ihr Leben aus? Was passiert mit ihrem Immunsystem?

Auffällig ist die *veränderte Haltung* der Patienten. Vor der Heilung war ihr Denken bestimmt von Hoffnung, Vertrauen, positiven Gefühlen und Vorstellungen. Einige fanden ein Heilmittel, an das sie glaubten. Dies konnte sehr verschieden bei den einzelnen Patienten sein. Sie klammerten sich an das Heilverfahren mit unbedingter Gläubigkeit, sei es eine heilende und heilige Kraft oder eine angeblich wunderwirkende Diät. Viele entdeckten aus purer Verzweiflung bestimmte heilbringende Vorstellungstechniken. Sie waren also fest von dem Glauben an die Existenz besonderer Heilkräfte durchdrungen. Getragen wurde dieser Glaube durch den Wunsch nach Selbstverwirklichung, nach Vollendung eines sinnvollen Lebens. Dieser Wunsch und die in ihm ausgedrückten Zielvorstellungen aktivierten die Fähigkeiten zur Selbstheilung und die Wiederaufbaukräfte. Die Imaginationen spielten dabei also eine entscheidende Rolle.

Verschiedene Wissenschaftler haben Anfang der siebziger Jahre gezeigt, dass es opiatähnliche Substanzen im Gehirn mit drogenähnlichen Eigenschaften gibt, die sich in hoher Konzentration im limbischen System, im Thalamus, in einer bestimmten Grauzone des Gehirns und in der gallertartigen Substanz des Rückenmarks befinden. Es sind Bereiche, die an der Übertragung von Schmerzempfindungen beteiligt sind, die Atmung, Motorik, innere Sekretion und psychische Grundstimmung regeln. Diese opiatähnlichen Substanzen werden Endorphine und Enkephaline genannt, sie können Euphorie erzeugen und Schmerzen lindern. Sie erhöhen darüber hinaus auch die Effektivität des Immunsystems.

Es konnte nachgewiesen werden, dass die Beta-Endorphine die Fähigkeit der T-Lymphozyten, sich zu vermehren, erhöhen und dass die Enkephaline den Angriff der T-Lymphozyten auf die Krebszellen verstärken. Außerdem tragen die Enkephaline auch dazu bei, den Prozentsatz der aktiven T-Zellen zu erhöhen.

Unsere Verhaltensweisen, Handlungen und unsere Imaginationen haben Einfluss auf die Endorphine. Der Placebo-Effekt, die Erwartungshaltung beruhen auf dem Mechanismus der Endorphine, was viele Untersuchungen belegt haben.

Durch frohe Stimmung und Lachen, durch Musik, wie sie bereits in alten Heilzeremonien praktiziert wurde, regen wir die Endorphine an. Diese drogenähnlichen Substanzen werden in Schmerz- und Stresszuständen automatisch freigesetzt. Sie helfen – wenn auch oft nur vorübergehend – eine unerträgliche Lebenssituation zu bewältigen. Wir können uns durch bestimmte Formen der Entspannung, Meditation und Kontemplation in ein Ekstasegefühl bringen, das erstaunliche geistige und körperliche Kräfte freisetzt.

Fazit:

Emotionen nehmen eine Schlüsselrolle bei der Entstehung von Krankheiten ein. Gefühle stellen eine Brücke zwischen Seele und Körper dar. Das Unterdrücken und Verdrängen von Gefühlen kann Krankheiten verursachen. Von daher ist es äußerst wichtig, Gefühle wie Kummer, Schmerz, Leid, Wut, Ärger und Enttäuschung zuzulassen und auszudrücken. Sofern etwa Ärgergefühle über das so genannte ›positive Denken‹ verleugnet werden, kann eine solche Strategie nur schädlich sein. Neue immunologische Forschungen (vgl. Rossi 1991) zeigen, dass sich die Anzahl der natürlichen Killerzellen nicht nur bei Glücksgefühlen erhöht, sondern auch bei *gelebten* Trauergefühlen. Die Auswirkungen von Trauer auf die Physiologie unterscheidet sich vollkommen von jenen einer Depression. Depressionen haben eine völlig andere Qualität; denn sie sind von fehlenden Emotionen, von einem Zustand der Leere, geprägt – im Gegensatz zur Trauer.

2. Befunde bei Krebspatienten

Untersuchungen an Krebspatienten im vierten Stadium – dem Endstadium – ergaben, dass trotz der fortgeschrittenen Krankheit manche, deren Tod innerhalb der nächsten vier bis zwölf Monate eintreten sollte, dieses Datum weit überschritten und zum Teil wieder gesund wurden. Was war das Besondere bei diesen Patienten?

- Sie weigerten sich, das Todesurteil zu akzeptieren, das mit der Diagnose gefällt wurde. Sie lehnten sich dagegen auf, das hilflose Opfer der Krankheit zu werden, und hofften gesund zu werden.

- Dabei unterschieden sich zwei Gruppen: Die eine wandte sich nach innen, die andere Gruppe an Partner und Freunde. Beide gewannen aus ihrer betonten Beziehung Kraft.
- Eine Reihe dieser Patienten war in ihrem Leben mit vielerlei Schwierigkeiten konfrontiert worden, hatte also bereits gelernt, ihre Kraftreserven zu mobilisieren, Angst und Verzweiflung zu überwinden.
- Wichtig erschien bei den psychologischen Untersuchungen das *Vorstellungsbild*, das die Patienten vom Krankheitsverlauf, von der möglichen positiven Wirkung der Behandlung und von der Verteidigungswaffe, dem Immunsystem, hatten. Die wichtigsten *Vorstellungskomponenten* bezogen sich auf:
  - die Lebhaftigkeit, Aktivität und Stärke der Krebszellen und der weißen Blutkörperchen,
  - den Vergleich von Größe und Anzahl der Krebszellen in Relation zu den weißen Blutkörperchen,
  - die Regelmäßigkeit, mit der sich die Patienten einen positiven Krankheitsverlauf und -ausgang *vorstellten.*

Günstig für den Verlauf erschien es, wenn die Krebszellen schwarz oder rot, die weißen Blutkörperchen als Tiere mit Killerinstinkt (Haie u. ä.) vorgestellt wurden.

Das Ehepaar Simonton – er Strahlentherapeut, sie Psychotherapeutin – hat ein spezielles Programm ausgearbeitet, das auf dem Einsatz der Imagination beruht (Simonton, Matthes-Simonton u. Creighton 1982).

Spontan-Remissionen oder –Heilungen von Todkranken sind bisher kaum systematisch dokumentiert worden, und wissenschaftliche Erklärungen dafür stehen aus. Vielleicht findet die Psychoneuroimmunologie künftig Erklärungen für solche Phänomene.

Neuere Forschungsergebnisse der Psychoneuroimmunologie deuten darauf hin, dass geistige Prozesse sogar bis in die Gene hineinzuwirken vermögen, das heißt, dass das Bewusstsein über Vorstellungen und Gefühle die Gene anregen kann. Der eindeutige wissenschaftliche Beweis dafür steht jedoch noch aus (vgl. Rossi 1991).

Kapitel VI: Imagination in der Psychotherapie

In den vergangenen etwa 20 Jahren wurden zahlreiche Arbeiten über die Psychologie des Vorstellungsbildes publiziert. Besonders erwähnenswert ist das Buch von Jeanne Achterberg ›Die heilende Kraft der Imagination‹ (1987), Neuauflage 1997 unter dem Titel ›Gedanken heilen. Die Kraft der Imagination. Grundlagen einer neuen Medizin«. Es versucht, die Forschungen der Neuropsychologie und der Psychoneuroimmunologie einzubeziehen und damit die Wirkungsmechanismen der Imagination zu erklären.

Das 1996 von Jeanne Achterberg in Zusammenarbeit mit Barbara Dossey und Leslie Kolkmeier erschienene Buch ›Rituale der Heilung – Die Kraft von Phantasiebildern im Gesundungsprozess‹ stellt gleichsam eine Ergänzung zum erstgenannten Werk dar.

In den verschiedenen Psychotherapien sind spezielle Techniken ausgearbeitet worden, die betont mit Vorstellungsbildern arbeiten:

J. H. Schultz hat schon 1928 Vorstellungsbilder bei seinem ›Autogenen Training‹ eingesetzt. Happich hat 1932 eine Arbeit publiziert, in der er auf die Bedeutung des inneren Dialogs hinwies. Désoille arbeitete in seiner Praxis bereits 1945 mit ›gelenkten Wachträumen‹. Im ›Psychodrama‹ von Moreno (1946), das dann Perls (1969) in seiner ›Gestalttherapie‹ speziell ausgestaltete, spielen Vorstellungsbilder eine bedeutsame Rolle. Kelly (1955) stützt sich in seiner ›Fixed-Role-Therapie‹ auf Vorstellungsbilder. Die Verhaltenstherapie benutzt Vorstellungsbilder in der ›Systematischen Desensibilisierung‹ von Wolpe (1958). In der Rational-emotiven Therapie von Ellis (1962), in der Eidetischen Psychotherapie von Ahsen (1965) und in der Psychosynthese von Assagioli (1965) sind Vorstellungsbilder ebenfalls zentraler Bestandteil der Interventionen.

Spezielle Imaginationsmethoden wurden besonders in den siebziger und achtziger Jahren ausgearbeitet, so die ›Imaginationstherapie‹ von Shorr (1972), die ›Meditationstherapie‹ von LeShan (1974), die Technik der ›Kognitiven Umstrukturierung‹ von Meichenbaum (1977), die ›Denkvisualisierung‹ von Simonton,

Simonton u. Creighton (1978), die Technik des ›inneren Beraters‹ von Jaffe u. Bresler (1980) und die ›Wachtraumtherapie‹ von Epstein (1981).

Kritische Leserinnen und Leser werden hier vielleicht die Frage stellen, warum in diesem Buch nicht auf weitere neuere ebenfalls mit Vorstellungsbildern arbeitende Konzepte eingegangen wird, zum Beispiel auf spezielle Musik- und Maltherapien oder die Trend-Therapie NLP (Neuro-Linguistisches Programmieren). So schwören etwa viele Therapeuten, Manager und Personalberater auf die nicht unumstrittene Modemethode NLP. Wie bei den vorgenannten Imaginationstherapien geht es beim NLP auch darum, Bewusstseinsveränderungen herbeizuführen.

Anfang der 80er Jahre wurde NLP in den USA von einem Computerexperten und einem Sprachwissenschaftler zusammengestellt, indem sie Arbeiten der erfolgreichsten Psychologen analysierten, deren Methoden und Tricks kopierten und daraus NLP mixten. In diesem Buch beschränke ich mich bewusst auf *Grund*konzeptionen, die mir bedeutsam erscheinen.

Bevor auf die Suggestion und danach auf einige der Imaginationstherapien näher eingegangen wird, werden im Folgenden noch ein paar grundlegende Bemerkungen zur Imagination festgehalten:

- Ein *zentrales Thema aller Imaginationstechniken* ist die Auflockerung und Ausweitung des Raum-Zeiterlebens.
- Gegenüber dem mehr statischen Vorstellungsbild deutet der Begriff ›Imagination‹ auf einen dynamischen Prozess im Sinne der geistigen Einbildungskraft hin.
- Wir sind gleichsam Bürger zweier Welten: der Welt der Fakten (Tatsachen) und der Welt der Fiktionen (Imaginationen). Häufig werden wir in unserem Erleben und unseren Verhaltensweisen – somit auch in unseren Entscheidungen – eher von den Fiktionen (z. B. Annahmen, Vermutungen, Erwartungen) bestimmt als von den Tatsachen.
- Die Imagination ist mit allen psychischen Funktionen verbunden (siehe Abbildung im Kapitel I über die Funktionen der Persönlichkeit, Seite 23). Sie bestimmt daher unser Erleben und Verhalten. Wir begeben uns im Allgemeinen nicht unvorbereitet in eine Situation; wir kommen in sie mit voraufgebauten Gewohnheiten und Erwartungen, und dementsprechend verhalten wir uns.

1. Suggestion – gemeinsamer Faktor aller Imaginationstherapien

Suggestion spielt in allen Imaginationstherapien eine wichtige Rolle.

Das Wort ›Suggestion‹ wird aus dem lateinischen ›subgeror‹, das so viel bedeutet wie ›ich schiebe unter‹ abgeleitet. Dieses Unterschieben eines ich-fremden Bewusstseinsinhalts scheint ein wesentliches Merkmal der Suggestion zu sein. Vorausgesetzt werden dabei verschiedene Schichten der Persönlichkeit, zumindest die Unterscheidung von ›bewusst‹ und ›unterbewusst‹. Suggestion ist zum einen ein Vorgang, zum anderen bezieht sich der Begriff auf einen bestimmten Inhalt.

Zusammenfassend lässt sich somit sagen:

Unter Suggestion verstehen wir die Beeinflussung des Denkens, Fühlens und Wollens oder Handelns eines anderen Menschen unter Umgehung von seinen rationalen Funktionen (Denken, logisches Urteilen, Schlussfolgern). Die Suggestion wird auf Seiten des Suggestors unterstützt und verstärkt durch dessen Expertenstatus (Können, Ansehen, Macht). Die Bereitschaft des Empfängers, auf Suggestionen einzugehen, wird gestützt durch dessen Vertrauen und Erwartungshaltung, aber auch durch dessen Unsicherheit (affektive Erregung) und herabgesetzte Wachheit (Müdigkeit).

Wirksame Suggestionen sind zugleich Autosuggestionen. Diese werden bewusst in verschiedenen therapeutischen Verfahren eingesetzt (induziert). Beim Empfänger führen suggestive Verfahren durch gefühlsbetonte Wünsche und Erwartungen zu relativ dauerhaften Motivationen, Einstellungen und Überzeugungen.

Die Suggestion kann – wie schon seit langem bekannt – spezifisch vegetatives Verhalten hervorrufen. So konnte zum Beispiel die Suggestion, es werde eine heiße Münze auf die Haut gelegt, Brandblasen hervorrufen (vgl. Heller und Schultz 1909).

Wichtig ist bei solchen Suggestionen das Zustandekommen einer stärkeren emotionalen Erregung und Vorstellung.

Suggestion kann also – wie bei der Imagination wissenschaftlich erwiesen – unsere Physiologie in erstaunlichem Maße positiv wie negativ beeinflussen. So können durch Suggestion einerseits Krankheitssymptome aufgelöst werden andererseits aber auch entstehen. Das bedeutet eine Krankheit kann sich vertiefen oder ein Krankheitsverlauf ungünstig beeinflusst werden und die Wendung zum Besseren verhindern. Die verbreitete Laienmeinung, dass psychische und vegetative Störungen oder Beschwerden nur ›eingebildet‹ seien, hat durchaus einen wahren Kern.

Suggestion gegen Krankheit – Coué als Wegbereiter

Statt auf die vielen suggestiven (Alltags-)Situationen einzugehen, sollten wir uns an die Arbeit von Coué im letzten Jahrzehnt des vorigen Jahrhunderts erinnern. Man hat dem Apotheker Emile Coué viel Unrecht zugefügt – durch Mediziner seiner Zeit und später. Sie haben ihm nicht nur Originalität abgesprochen, sondern ihn auch als Quacksalber und Scharlatan diffamiert, seine Solidität und Glaubwürdigkeit verneint.

Es erscheint wichtig, gerade heute die Erkenntnisse und Verdienste von Emile Coué aufzuzeigen. Es werden hier nur sieben Punkte angeführt, deren Bedeutung vielleicht erst jetzt voll zu erkennen ist – durch den größeren zeitlichen Abstand, aber auch durch den sich anbahnenden Wandel zu einer Ganzheitsmedizin und das Aufkommen neuer Psychotherapien.

1. *Krankheiten sind nicht nur Krankheiten der Organe, sondern des ganzen Menschen.*
   Aus dieser Ansicht leitete Coué ab, dass für Besserung und Heilung eine *allgemeine Suggestion* sinnvoll sei, da die unbewussten Heilkräfte das krankhafte Organ schon erreichen würden.
   Doch sollten wir uns klarmachen, dass die Formel: ›Es geht mir mit jedem Tag in jeder Hinsicht immer besser und besser‹, unbedacht und unkritisch übernommen, zu folgenschweren Selbsttäuschungen führen kann. Die Formel sollte in Krisenzeiten durch die *Befindlichkeitsformel* abgelöst werden:

- ›Ich fühle mich entspannt, frisch und tatkräftig.‹

Die Coué-Formel war und ist auch eine Provokation. Sie enthält den *Wahrheitskern von der Macht der Autosuggestion.* Und um deren Anerkennung kämpfte Coué zu seiner Zeit.

2. *Bei Krankheiten spielen psychische Faktoren eine große Rolle.*
Heute wissen wir, dass 70 bis 80 % der Patienten, die zum Allgemeinarzt gehen, an psychosomatischen Beschwerden leiden. Zu Zeiten Coués hatte man – selbst in der Psychoanalyse – über die psychophysiologischen und neurophysiologischen Zusammenhänge der Krankheiten nur recht fragmentarische Vorstellungen. Dies hat sich in den letzten etwa dreißig Jahren grundlegend gewandelt.
Wir wissen auch, dass fast alle so genannten organischen Krankheiten – beispielsweise auch der Krebs – eine psychogene Grundlage haben. Gerade in der modernen Krebstherapie wird eine kombinierte Therapie mit beachtlichem Erfolg angewandt. Simonton und Simonton, er Strahlentherapeut, sie Psychotherapeutin, haben dies gezeigt.
Die psychotherapeutische Methode der Denkvisualisierung unterstützt die Strahlen- oder Chemotherapie.

3. *Coué machte auf die selbstschädigende Wirkung negativer Selbstgespräche aufmerksam.*
Im Folgenden sei eine bekannte Redeweise Coués zitiert: »Die Worte ›schwierig‹, ›unmöglich‹, ›ich kann nicht‹, ›das überwältigt mich‹, ›ich kann nicht anders als ...‹ sollten aus Ihrem Wortschatz verschwinden.«
Die heute so wichtige Kognitive Verhaltenstherapie sieht in solchen selbstschädigenden Gedanken, Einstellungen und Vorstellungen eine häufige Ursache für menschliche Konflikte, vegetative Spannungen und psychosomatische Leidenszustände.
Diese negativen Gedanken werden dem Klienten in der Therapie anhand seiner oft nur abgekürzt, gleichsam im Stenogramm ablaufenden Selbstgespräche verdeutlicht. Der Klient erkennt, dass er sich auf diese Weise selbst schädigt und schwach macht. Er lernt, die negativen Gedanken und Selbstgespräche – wie etwa: »Ich kann mich nicht mehr ändern«, »keiner mag mich«, »ich bin lebensuntauglich« – durch positive (realitätsbezogene) Sätze zu überformen.

4. *Man kann kranken Menschen den Glauben an ihre Genesung vermitteln.*
Wir wissen aus vielen Krankenberichten, dass diejenigen Patienten und Klienten, die sich selbst aufgeben und an ihre Genesung nicht glauben, den Krankheitsprozess beschleunigen und verlängern.
Vereinfacht dargestellt hat der Mensch drei Persönlichkeitsanteile in sich, die sich in dementsprechenden Denk-, Gefühls- und Verhaltensmustern zeigen:

- Selbstunsicheres Verhalten (Vermeidungs-, Rückzugs- und Fluchtverhalten, damit einhergehend Befürchtungen und Ängste),
- aggressives Verhalten,
- selbstsicheres Verhalten (das stets mit Konfliktfähigkeit und Aktivität einhergeht).

Aggressives Verhalten, das von außen gesehen auch wie gesteigertes selbstsicheres Verhalten aussehen kann, ist hintergründig mit Unsicherheit und Angst verbunden. Kurz ausgedrückt:

- *Selbstunsicherheit* bedeutet, dass der Betreffende beispielsweise weder das Recht in Anspruch nimmt, um etwas zu bitten, noch das Recht, etwas zu verweigern.
- *Aggressivität* verletzt die Rechte anderer. Denn eine Bitte wird als Forderung ausgesprochen und der andere wird verletzend angesprochen.
- *Selbstsicherheit* bedeutet beispielsweise, das Recht für sich in Anspruch zu nehmen, um etwas zu bitten, etwas zu verweigern, ohne die Rechte eines anderen vorsätzlich zu verletzen.

Während sowohl selbstunsichere als auch aggressive Muster zum *hemmenden Teil der Persönlichkeit* zu zählen sind, gehört einzig und allein Selbstsicherheit zum *förderlichen Teil der Persönlichkeit.* Mit Selbstsicherheit ist ein gesundes Selbstwertgefühl und Selbstvertrauen verbunden.
In der Therapie werden Klienten dazu ermutigt und angeleitet, den förderlichen Teil zu leben, diesen in Kontakt mit ihrem kreativen Selbst zu bringen. Sie können auf diese Weise Kräfte

für eine produktive und positive Lebensführung gewinnen und einsetzen.

5. *Man kann die Selbstheilungskräfte der Kranken fördern, indem man an ihre aktive Mitarbeit appelliert.*
Der Klient muss sich bei der Mitarbeit einer besonderen Vertrauenssprache bedienen. Coué machte darauf aufmerksam, dass es wenig wirksam ist, etwa zu sagen: ›Ich möchte, ich will gesund werden.‹ Viel besser und erfolgversprechender erscheint ihm der Satz: ›Ich werde gesund.‹
Allerdings setzt dies Selbstvertrauen und Selbstsicherheit voraus. Bei Klienten, die diese Grundlage nicht haben, klingen die Sätze unsicher und hohl. Die Selbstanweisungen können dann auch keine Wirkung erreichen. Deshalb gehört heute zu jeder guten Therapie zunächst die Einübung selbstsicheren Verhaltens und Erlebens.

6. *Ärzte und Psychotherapeuten sollten die Symptome der Klienten ernst nehmen und ihre Dynamik in produktive Bahnen lenken.*
Coué wusste, dass die Krankheitssymptome Erscheinungsweisen eines oft verborgenen Leidensvorganges sind. Wenn sich diese Leiden auch äußerlich zeigen, so hängen sie doch eng mit den verborgenen Prozessen zusammen. Der Klient kommt zum Arzt oder Psychotherapeuten, weil er an diesen Symptomen leidet. Sie müssen das beachten, was den Klienten belastet und beunruhigt, stört oder hemmt.
Coué war auch hier auf dem richtigen Wege. »Für Sie, mein Herr«, so sprach er einmal zu einem seiner Klienten, »der Sie Schmerzen haben, sage ich, dass von heute ab, was immer auch die Ursache sei, ... Ihr Unterbewusstsein das Nötige tut, damit sie nach und nach verschwinden ...«
Die psychischen und psychosomatischen Symptome – seien sie auch noch so belastend – sind in bestimmter Lebenslage eine Leistung des hemmenden Persönlichkeitsanteils. Sie helfen dem Klienten, wenn auch unter Schmerzen, das Leben auszuhalten. Der Preis an Leiden ist allerdings oft hoch.
Die Symptome sind zugleich eine Botschaft an den Therapeuten. Sie geben ihm einen deutlichen Hinweis auf eine fehlgesteuerte Lagebefindichkeit des Klienten.

Er muss den lebenshemmenden Symptomen die in sie investierte Energie entziehen, das heißt die Symptome sind schrittweise zu schwächen und zum ›Schweigen‹ zu bringen. Der zweite Schritt ist, die jetzt ihrer Äußerung beraubte Energie in rational-kreative Bahnen zu lenken, so dass sie sich in lebensfördernder Weise auswirkt.

7. *Coué war von der Macht des Bewusstseins – wir können auch sagen des Geistes – überzeugt.*
   Seit etwa dreißig Jahren setzt sich diese Erkenntnis sowohl in der Humanistischen Psychologie als auch in der modernen Kognitiven Psychologie und Therapie mit neuen Argumenten und Beweisen immer mehr durch.
   Allerdings haben die Gedanken erst dann Macht, wenn sie *intensiv, bildhaft, faszinierend* ablaufen und ständig wiederholt werden. Nur dann erreichen sie die tieferen Schichten der Persönlichkeit. Nur dann können sich die Gedanken verwirklichen. Es ist die *Einbildungskraft*, nicht der bloße Gedanke oder der lineare Wille, der neue Lebenskräfte zu wecken vermag.

Einprägsame Formeln sind wichtig

Einprägsame Formeln haben erst dann eine Wirkung, wenn mit ihnen *bildhafte Vorstellungen* verbunden werden. Wer nur die Sprüche dahinplappert, sich an die Formeln klammert, wird schwerlich das Ziel erreichen. Er wird vielleicht sein Unbehagen mit einer milden Zwangsneurose tauschen.

Bei einem *Widerstreit zwischen Wille und Vorstellung* wird immer der Wille unterliegen. Wie können wir uns dies erklären, sind wir doch oft von der Macht des Willens überzeugt?

Das, was wir als Wille bezeichnen, erleben wir deutlich, wenn wir einen Entschluss fassen. Entschlussfähigkeit ist für die Lebensführung und vor allem auch für die Änderung unseres Lebensstils wichtig. Wir sollten aber wissen, dass dies zumeist ein punktueller einleitender Akt ist. Bei jedem Willensentschluss wird ein Ziel angepeilt. Dieses Ziel stellen wir uns mehr oder weniger deutlich vor. Eine solche Zielvorstellung kann zum Regisseur unserer Lebensführung werden. Je plastischer, das heißt klarer, prägnanter und eindringlicher die Zielvorstellung ist, desto größer ist ihre Leitfunktion.

Der Wille gibt den Anstoß; die Vorstellung begleitet und stützt den Prozess des Verhaltens- und Erlebensaufbaus. Hinzu kommt, dass die Vorstellung – das Vorstellungsbild – passende emotionale Schwingungen evoziert, die ihr eine Wirkmächtigkeit verleihen.

Im Begriff ›Emotion‹ ist zugleich eine tiefergehende Erregungs- und Bewegungskomponente enthalten.

Coué mit seiner autosuggestiven Methode, Schultz mit seinem Autogenen Training und andere ähnliche Methoden führen nur dann zum gewünschten Erfolg, wenn man sie mit *emotional getönten plastischen Zielvorstellungen* oder mit *Einbildungskraft* praktiziert.

In der Einbildungskraft sind enthalten:

- die *Bereitschaft*, sich von Heilkräften leiten zu lassen, die in uns liegen;
- die *Erwartung*, dass diese Kräfte mit der Zeit wirksam werden;
- die *Gewissheit*, mit jeder autosuggestiven Meditation ein Stück weiterzukommen;
- das *Wissen*, dass gelegentlicher Stillstand nur der Konsolidierung des bisher Erreichten dient und
- die *Zuversicht*, dass danach wieder in einigen Schritten das nächsthöhere Plateau des Wohlbefindens erreicht wird.

Die Einbildungskraft verleiht unserem Bemühen Ausdauer und Erfolg.

2. Imaginationstherapien

Um das breite Spektrum der Imaginationstherapien zu verdeutlichen, werden aus den angeführten Therapien folgende ausgewählt, die in Kurzform dargestellt werden:

- die Rollen-,
- die Meditations-,
- die Wach- und Klartraumtherapien sowie
- die Hypnotherapie.

Rollentherapien

Die Rollentherapien gehen davon aus, dass der Mensch in Interaktion mit anderen Menschen steht und auf deren Erwartungen sensibel zu reagieren hat. Werden solche Erwartungen im Gedächtnis gespeichert, dann verfügt der Mensch über die Möglichkeit, sein Verhalten auf die Erwartungen anderer abzustimmen. Die Befähigung zur Rollenübernahme durch Antizipation (Vorwegnahme) des kommenden Handlungsvollzugs erlaubt es dem Menschen, ein miteinander geteiltes Verständnis zwischen den Interaktionspartnern herzustellen.

Durch das Spielen von Rollen soll der Klient an sich selbst erfahren, welchem rigiden Muster er bisher in seinen sozialen Beziehungen gefolgt ist. Er lernt zugleich flexibleres Verhalten, erfährt dabei, dass er sich selbst steuern und verändern beziehungsweise mit anderen sich wirksam auseinander setzen und mit ihnen kooperieren kann.

Aus vorliegenden Rollentherapien sollen zwei dargestellt werden:

- die Fixed-Role-Therapie von Kelly und
- das Psychodrama von Moreno.

Die Fixed-Role-Therapie

Bei der Fixed-Role-Therapie handelt es sich um ein Verfahren zur Aktivierung der Persönlichkeitsveränderung.

Der Klient spielt mehrere Wochen die festgelegte Rolle einer anderen hypothetischen Person, die ihm ›experimentierend‹ Gelegenheit bietet, über aktive Erfahrungen in verschiedenen Alltagssituationen eigene Möglichkeiten der Lebensbewältigung zu entdecken und sich anzueignen.

Dabei wird der Klient als Forscher im selbstbezogenen Forschungsvorhaben aufgefasst. Der Therapeut hat die Aufgabe des ›Forschungsberaters‹. Im Verlaufe des ›Forschungsprogramms‹ wirft der Klient durch sein eigenes Verhalten neue Fragen auf und interpretiert die Ergebnisse des Verhaltensexperiments im Hinblick auf seine eigenen personalen Konstrukte wie Annahmen über sich selbst und die Situationen.

Erleben und Verhalten einer Person werden psychologisch über die Wege kanalisiert, auf denen sie Ereignisse in polaren Dimensionen der Beurteilung (z. B. angenehm/unangenehm) antizipiert. Diese personalen Konstrukte – weitere wären etwa förderlich/behindernd, belohnend/bestrafend, friedlich/aggressiv, freundlich/abweisend – dienen zur Beschaffung von Informationen über die Welt. Mit ihrer Hilfe können Ereignisse interpretiert und vorausgesagt werden. Wir verstehen einen Menschen, wenn wir seine Konstrukte (Ereignis-, Personen- und Selbstinterpretation) kennen.

Der Mensch wird als ein aktives Wesen gesehen, das sich selbst, sein Verhalten und die Ereignisse, die es wahrnimmt, weitgehend konstruiert und entsprechend interpretiert.

Während der Klient die Rolle eines anderen spielt, hat er nicht nur auf sein Verhalten, sondern auch auf seine Gedanken, Gefühle und Wirkungen zu achten.

Er fertigt zunächst eine Persönlichkeitsskizze von sich selbst schriftlich an. Die Skizze sollte in der dritten Person angefertigt werden, etwa so: ›Friedrich ist ein vital-schwacher Mensch ...‹. Es sollten nicht einfach positive und negative Eigenschaften, Tugenden und Fehler aufgelistet werden. Er sollte sich selbst als sich verhaltende Person in mehreren wichtigen Bezügen darstellen.

In Abweichung von Kellys Vorgehen lassen wir den Klienten sich nicht aus der Sicht einer anderen Person kennzeichnen, mit der er in einer vertrauensvollen Beziehung steht. Er hat die von ihm erstrebten Persönlichkeitszüge in seinem Verhalten zu zeigen.

Nach unseren Erfahrungen ist es wichtig, dass der Klient vom Therapeuten anhand eines Modells auf die wichtigsten (produktiven) Persönlichkeitsdimensionen aufmerksam gemacht wird:

- Vitalität und Belastbarkeit;
- vorherrschende Grundstimmung (optimistisch, ruhig, freundlich usw.);
- soziale Sensibilität und Aktivität, hier besonders auch Geschicklichkeit im Umgang mit anderen;
- leistungsbezogene Tüchtigkeit, hier vor allem Einsatz- und Arbeitsbereitschaft, Ausdauer in der Verfolgung von Leistungszielen;
- Interessen und Hobbys;
- Intelligenz und Kreativität;
- spezielle Charakterzüge wie beispielsweise Verlässlichkeit, Ehrlichkeit, Offenheit, Zukunftserwartung;
- letztendlich äußere Erscheinung und Auftreten.

Der Therapeut schildert dem Klienten einige Situationen und lässt ihn darin vorstellungsmäßig sprechen und handeln. Aus der Selbstdarstellungsskizze des Klienten und dessen phantasiertem (vorgestelltem) Verhalten versucht der Therapeut, die grundlegenden Orientierungsgesichtspunkte (Konstrukte) des Klienten zu erschließen:

- Welche Konstrukte benutzt der Klient, um sein Selbstbild auszuarbeiten?
- Wie geht er an die Bewältigung von Problemen heran?
- Wie wirksam setzt er die Sprache bei den Interaktionen ein?
- Wie sieht er seine Entwicklung in der Zukunft?

Therapeut und Klient erarbeiten oder konstruieren dann gemeinsam das Bild einer Persönlichkeit, bei der die Schwachstellen des Klienten ausgeglichen und durch Stärken ersetzt werden. Der Klient hat in der Folgezeit mehrere Wochen in verschiedenen Situationen diese hypothetische vollkomponierte Person zu spielen, die wir Y nennen, um den imaginären Charakter zu betonen. Es wird ein schriftlich fixierter Spielsketch formuliert. Damit sich der Klient ganz mit Y identifizieren kann, wird ihm empfohlen, sich vorzustellen, er selbst sei während der Experimentierphase verreist.

Eine Kopie des Spielsketches hat der Klient täglich mindestens viermal zu lesen, insbesondere abends und dann wieder am Morgen. Der Klient soll sich bemühen, wie Y aufzutreten, zu handeln, zu kommunizieren, zu sprechen, zu arbeiten, zu essen usw. Er soll als Y neue Erfahrungen machen und erleben, dass diese Konstruktion einer Persönlichkeit für ihn und die anderen Folgen hat.

Der Klient sollte während der Rollenspielzeit so behandelt werden, als sei er die Person Y. Wenn Verhaltensweisen berichtet werden, die der Therapeut nicht als Y-Verhaltensweisen erkennt – die also aus dem Rahmen des Y-Charakters fallen -, kritisiert und korrigiert der Therapeut nicht, sondern äußert lediglich sein Erstaunen und seine Ungläubigkeit. Da der Therapeut den Klienten als Y-Person ansieht, also Y-Verhaltensweisen von ihr erwartet, wird der Klient irritiert, kommt so zur Einsicht seines ›Fehlverhaltens‹ und korrigiert es in Gedanken.

Im Laufe der Spielphase denken sich Therapeut und Klient bestimmte weitere Interaktionen mit anderen Personen aus. Die Ausführung durch den Klienten wird ebenfalls bewertet. Dabei kann der Therapeut einzelne Rollen von Figuren im Leben des Klienten als unterstützende Rollen spielen. Zur Verdeutlichung des Rollenbildes kann auch gelegentlich ein Rollentausch zwischen Therapeut und Klient stattfinden.

Die Rollenspielthemen sollten sehr spezifisch auf den Klienten abgestimmt werden. Ein Thema kann dann in verschiedenen Situationen ausgespielt werden, zum Beispiel das Thema ›Abbau der Angst, in der Öffentlichkeit zu sprechen‹. In der Therapiesitzung kann der Therapeut den Klienten auffordern, vor einem imaginären Publikum eine Rede zu halten über

- die Umweltschäden und den Umweltschutz,
- ein ihm vertrautes Berufsthema,
- das Für und Wider in der Geburtenregelung

in Form

- einer Mahnung und eines Appells,
- eines nüchternen Berichts,
- einer spannenden Reportage.

Der Therapeut kann die Zusammensetzung des Publikums näher bestimmen:

- Sachkundige und Sachverständige,
- Jugendliche,
- politisch engagiertes Publikum.

Weitere therapeutisch relevante Themen sind etwa:

- mit Vorgesetzten umgehen können,
- systematisch studieren können,
- Menschen ansprechen können,
- eine Diplomarbeit erstellen können,
- mit einem schwierigen Partner besser umgehen und Konflikte produktiv lösen können.

Das Rollenspielrepertoire sollte sich auf verschiedene Arten zwischenmenschlicher Situationen erstrecken, beispielsweise auf Interaktionen

- mit Gleichaltrigen,
- mit dem Ehepartner, Freund oder der Freundin,
- mit den Eltern,
- mit Vorgesetzten,
- in einer Diskussion philosophischen oder psychologischen Inhalts.

Das Rollenspiel wird einerseits in den Therapiezusammenkünften mental, das heißt imaginär gespielt, gelegentlich real in Interaktionen mit dem Therapeuten. Wo immer sich Gelegenheit bietet, wird es zum anderen aber auch in realen außertherapeutischen Bezugs- und Lebenssituationen gespielt.

Nach zwei/drei Wochen sollte der Klient wieder von seiner Reise zurückkommen. Er wird gebeten, die Erfahrungen zusammenfassend zu beurteilen, den Gewinn zu formulieren und zu buchen.

Durch die Übernahme der Rollen wird der Klient flexibler. Er lernt, seine selbstschädigenden Gewohnheitsmuster zu erkennen und abzubauen. Er erfährt, dass er sich selbst bestimmen kann und wird dabei selbstsicherer. Er wird befähigt, in Zukunft Probleme besser lösen zu können.

Das Psychodrama

Nach seiner medizinischen Promotion im Jahre 1917 führte Jakob Levy Moreno in Wien mit befreundeten Schauspielern Stegreifexperimente durch. Er veröffentlichte 1924 die Ergebnisse in seinem Buch ›Das Stegreiftheater‹. Diese Arbeit wird als Vorläufer des Psychodramas angesehen.

Das Psychodrama ist eine interpersonale Therapie. Es befasst sich in szenischer Darstellung mit Interaktionen der Gruppenmitglieder oder einzelner Menschen als Handelnde in zwischenmenschlichen Beziehungen.

Psychische und psychosomatische Störungen sind stets auch Störungen der Kommunikation und Interaktion. Handeln findet in Ausübung von Rollen statt, entweder indem man mit anderen interagiert oder in der solitären Zuwendung zu oder Behandlung von Objekten.

Im Psychodrama beteiligt sich der Klient als Subjekt an der Erforschung seiner zwischenmenschlichen Beziehungen und seiner Interaktionen. Er wird dabei selbst zum Experimentator und Aktionsforscher. Der Klient soll in der Therapie sein Fehlverhalten nicht nur reflexiv erkennen, sondern in seinen Wirkungen auf andere anschaulich erleben.

Im Psychodrama werden vor allem aktuelle Schwierigkeiten und Konflikte des Klienten behandelt. In der szenischen Darstellung werden in Zusammenarbeit mit dem Therapeuten gewohnte Verhaltensmuster ausagiert sowie neue und produktive Verhaltensweisen erprobt. Dabei hat sich der Rollentausch mit dem Therapeuten als besonders wirksam erwiesen. Indem der Therapeut dem Klienten dessen Verhaltensmuster anschaulich vergegenwärtigt, der Klient nun zu einem reziproken von ihm ausgelösten Verhalten ›gezwungen‹ ist, erfährt er, wie unzweckmäßig sein bisheriges Verhalten war.

Der Klient ist Hauptdarsteller und Autor seines Spiels in einer Person. Der Therapeut ist der Spielleiter. Er bespricht mit dem Klienten die einzelnen Szenen, die ihm im Alltag besondere Schwierigkeiten bereiten. Der Klient wird angehalten, alles, was ihm in den einzelnen Szenen in den Sinn kommt, in Verhalten und Handlung umzusetzen. Dabei können Angst, Hass, Freude, Liebe, Genugtuung so stark in ihm aufsteigen, dass er seine Hemmungen und sein Publikum vergisst. In diesem Ausagieren kann sich der Klient bereits zu einem neuen Leben freispielen.

Der Therapeut greift nur gelegentlich ein, fordert den Klienten zu deutlicheren weiteren Äußerungen auf. Am Ende jedes Szenenspiels werden die Spielaktionen im Hinblick auf das Befinden des Klienten und auf ihre Wirkung auf den Therapeuten als Stellvertreter anderer realer Personen analysiert.

Im vollkomponierten Psychodrama gibt es noch Mitspieler und Publikum. Es werden hier nur die Aspekte hervorgehoben, die sich in einzeltherapeutischen Sitzungen verwirklichen lassen. Wenn die Schwierigkeiten des Klienten – wie dies oft der Fall ist – mit Partnerproblemen zusammenhängen, wird der Partner für einzelne Sitzungen in das Psychodrama einbezogen.

Spezielle Techniken helfen dem Klienten, sich im Spiel mit der Welt und sich besser auseinander zu setzen: der schon erwähnte

- Rollentausch,
- das Doppeln,
- die Spiegeltechnik,
- die Beachtung der inneren Dialoge und
- die Zukunftsprojektion.

Im *Rollentausch* wird der Klient veranlasst, selbst in der Rolle seiner Bezugsperson zu handeln. Diese Technik lässt den Klienten deutlich die Wirkung seines eigenen Verhaltens auf den Partner erfahren und sie lässt ihn die Auswirkungen seines Verhaltens auf den Partner ›spüren‹, wodurch ein neues Verständnis auch für dessen Verhalten ausgelöst werden kann.

Der Therapeut kann zwischendurch, besonders dann, wenn das Verhalten und verbale Äußern des Klienten gehemmt sind, gleichsam als *Doppelgänger* wirksam werden. Er sitzt seitlich neben dem Klienten und ahmt Haltung, Gebärden und Stimme des Klienten so genau wie möglich nach. Er bringt in erster Linie Gedanken, Gefühle und Empfindungen zum Ausdruck, die der Klient vielleicht unterdrückt oder derer er sich schämt.

In der *Spiegeltechnik* kann der Therapeut, sofern der Klient eine schwierige Situation ziemlich unbeholfen spielte, die Rolle des Klienten übernehmen und die Situation in selbstsicherer Weise angehen. Dabei soll der Klient dem Therapeuten Hinweise für dessen Verhalten geben. Später prüft der Klient, wieweit seine Hinweise erfolgreich waren und wieweit er dieses andere Verhalten übernehmen kann.

Neben dem Verhalten wird der Klient immer wieder angehalten, auf seine Gedanken und Gefühle zu achten, die er vor oder in bestimmten Situationen hat. Diese erscheinen dem Klienten in seinen *inneren Dialogen* oder Selbstgesprächen, meistens in sehr verkürzter Sprache.

Bei der *Zukunftsprojektion* muss sich der Klient dazu äußern, wie er sich seine Zukunft zu bestimmten Zeitpunkten vorstellt und wie er seine Entwicklung und seine Entwicklungschancen konkret und möglichst realistisch einstuft.

Neben den im vorangehenden Abschnitt schon erörterten Effekten der Fixed-Role-Methode weist Moreno noch auf folgende Wirkungen des Psychodramas beim Klienten hin:

Durch das psychodramatische Interaktionsspiel erfährt der Klient auf anschaulich konkrete Weise die Konsequenzen seines bisherigen Verhaltens. Damit kann er unter der Leitung des Therapeuten Ansätze einer Verhaltensänderung erkennen und probeweise einüben. Er überprüft also sein eigenes Verhalten und experimentiert mit neuen Verhaltensweisen. Dabei erfährt er mehr über sich und die anderen. Er lernt, in zwischenmenschlichen Beziehungen authentischer und aufrichtiger zu werden. Und er entwickelt die Fähigkeit, Konflikte durch kooperatives und konstruktives Verhalten zu lösen oder zumindest zu entschärfen.

Meditationstherapien

Seit den sechziger Jahren wächst in unserer Gesellschaft zunehmend das Interesse an Meditation. Der Westen erachtet die Meditation primär als Selbststeuerungsmethode, die sich bei klinischen Problemen als Strategie zur Handhabung von Stress, Entspannung, Reduzierung des Bluthochdrucks usw. anwenden lässt. Denn schon seit langem besteht bei uns zwischen Meditation und Heilkunst ein enger Zusammenhang. Es ist mit der Entstehung neuer Therapieformen wieder aktuell geworden, die Meditation therapeutisch zu sehen.

Der Osten hingegen sieht die Meditation vorrangig als Mittel zur Erreichung veränderter Bewusstseinserscheinungen.

Auch bei uns fühlen sich zwischenzeitlich viele aus spirituellen Gründen von der Meditation angezogen. Sie wollen anhand von Meditationstechniken einen veränderten Bewusstseinszustand erlangen und ihre Persönlichkeit vervollkommnen. Mittlerweile befassen sich hierzulande auch immer mehr Wissenschaftler mit den Fragen eines erweiterten Bewusstseins.

Der Begriff ›Meditation‹ wird besonders klar von Jung (1960) in Erickson, Rossi und Rossi definiert:

Das Wort ›Meditation‹ kommt von dem Lateinischen ›meditari‹, einer passiven Form des Verbs, die wortwörtlich ›zum Zentrum bewegt werden‹ bedeutet. Das Bewusstsein bleibt passiv, wenn es zum Zentrum (dem Unbewussten) bewegt wird, wo es Ganzheit erreichen kann: eine Wiedervereinigung mit Inhalten und Tendenzen, die vom Bewusstsein ausgeschlossen worden sind (1978, 301).

Wir werden später sehen, dass die Meditation vielerlei Formen entwickelt hat. Man kann aber zwei Grundformen unterscheiden, bei denen folgende Elemente im Vordergrund stehen:

- Konzentration und Selbststeuerung
- Bewusstseinserweiterung und Persönlichkeitswachstum

Bei längeren Raumflügen zum Mond, die unter der Leitung der NASA stattfanden, litten die Astronauten an einer Reihe organischer Beschwerden, zum Beispiel an einer Vergrößerung des Herzens, vermindertem peripherem Blutkreislauf, Unregelmäßigkeiten des Herzschlags und des Blutdrucks usw. Medikamente konnte man nicht verordnen, da deren Wirkung ja erst während der Raumflüge hätte getestet werden müssen.

Zugleich berichteten die Astronauten über psychische Veränderungen beim Aufenthalt in der Schwerelosigkeit.

Bald kam man darauf, in das Ausbildungsprogramm Meditation aufzunehmen, um über sie den peripheren Blutkreislauf, die Herzschlagrate und den Blutdruck zu beeinflussen. Das Programm bezeichnete man als ›Neurophysiologische Selbstregulierung bei länger anhaltender Schwerelosigkeit‹. Im Untertitel stand ›Elektrisches Zen im äußeren Raum‹. Damit wurde auf eine Konvergenz zwischen Meditation und Technologie, den alten buddhistischen Praktiken und moderner Raumfahrt, hingewiesen.

Im Dezember 1972 berichtete das Time-Magazine unter dem Titel ›The Greening of the Astronauts‹, dass viele Astronauten während der längeren Raumflüge Veränderungen ihres Bewusstseins erlebten und dabei oder nach Rückkehr zur Erde tief greifende persönliche Veränderungen in ihren Einstellungen und in ihrem Lebensstil durchmachten.

Der Wissenschaftler Edgar Mitchell, der bis dahin materialistisch orientiert war, hatte 1971 ein zutiefst berührendes inneres Erlebnis, das der Anblick der Erde in ihm auslöste, als er mit Apollo 14 vom Mond zur Erde zurückfuhr. Er schreibt in seinem Buch ›Wege ins Unerforschte. Die äußere und innere Reise eines Apollo-Astronauten‹ (1997), dass er dieses Erlebnis mit dem Intellekt nicht erfassen konnte. Verstandesmäßig war es ihm nicht zugänglich, es ließ ihn die Zerbrechlichkeit des kleinen von unendlicher Schwärze umgebenen blauen Planeten empfinden. Es vermittelte ihm aber zugleich auch die sichere Gewissheit, dass dieses Universum mehr als nur zufällig, absichtslos, chaotisch, sondern vielmehr intelligent-schöpferisch, harmonisch, ja liebevoll sei. Ihm wurde dabei ebenfalls bewusst, dass sich die Menschen nicht entsprechend dieser Erkenntnis verhielten. Zugleich empfand er ein Gefühl der Einheit mit ihnen. Mitchell gründete nach seiner Rückkehr vom Mond 1973 das ›Institute of Noetic Science‹ (IONS). Eine von diesem Institut für Bewusstseinswissenschaften herausgegebene Broschüre zeigt das Ziel der dortigen Wissenschaftler auf: »Wir sind Forscher und Entdecker – und der Grenzbereich, der uns heute am meisten herausfordert, ist das menschliche Bewusstsein. Unser Streben gilt der Integration von Wissenschaft und Spiritualität, einer Vision, die uns an unsere Verbindung erinnert mit dem inneren Selbst, mit anderen Menschen und dem Planeten Erde.«

Wieder auf der Erde zurück bestimmten die einzigartigen Erlebnisse bei vielen Astronauten den weiteren Lebensweg. So entwickelte Rusty Schweikert Interesse für Transzendentale Meditation, und Jim Irwin wurde Laienprediger bei den Baptisten, während Mitchell das vorerwähnte Institut gründete.

Das (Los-)Lassen von (negativen) Gedanken

Meditation wird eingeleitet durch verschiedene Entspannungsübungen. Im Loslassen der körperlichen und seelischen Verspannungen macht sich ein Gefühl der Ruhe und Geborgenheit breit, wodurch wir eine erhöhte Sensibilität für Gedanken, Empfindungen und Gefühle erreichen.

Eine zentrale Erfahrung einer weiter gehenden Meditation ist die Auflösung der Gedankenverbindungen. Gedanken sind an sich frei. Wir haben eben verschiedene Gedanken. Sie kommen und gehen und haben in dieser Form wohl Anregungscharakter, aber keinen Einfluss auf unser Befinden und Verhalten.

Erst wenn wir uns mit einem Gedanken identifizieren, verändert sich die Lage. Der Gedanke ›Ich habe Angst‹ ist, wenn er bloß Gedanke bleibt, ohne besondere Folgen. Wenn dieser Gedanke jedoch in den Mittelpunkt meines Erlebens rückt – ich mich also mit ihm identifiziere -, empfinde ich real Angst, das heißt ich empfinde dann nicht nur Angst, sondern die Angst ergreift Besitz von mir. Ich verfüge nicht mehr über die Angst, sondern die Angst bestimmt jetzt meine Wahrnehmung, Vorstellung und mein Verhalten. Ich stecke in der Angst und werde genötigt, die Welt aus einer einzigen, sich selbstbestätigenden Perspektive heraus zu betrachten. Der Gedanke stellt seinen Inhalt jetzt nicht mehr als ein Gedankending fest, er analysiert, interpretiert und verfälscht eigenes Befinden und die Wirklichkeit. Solche bereits eingefangenen Gedanken sind schwer zu befreien.

In der Meditation ›sieht‹ der Mensch mit seinem wiedergewonnen geschärften Bewusstsein den einzelnen Gedanken; er wird sich des Gedankens wieder bewusst und macht die Erfahrung, dass seine Angst ein ›Gedankending‹ ist, also nur in seinen Vorstellungen real ist. Damit verflüchtigt sich die selbst zugefügte Angst. Es kehrt Ruhe und Gelassenheit ein.

Die Meditationspsychologie hat uns gelehrt, dass wir nicht nur mit einer Reihe von Verspannungen und Verkrampfungen im muskulären und vegetativen Bereich belastet sind, sondern auch mit Vereinseitigungen, Einengungen des Bewusstseins, mit Vorurteilen, mit Wahrnehmungslücken und -verzerrungen. Sie behindern uns in der Leistung, Kommunikation und Liebesfähigkeit.

Wir werden ständig von ungerufenen und oft unangemessenen Assoziationen, Vorstellungen, Erinnerungen, Phantasien und Emotionen in unserem Bewusstsein und in der Wahrnehmung beeinflusst und beeinträchtigt. Unser Bewusstseinsstrom wird also von vielen voraufgebauten psychischen Prozessen umstellt und verdunkelt, was man in den verschiedenen Traditionen der meditativen Psychologie als ›maja‹, ›samsara‹ oder ›Illusion‹ bezeichnet. Damit wird nicht behauptet, dass die ›Wirklichkeit‹ für uns nicht existiere, sondern dass sie in einem unbekannten Maße von uns gedeutet und bewertet wird. Von daher gesehen kann man sagen, dass die meisten Probleme der Menschen von der Unfähigkeit herrühren, die objektiven sensorischen Informationen wirklichkeitsgerecht aufzufassen. Wie die Kognitive Verhaltenstherapie ist die meditative Psychologie der Auffassung, dass wir selbst unsere Wahrnehmungswelt aktiv produzieren und mit Bewertungseigenschaften versehen, beispielsweise mit schön/hässlich, angenehm/unangenehm, vertrauenserweckend/ängstigend usw. Diese Erkenntnis führt uns zu der Einsicht, dass wir Gefangene unserer eigenen Seele sind.

In der Meditation erfahren wir, dass unser Bewusstsein von zumeist unbemerkten Gedanken, Phantasien und inneren Dialogen ausgefüllt ist. Das Bewusstsein verliert sich in diesen seelischen Inhalten und identifiziert sich mit ihnen. Es wird dadurch reduziert, getrübt und verzerrt. Wir befinden uns im Alltag in einem ungewollten Trancezustand. Wir leben nicht in der Identität mit unserem wahren Selbst.

Das ›höhere Bewusstsein‹, das wir in der Meditation erreichen können, ist also das befreite Bewusstsein. Im tiefen Stadium der Meditation erleben wir diese Befreiung als Glück, Erleuchtung, als Verbundensein mit den Energien des Universums, mit dem GEIST oder mit GOTT.

Meditation als vielgestaltiges Phänomen

Meditation wird durch zwei Elemente bestimmt:

- Von ihrer Wirkung oder ihrem Effekt her wird sie als *Entspannungstechnik* definiert. Dabei steht beispielsweise die *Konzentration auf ruhige Atmung* im Zentrum der Beachtung.

- Sie wird durch ihr Ziel charakterisiert: *einen Zustand völliger Konzentration ohne Gedankenabschweifung bei voller geistiger Präsenz.*

Es gibt verschiedene Typen der Meditation:
- Ich sitze still da, und es stellt sich ein Zustand der Ruhe und Gelassenheit ein.
- Ich sitze äußerlich still da, arbeite aber auf einen Zustand der inneren Angeregtheit und des Angeregtseins hin.
- Einige Techniken sind mit mehr oder weniger ausgreifenden Körperbewegungen verbunden (z. B. der Derwisch-Tanz der Sufi-Tradition).

Die Aufmerksamkeit konzentriert sich einmal wie ein Teleobjektiv auf einen bestimmten Gegenstand, ein anderes Mal wie ein Weitwinkelobjektiv auf ein weites Umfeld.

Shapiro gibt eine brauchbare Definition: »Meditation steht für eine Gruppe von Techniken, die alle den bewussten Versuch zum Ziel haben, die Aufmerksamkeit in nicht-analysierender Weise zu konzentrieren und nicht seinen Gedanken in grüblerischer Weise nachzuhängen« (Shapiro 1987, 50).

Es gibt viele verschiedene Arten der Bewusstseinserfahrung. So kann sich die Wahrnehmung verändern, eine meditierte Vase beispielsweise erscheint auf einmal tiefer und intensiver blau, klarer, lebhafter und leuchtend. Es kommt zum Verlust der dritten Dimension und damit zur Verwischung der Wahrnehmungsgrenzen. Der Meditierende hat das Gefühl, etwa mit der Vase zu verschmelzen.

Manche Personen kommen während der Meditation zu starken subjektiven Erfahrungen, die ihr Leben radikal verändern. Neue Werte geben ihrer Existenz einen Sinn. Sie entwickeln eine neue Beziehung zu sich selbst, zu den Mitmenschen und zum allgemeinen Weltgeschehen.

Allgemein kann gesagt werden:

Neben der beruhigenden Wirkung, die Meditation auf erhöhte Erregung und damit auf Stress, psychosomatische Störungen, aber auch auf Suchtverhalten hat, kann Meditation darüber hinaus tief greifende Persönlichkeitsveränderungen herbeiführen:

- *Läuterung:* Befreiung von Aggressivität, Gier und Egoismus,
- *Konzentration:* Ausrichtung der Aufmerksamkeit auf zentrale Lebensziele,
- *Weisheit:* Gewinn grundlegender Erkenntnisse der Lebensführung. Akzeptierende Einstellung zu sich selbst, zur Natur und zu anderen Menschen. Erfahrung der Sinnhaftigkeit des Lebens und der Welt; verstärktes Gefühl des Verbundenseins mit dem Kosmos.

In der *meditativen Entspannung* kommt es
- zur *Desensibilisierung* gegenüber stresserzeugenden Reizen,
- zur *Entautomatisierung* von Denkgewohnheiten,
- zu einer *erhöhten Sensitivität* im Bereich des Körpers und der psychosomatischen Befindlichkeit.

In der **buddhistischen Psychologie** werden zahlreiche mentale Funktionen beschrieben, die im Laufe der Meditation gefördert werden. Die sieben wichtigsten sind im folgenden Schema festgehalten:

4) Ausgeglichenheit	Be-	Er-	7) Freude
3) Gelassenheit	ruhi-	re-	6) Erkenntnisdrang
2) Konzentration	gung	gung	5) Geistige Energie

1) Achtsamkeit

Zu 1): Achtsamkeit

In der Achtsamkeit werden wir uns über das Wesen der Bewusstseinserscheinungen klar. Der Meditierende ist in der Lage, eine aufmerksame Bewusstheit (kortikale Aktivität) ohne emotionale Erregung (limbische Aktivität) aufrechtzuerhalten. Wir bezeichnen diesen Zustand als entspannte Achtsamkeit.

Die weiteren Funktionen sind einerseits beruhigend und ausgleichend, andererseits anregend und aktivierend.

Zu 2): Konzentration
Bei aller Achtsamkeit kann es vorkommen, dass wir uns leicht von inneren und äußeren Reizen ablenken lassen. In der Meditation lernen wir, unsere Aufmerksamkeit gesammelt auf *einen* Inhalt oder Weg auszurichten, die Zerstreuung und innere Unruhe abzubauen sowie unserer Aufmerksamkeit ohne besondere Willensanstrengung eine Richtung zu verleihen.

Folgendes Beispiel illustriert, wie sich ein solcher Mangel an Konzentration im Verhalten äußern kann: Wenn der englische Dichter Coleridge durch eine Gartenallee ging, konnte er sich nie für eine der beiden Seiten entscheiden, weshalb er sich stets in einer unentschlossenen Zickzacklinie fortbewegte.

Zu 3): Gelassenheit
Über Gleichmut, jener Festigkeit einer mittleren Stimmungslage, wird der Mensch unabhängig von Fehlschlägen und Glückszufällen. Während Gleichmut das innere Zumutesein im Wechsel äußerer Geschicke kennzeichnet, weist Gelassenheit eher auf die Ruhe des äußeren Verhaltens hin.

Zu 4): Ausgeglichenheit
Durch Meditation gelingt es dem Menschen, mit sich und der Welt im Einklang zu stehen. Er vermag besondere Bedürfnisse und Interessen abzuschalten und sich betrachtend – gleichsam mit interesselosem Wohlgefallen – der Außenwelt und ihren Gegenständen, aber auch den inneren Regungen und Bildern zuzuwenden.

Zu 5): Geistige Energie
In der meditativen Versenkung tritt das sprachlich gebundene Denken zurück; es tauchen bildhafte Vorstellungen und Zusammenhänge auf, die uns anschaulich auf länger gesuchte Problemlösungen hinweisen. Die Kreativitätsforschung hat an vielen Beispielen gezeigt, wie auf diesem Wege geistige Energien freigesetzt werden.

Zu 6): Erkenntnisdrang
Der Weg nach innen versetzt uns in Erstaunen, da wir überraschend Neues (Energien, Bilder, Zusammenhänge) erfahren. Wir werden zu weiterführenden Fragen grundlegender Art angeregt.

Was ist das eigentlich, was wir mit den Begriffen ›Energie‹, ›Geist‹, ›Materie‹, ›Leben und Lebewesen‹, ›Mensch‹, ›Kosmos‹ bezeichnen? Wie sind die damit gemeinten ›Wirklichkeiten‹ entstanden und miteinander verbunden? In seinem Dialog ›Theaetet‹ lässt Platon den Sokrates sagen: »Denn das Staunen ist ein dem Philosophen sehr gemäßes Pathos. Liegt doch in nichts anderem der Ursprung der Philosphie.« Und Aristoteles erklärt in seiner Metaphysik: »Denn durch das Staunen sind die Menschen jetzt und von alters her dazu gekommen zu philosphieren.«

Vom Staunen, das uns zur Frage des Lebenssinns anregt, wird also unser philosophischer Erkenntnisdrang geweckt.

Zu 7): Freude

Die Erschließung der persönlichen Energie in der Meditation und das Erleben dieser Kraftquelle in Verbindung mit dem allumfassenden – Materie, Leben und Kosmos gestaltenden – GEIST, vermittelt dem Menschen eine sinntragende Geborgenheit. Diese Geborgenheit setzt Heiterkeit und Freude frei.

Die Heiterkeit, die sich durch das Erlebnis einer inneren Helligkeit auszeichnet und die auf die Welt ausstrahlt, verleiht ihr einen eigentümlichen Glanz.

In der Freude erfährt der Mensch im Hier und Jetzt einen Aufschwung. Diese Freude verbindet den Menschen mit Menschen, allen Kreaturen, der Natur und dem Kosmos.

Meditationsformen

Man unterscheidet zwei *Grundformen* der Meditation:

Bei der einen steht die *Konzentration*, bei der anderen die *Bewusstheit* im Mittelpunkt.

Die Konzentrationsmeditation

Die Konzentrationsmeditation befähigt den Meditierenden zu einer uneingeschränkten Aufmerksamkeit auf *einen* Inhalt:

- eine physiologische Funktion wie beispielsweise das Atmen,
- eine rhythmisch sich wiederholende Bewegung,

- einen Gegenstand, beispielsweise ein Bild,
- einen Ton oder eine Tonfolge.

Der Meditierende erfährt etwa bei der *Konzentration* auf *das Atmen* bald, wie schwierig es ist, nur das Atmen zu beachten. Es tauchen bei dem Versuch immer wieder Gedanken, Vorstellungen, Erregungen und Phantasien auf, die ihn ablenken.

Zwei tägliche Übungen, die sich jeweils über mehrere Wochen erstrecken (in den ersten zwei Wochen jeweils 15, in den folgenden zwei Wochen 20 und dann 30 Minuten), können die Konzentrationsfähigkeit schrittweise steigern.

- Bei *Übung 1* zählt der Meditierende immer abwechselnd nach jedem Atemzug, und nach dem vierten Atemzug beginnt er wieder von vorn.
- Schwerer ist *Übung 2*: Hier zählt er von 10 bis 1 und wieder aufsteigend bis 10.

Bei der *taoistischen Meditation* konzentriert sich der Meditierende auf den Unterleib,bei der *Zen-Meditation* auf die Atmung oder auf ein Kôan, das bedeutet auf eine unsinnige Frage wie: ›Welches Geräusch entsteht beim Klatschen mit einer Hand?‹ Der *Christ* konzentriert sich auf ein Gebet oder auf ein Kreuz, der *Yogi* auf eines seiner Chakren (Energiezentren des Körpers) oder auf ein Symbol. Zumeist wird die Aufmerksamkeit auf *einen einzigen Gegenstand* begrenzt. Die Anweisung Shapiros lautet zum Beispiel: »Richte deine ganze Aufmerksamkeit auf eine vorgestellte blaue Vase. Konzentriere dich nur auf die Vase. Schau innerlich die Vase so an, wie sie für sich selbst existiert, ohne irgendeine Verbindung zu anderen Dingen oder Gedanken. Wenn andere Empfindungen und Vorstellungen auftauchen, nehme sie wahr, und anschließend richte deine Aufmerksamkeit wieder auf die Vase ... Lass die Wahrnehmung der Vase deinen ganzen Geist erfüllen« (Shapiro 1987, 53).

Der Gegenstand kann sich sowohl in der Außenwelt als auch in der Innenwelt befinden. Biespielsweise kann die Vase vor dem Meditierenden stehen, oder er kann sie sich visuell vorstellen, das Gleiche wäre beim Kreuz oder bei einem sonstigen Symbol möglich.

Die Bewussheitsmeditation

Ziel der Bewusstheitsmeditation ist, das Bewusstsein und die in ihm stattfindenden Momente des Erlebnisstromes, der Gedanken und Vorstellungen, die das Bewusstseinsfeld des Meditierenden durchlaufen, zu erfassen. Dabei geht der Meditierende jeweils – so gut er es kann – jedem dieser Einfälle und jeder dieser Assoziationen nach und versucht, sie zu verfolgen und zu ergründen.

Bei diesem Vorgehen erkennt der Meditierende die Muster seines Denkens und seiner Emotionen. Er gewinnt schrittweise Einsicht in seine sonst verdeckten und geheimen Wünsche und Motivationen. Die Bewusstheitsmeditation, auch *Einsichtsmeditation* genannt, vermittelt Selbsterkenntnis, Selbsttranszendenz und Öffnung nach außen. Der Meditierende erfährt an sich Freiheit von Angst, gesteigerte Liebesfähigkeit und Freude, zugleich Gelassenheit und eine Bejahung der Welt.

Das Zusammenspiel von Konzentrations- und Bewusstheitsmeditation

Oft werden beide Formen, die Konzentrations- und Bewusstheitsmeditation, miteinander verbunden.

So können wir uns beispielsweise auf folgende Elemente konzentrieren:

- auf ein Mantra (bestimmte Laute, siehe Mantra-Meditationen),
- auf die Atmung,
- auf Symbole (Kreuz, Dreieck, Quadrat, Kreis),
- auf sinnträchtige Wörter (Frieden, Großherzigkeit, Liebe usw.),
- auf kurze Texte.

Gleichzeitig können wir aber auch bereit sein, die Aufmerksamkeit auf andere Reize wie die aufkommenden Gedanken und Vorstellungen abschweifen zu lassen, wenn diese dominierend werden, um dann beispielsweise zum Mantra oder zur Atmung zurückzukehren.

Man bleibt anderen Reizen wie den durchlaufenden Gedanken und Vorstellungen gegenüber empfänglich, wobei es einen ›Anker‹ gibt, an dem man die Aufmerksamkeit immer wieder festmachen kann.

Meditation als Konzentrations- und Selbstkontrollstrategie

Sie hat einen engen Bezug zur Kognitiven Verhaltenstherapie. Unter Selbstkontrolle verstehen wir die Fähigkeit zu bestimmen, was man tun will, zusammen mit Fertigkeiten, diesen Entschluss in die Tat umzusetzen. Dabei hat sich der Klient konkreter (unproduktiver) Gewohnheiten bewusst zu werden, weiterführende alternative Weisen der Wahrnehmung und des Handelns zu erkennen und Fertigkeiten zu entwickeln, um den Entschluss in die Tat umzusetzen.

Die Wirksamkeit einer *Kombination der Meditation mit Techniken der Verhaltenskontrolle* erweist sich in den folgenden Erkenntnis- und Verhaltensgewinnen:

- Der Klient lernt in der Meditation beispielsweise, Stress abzubauen und sich so zu desensibilisieren sowie die Häufigkeit unproduktiver Selbstgespräche (negativer innerer Dialoge) und Vorstellungen zu reduzieren. Er reagiert schneller und umsichtiger in Stresssituationen und erwirbt bessere Reaktionen auf Signale der Innen- und Außenwelt.
- Der Klient lernt, aufmerksam zu werden, sobald er sich nicht mehr auf eine Aufgabe (z. B. die Atmung) konzentriert.
- Er erwirbt einen höheren Grad an Bewusstheit. Er wird sich bewusst, was normalerweise sein Problemverhalten auslöst und wird fähig, das fehlangepasste Verhalten rechtzeitig zu unterbrechen.
- Der Klient gewinnt durch regelmäßiges Meditieren eine kognitive Einstellung. Er kann sich besser entspannen und den Stress einer bestimmten Situation zuordnen, statt seiner allgemeinen Ängstlichkeit.

- Der Klient kann sich besser auf andere, auf zwischenmenschliche Beziehungen konzentrieren und damit befriedigendere soziale Interaktionen aufbauen.
- Der Klient gewinnt Abstand zu seinen Sorgen und Ängsten; er vermag sie distanzierter und entspannter zu beobachten. Durch die distanzierte Selbstbeobachtung registriert er seine Gewinne und entwickelt damit das Gefühl der Stärke, Selbstsicherheit, Geborgenheit und Ruhe.

Meditationsübungen

Je nachdem, welche Funktionsbereiche angesprochen werden sollen, werden vier Pfade der Meditation unterschieden:

- *Der Pfad durch den Intellekt* wie im Inana-Yoga oder in ›Ein Kurs in Wundern‹, bei denen Denkprozesse eine besondere Rolle spielen;
- *der Pfad durch das Gefühlsleben* wie im Bhakti-Yoga, wobei sich der Meditierende um die Entwicklung der Liebesfähigkeit und Hingabe bemüht;
- *der Pfad des Körpers*, wobei Körperhaltungen und -bewegungen im Vordergrund stehen wie
  im Hatha-Yoga,
  dem T'ai Chi und
  den Derwisch-Tänzen,
- *der Pfad des Wirkens und Tuns*, der kultiviert wird
  im Zen-Buddhismus über das Bogenschießen und Blumenstecken,
  im Sufismus über das Teppichweben.

Man konzentriert sich auf ein bestimmtes Tun und vervollkommnet es.

Nur wenn eine Meditation über lange Zeit – nach östlichen Lehren sogar lebenslang – unbeirrbar durchgeführt wird, kann man von ihr einen Gewinn erwarten:

- Die Persönlichkeit wird gestärkt, und man erreicht einen höheren Grad der Selbstsicherheit und -wirksamkeit.

- Der Meditierende gewinnt eine vertiefte Lebens- und Weltanschauung, eine tragbare Lebensphilosphie.

Der Weg der Meditation sollte jedoch nur von denjenigen im Alleingang beschritten werden, die körperlich und seelisch keine größeren Schwierigkeiten haben, die beispielsweise hinreichend emotional stabil sind.

Physisch oder psychisch kranken Personen wird empfohlen, Meditation nur unter Aufsicht eines fachkundigen Psychologen oder Pschotherapeuten (Meditationstherapeuten) oder eines meditationskundigen Arztes durchzuführen.

Sicher kann der Leser nicht aufgrund der nur im Abriss dargestellten folgenden Meditationen zu üben beginnen. Dennoch erscheinen mir ein paar Bemerkungen zur Körperhaltung wichtig, die letztlich für alle Sitzmeditationen gelten:

- Der Oberkörper sollte senkrecht gehalten werden, ebenso der Kopf. Dabei sollte die Nasenspitze senkrecht zum Bauchnabel stehen. Atmung und Körperhaltung dienen der Meditation. Der Körper wird gut durchblutet; es tritt Ruhe und Entspannung ein, was für die Gesundheit, letztlich aber auch für jede Meditation, bedeutsam ist.

- Meditationsübungen sollten zu Beginn fünf Minuten lang durchgeführt werden. Sie sollten dann langsam über zehn Minuten, fünfzehn Minuten usw. praktiziert werden, bis schließlich dreißig Minuten Übungszeit erreicht sind.

Es gibt heute ein breites Spektrum an Meditationsliteratur. Für interessierte Leser sind besonders hervorzuheben und zu empfehlen die einschlägigen Werke des Grafen Dürckheim.

Im Überblick werden nun zehn wichtige Meditationsübungen kurz vorgestellt:

Konzentrative Betrachtung

Betrachte irgendeinen Gegenstand, den du vor dich hinlegst, lange und aufmerksam. Konzentriere deine ganze Aufmerksamkeit nur auf diesen einen Gegenstand. Es kann eine Muschel, ein Kieselstein, ein Stück Baumrinde oder ein einfaches kleines Schmuckstück sein. Starre das Ding nicht angestrengt an, sondern versenke dich locker in es. Weise alle Gedanken und Vorstellungen, die dir dabei kommen, sanft ab und gebe dich ganz der Betrachtung hin. Wenn dir dies über eine Viertel- oder gar halbe Stunde gelingt, erreichst du eine wichtige Fähigkeit, die *Kontemplation.*

Atemzüge zählen

Beachte nur deinen Atem, zähle die Atemzüge nach jedem Ausatmen von eins bis vier und dann wiederhole in der gleichen Weise. Wenn du bei dieser Übung an etwas anderes denkst, weise diese Gedanken freundlich ab und konzentriere dich weiter auf die Atmung.

Luftblasen-Meditation

Im Gegensatz zu den ersten beiden Übungen werden hier die unwillkürlich aufsteigenden Gedanken und Vorstellungen beachtet und dann jeweils losgelassen. Jeder Gedanke und jede Vorstellung wird losgelöst von anderen erfasst.

Der Meditierende stellt sich vor, er sitze auf dem Grunde eines klaren Sees. Jeden Gedanken, jede Wahrnehmung, jede Vorstellung oder jedes Gefühl soll er sich bildlich als eine Luftblase vorstellen, die aufsteigt und dann verschwindet.

Falls dem Meditierenden dieser Vorstellungstrip zu schwer fällt, kann er sich an das Ufer eines breiten, langsam dahinfließenden Stromes versetzen. Die aufsteigenden Gedanken und Vorstellungen gleiten in Form von Baumstämmen an ihm vorbei. Er betrachtet jeden Einzelnen und verfolgt ihn ein Weile.

Körperrhythmus-Übung

Der Meditierende nimmt stehend eine bequeme Stellung ein, verschränkt die Arme und Hände gekreuzt vor der Brust, ohne dass sich die Hände berühren. Die Finger sind dabei leicht gespreizt. Der Meditierende soll bei langsamen seitlichen Hin- und Herbewegungen spüren, was unmittelbar unter seinen Fingern geschieht.

Blütenblätter-Meditation

Im Osten spricht man bei dieser Meditation vom Lotos, bei uns von der Seerose mit den tausend Blütenblättern. Sie symbolisiert die Idee, dass alles aufeinander bezogen und nichts im Universum isoliert ist. Im Zentrum stellen wir uns irgendeinen Gegenstand oder irgendein Ereignis vor. Jedes der unendlich vielen (‚tausend') Blütenblätter symbolisiert den Zusammenhang zwischen Zentrum und etwas anderem.

Im Zentrum kann ein Wort, eine Vorstellung oder ein Bild gedacht werden wie

Liebe, Güte, Frieden, Licht, Farbe, Baum.

Jeder dieser Inhalte sollte zehn bis fünfzehn Übungszeiten meditiert werden. Jede auftauchende Assoziation sollte drei bis vier Sekunden lang betrachtet werden. Die Assoziationen führen oft zu erstaunlichen Einsichten über unser Innenleben.

Meditation der sinnlichen Wahrnehmung (Eutonie)

Bei dieser Übung soll man sich seines Atems und zugleich seines Körpers bewusst werden. Der Körper liegt ausgestreckt mit dem Rücken auf dem Boden, die Hände seitlich. Die Augen sind geschlossen. Die Konzentration ist jeweils für ein paar Minuten auf einen Körperteil gerichtet.

Dabei stellt man sich vor, dass jeder Körperteil tiefer und tiefer auf dem Boden ruht.

Im Einzelnen konzentriert man sich in folgender Reihenfolge auf

- die Beine und Füße,
- das Becken und den Unterleib,
- den Bauch,
- den Brustkorb,
- den Rücken,
- die Schultern und den Hals,
- die Arme und Hände,
- den Kopf.

Im Fortgang der Übung werden die Hände auf den Bauch gelegt. Der Meditierende soll das Gewicht seiner Hände und ihr Auf und Ab beim Atmen spüren. Die Hände und Unterarme sind dann leicht anzuheben und zu senken. Dann werden Hände und Arme langsam seitlich neben dem Körper ausgestreckt. Jedes Mal ist auf die Bewegung, das Gewicht und auf das Atmen zu achten.

Meditation der Geborgenheit

Diese Meditation geht von der Vorstellung aus, dass sich der Meditierende ausgestreckt auf einem sicheren Floß in einer ruhigen Bucht des Meeres befindet. Leichte Wellen bewegen das Floß auf und ab. Ruhe und Geborgenheit kehren ein. Mit jedem Auf und Ab vertieft sich das Gefühl der Geborgenheit, des sicheren Bei-sich-Selbstseins. Die Aufmerksamkeit richtet sich nicht auf äußere Empfindungen und Wahrnehmungen, sondern nur auf den inneren Gefühlszustand. Dabei kann der Meditierende immer wiederholend langsam zu sich selbst sagen: ›Ich bin ruhig und fühle mich geborgen.‹

Ziel dieser Übung ist das Loslassenkönnen von allen auf uns einströmenden Gedanken und Vorstellungen, die Konzentration auf das Zentrum des Selbst-Seins.

Meditation der Selbstfindung

Jeder Mensch ist ein individuelles Wesen. Auf die Frage: »Wer bin ich?«, erwidern wir bei jeder auftauchenden Antwort abweisend, zum Beispiel: »Nein, das ist ein Name, das ist eine Sinneswahrnehmung, das ist eine Erinnerung, das ist eine Vorstellung«, usw. Die Suche soll aktiv weitergehen, alle Identifikationen auflösen und zum wahren Kern unserer Persönlichkeit vordringen.

Vielleicht erkennen wir, dass wir auf unsere Frage keine klare und eindeutige Antwort finden können, da wir vielerlei sind und oft Gegensätzliches in oder an uns haben (Aktives – Passives, Weibliches – Männliches, Gutes – Böses usw.).

Mantra-Meditation

In dem indischen Wort ›Mantra‹ ist ›man‹ (= denken) enthalten. Mit der Endung ›tra‹ werden Werkzeugworte gebildet. So ist ein Mantra gleichsam ein Werkzeug, das etwas, was man denkt, zuwege bringt. Ein Mantra ist kraftgeladen. Es kann eine Silbe sein, es können zwei Silben sein, ein Wort, zwei Wörter, ein Spruch oder ein ganzer Satz.

Ein Mantra wird immer wieder vor sich hergesagt oder -gesungen, beispielsweise

- Om,
- Allahu,
- liebet einander,
- Friede für alle,
- Gottes Liebe ist in mir,
- Ko-ham,
- So-ham,

Ein Mantra wirkt auf drei Wegen:
- durch seinen Klang und Rhythmus,
- durch seine Bedeutung, die es in sich birgt, und
- durch seine Verbindung mit einer kosmischen Harmonie.

›Om‹ bedeutet beispielsweise die Verbindung mit dem Urgrund des Seins. ›Ko-ham‹ bedeutet ›Wer bin ich‹, und ›So-ham‹ besagt ›Das bin ich‹.

Ziel ist
- die Entwicklung von Selbstdisziplin und die dadurch gewonnene geistige Haltung,
- die Kontaktaufnahme zu seinem Selbst und damit die Einbindung in das Sein (Kosmos – Gott).

Zen-Meditation

Die Zen-Meditation ist die im Westen bekannteste östliche Meditationsart. Sie stellt neben der Mantra-Meditation eine der bedeutsamsten Meditationsformen dar.

Zazen entstand im 6. Jahrhundert n. Chr. in Südchina auf buddhistischer Tradition und hat ab dem 12. Jahrhundert die japanische Kultur in entscheidenem Maße beeinflusst.

Wir sollten Zen-Meditation – wie auch alle anderen östlichen Meditationsformen – jedoch nicht als Übernahme von etwas Östlichem, sondern als Zulassen von etwas Menschlichem betrachten. Darauf macht auch Dürckheim aufmerksam.

Diese Form beruht – wie die Mantra-Meditation – auf dem Sitzen in der Meditation (das zazen), wobei der

Zustand des Nichtdenkens als
Konzentrationsobjekt

benutzt wird (shikantaza).

Man wird sich fragen, was es für einen Sinn habe, dazusitzen und nichts zu denken. Weitere Fragen werden auftauchen wie: »Kann denn von Meditation die Rede sein, wenn nichts meditiert wird? Und wo ist in dieser Meditationsform ein religiöser Inhalt, wenn vollkommene Bewussseinsleere angestrebt wird?«

Wenngleich die Zen-Meditation die gedankliche Entleerung zum Ziele hat, so sind damit die christlichen Inhalte nicht weggeworfen. Sie sind nur zurückgestellt, weil man in der Zen-Meditation überhaupt nicht über etwas nachdenken soll. Die gegenständliche Meditation soll also in einer *übergegenständlichen* Meditation zur Vollendung kommen.

Wenn es heißt, es solle in dieser Meditation weder an etwas Bestimmtes gedacht werden noch solle über etwas nachgedacht werden, bedeutet das nicht, dass jede geistige Tätigkeit einzustellen sei. Vielmehr sollte beim zazen weder über etwas nachgedacht noch jede geistige Tätigkeit eingestellt werden. Genauer gesagt liegt die innere Haltung *zwischen den beiden*, jedoch tiefer als beide. Es handelt sich um eine Haltung ohne Begriffe und ohne Gedanken (munenmuso).

In unserem gewöhnlichen Tagesbewusstsein ohne Gedanken zu sein, ohne dass die geistige Tätigkeit aufhört und man ins Dösen gerät, ist sicher ungemein schwierig. Das munenmuso ist jedoch erst dann möglich, wenn man in tiefere Bewusstseinsschichten eindringt, die unter dem Tagesbewusstsein liegen. Wir sprechen dann von einem ›erweiterten‹ Bewusstsein.

Es ist sicher nicht leicht, in einen solchen – wenn auch jeweils nur kurzen – Zustand hineinzukommen und bedarf Jahre regelmäßiger Übung.Der Meditierende wird lange Zeit von allen möglichen Gedanken belästigt, die ihm immer wieder in den Sinn kommen. Er sollte versuchen, diese störenden Gedanken im Geiste an sich vorüberziehen zu lassen und sie neben sich zu stellen.

- Als Konzentrationspunkt kann er sich den Atem zur Hilfe nehmen, das heißt er kann sich immer wieder neu auf seinen Atem fixieren.
- Das Ein- und Ausatmen sollte über die Nase vorgenommen werden.
- Wichtig erscheint die Tiefenatmung, die auch als Bauchatmung bezeichnet wird und nicht die Brustatmung.
- Es sollte ruhig und tief geatmet werden, wobei für das Ausatmen zwei- bis dreimal mehr Zeit als für das Einatmen anzusetzen ist.

Das zazen, das ›Sitzen in Stille‹ kann auch europäischen Traditionen angeschlossen werden. Das Ziel der Zen-Meditation, des zazen, ist, sich dem kosmischen, göttlichen Urgrund zuzuwenden, sich tieferen Wirklichkeiten zu öffnen sowie die Befreiung vom statischen Ich-Bewusstsein, das den Menschen vom Sein trennt.

Meditation als ›Gipfelerlebnis‹

Das letzte Stadium der Meditation wird in alten und neueren Berichten als ein mystischer Zustand der Erleuchtung bezeichnet. Es geht weit über die Meditationstherapie und ihre Ziele hinaus. In ihm tritt der Meditierende in eine ›hellseherische Wirklichkeit‹ ein – wie Lawrence LeShan sie bezeichnet. In ihr sind die Situationen von Zeit und Raum, die unsere alltägliche ›sensorische Wirklichkeit‹ kennzeichnen, aufgehoben. In diesem Zustand finden die so genannten Geistheilungen statt, bei der der Heilungssuchende einen Zustand der Harmonie, der Einbindung in die kosmische Einheit erfährt.

Diese Ansichten sind wissenschaftlich noch nicht zureichend geklärt. Doch können so genannte geistige Heilungen durch die Fülle der berichteten Tatsachen nicht mehr bestritten werden. Es scheint daher sinnvoll, solche Heilungen bis auf weiteres der ›Heilung durch Imagination‹ zuzuschreiben. Wenn wir dies tun, haben wir zumindest für viele dieser Heilungen ein befriedigendes Erklärungsmodell, das beim gegenwärtigen Stand der Forschung wissenschaftlich fundiert ist.

Im Übrigen sollten wir uns klarmachen, dass ›übersinnliche Erlebnisse‹, die bei länger geübter Meditation zwischendurch auftreten, uns leicht von den Grundzielen der Meditation ablenken. Deshalb machen erfahrene Meditationslehrer ihre Schüler immer wieder darauf aufmerksam, diese faszinierenden Ereignisse nicht überzubewerten, ihr Sinnen und Trachten nicht auf sie zu fixieren, sondern an der Vervollkommnung ihrer Persönlichkeit weiterzuarbeiten. Geschieht dies nicht, dann beschneidet der Meditierende seine Entwicklung; er wird ein Gefangener seines ›Egotrips‹.

Zusammenfassende Bemerkungen zur Meditation

Die psychotherapeutischen Effekte der Meditation gleichen denen erprobter Entspannungsverfahren. Es finden lindernde und zum Teil auflösende Wirkungen bei Ängsten, Phobien und bei psychosomatischen Beschwerden statt, zum Beispiel Schlafstörungen, hohem Blutdruck, Bronchialasthma und bei der Rehabilitation nach myokardischem Infarkt.

Darüber hinaus kann die Meditation den Menschen in höherem Maße zu einer sinnvollen Lebensgestaltung führen, als dies bei den gängigen Psychotherapien der Fall ist.

Die Wurzeln der meditativen Erfahrungen liegen neben den vorbereitenden und einleitenden Prozeduren und den persönlichen Erwartungen vor allem in drei Komponenten:

- Der sensorischen Deprivation durch Abblenden der äußeren Reize und durch ständige visuelle Fixierung oder wiederholte auditive Stimulation;
- der stabilisierenden Körperhaltung und Atemkonzentration und die dadurch erreichten Veränderungen im Sauerstoffverbrauch und Entspannungszustand der Skelettmuskulatur;
- der stärkeren Aktivierung der rechten Großhirnhälfte und die durch die Aktivierung veranlasste Freisetzung bildhafter Vorstellungen und ganzheitlicher Erlebnisweisen:
- Leben im Hier und Jetzt,
- Leben im Einklang mit den Gesetzen der Natur als Grundlage menschlichen Werdens.

Über die physische und psychische Heilung und Stabilisierung hinausgehend liegt der Sinn von Meditation letztlich in der Anbahnung einer Rückkehr zur Einheit, gleichsam im Wiederfinden eines kosmischen Bewusstseins.

Die Meditation als Weg der Offenheit hat eine enge Beziehung zur Humanistischen und Transpersonalen Psychologie und Therapie.

Wachtraumtherapien

Wir fassen hier drei Therapien unter dem Begriff Wachtraumtherapien zusammen, die einen ähnlichen psychologischen Hintergrund haben:

- Das Katathyme Bilderleben von Leuner,
- die Psychoimaginationstherapie von Shorr und
- die Wachtraumtherapie von Epstein.

Wir ersetzen den häufig gebrauchten Ausdruck ›Tagträumen‹ durch ›Wachträumen‹, weil man einerseits auch am Tage schlafen und andererseits in der Nacht wach bleiben kann. Gerade in den so genannten ›schlaflosen Nächten‹ (die meist übertrieben so bezeichnet werden) gehen wir häufig mehr oder weniger aufdringlichen ›Träumereien‹ und Selbstgesprächen nach.

Wenn wir vor uns hindösen – sei es am Tage oder in der Nacht – stellen wir uns oft Situationen und Szenen vor, in denen wir uns gewisse Wünsche der Lebensmeisterung als ›Held‹ oder ›Helfer‹ erfüllen. Häufig gehen wir dabei in bildhaften Vorstellungen wiederholend oder dramatisch-imaginär gesteigert Situationen durch, in denen wir Versäumtes und Nichterreichtes nachholen. Im ›Hätte-ich-doch-Spiel‹ ›handeln‹ oder ›entscheiden‹ wir uns jetzt richtig und hoffen, in Zukunft Versäumnisse und Fehler zu vermeiden.

In jeder Erinnerung und in jedem Vorsatz spielen die Vorstellungen eine große Rolle. Sie zeigen uns, wie wir die Welt sehen und was wir von der Welt erwarten. Die Vorstellungen spiegeln unsere individuelle Befindlichkeit, unsere individuelle Weltsicht und unseren individuellen Lebensplan. Wenn wir unsere Vorstellungen beachten, gelangen wir zur Selbsterkenntnis; sie zeigt uns, dass wir uns weitgehend gemäß unseren Vorstellungen verhalten.

Unzweckmäßiges, unproduktives und selbstschädigendes Verhalten beruht auf entsprechenden Vorstellungen.

Da die Vorstellungen unserer willentlichen Regie zugänglich sind, besteht die Chance einer Verhaltens- und Erlebnisänderung wenn wir unsere Vorstellungswelt umbauen.

Das Katathyme Bilderleben (Leuner)

Der Ausdruck ›katathym‹ ist aus dem Griechischen abgeleitet und bedeutet seelen- oder gefühlsmäßig (kata = gemäß, thymus = Seele, Gefühl, Gemüt).

Bei dieser Therapie stehen visuelle gefühlsgetragene Vorstellungen der Klienten im Zentrum- wie auch bei den beiden anderen noch zu erörternden Verfahren. Als Vermittler zwischen körperlichem Befinden, planendem Denken und willensgesteuertem Verhalten sind diese Vorstellungen in besonderer Weise am Aufbau der Persönlichkeit und der Qualität ihrer Lebensgestaltung beteiligt. Die über Vorstellungsbilder zu erreichende Freisetzung affektiv-emotionaler Impulse kann zu einer tief greifenden Auseinandersetzung des Klienten mit sich selbst und seiner Umwelt führen. Durch die Konzentration auf die Bildvorstellungen gerät der Klient in einen entspannten hypnoiden Zustand, in dem er in hohem Maße empfänglich und aufnahmebereit für Bildbotschaften ist.

Der Klient bewegt sich in der Vorstellungsszenerie fast wie in der realen Welt. Der Therapeut gibt dem Klienten dabei gewisse Anleitungen. Sie sind so formuliert, ›als ob‹ sich der Klient in einer realen Situation befindet, zum Beispiel

- auf einer Wiese,
- in einem Wald,
- auf einem Berg,
- in einem Haus.

Leuner bezeichnet das Katathyme Bilderleben auch als *Symboldrama.*

Da der Klient die Situationen und Szenen selbst gestaltet, er also zugleich Regisseur und Spieler ist, spiegeln Produktion und Aktion eigene Befindlichkeit und Problemlösung. Im Verlaufe der Therapie verändert sich das Szenarium des Symboldramas sowohl quantitativ als auch qualitativ; es wird differenzierter, reichhaltiger, belebter und bunter. Es symbolisiert das Persönlichkeitswachstum des Klienten.

Die therapeutische Vorgehensweise

Nach der Erhebung einer Anamnese führt Leuner mit dem Klienten den so genannten Blumentest durch. Er soll sich eine Blume vorstellen und sie beschreiben. Der Therapeut prüft hiermit, wieweit der Klient fähig ist, Bilder im Sinne des Katathymen Bilderlebens zu sehen. Die Fähigkeit der bildhaften Vorstellung ist sehr unterschiedlich ausgeprägt. Manchmal ist es erforderlich, dass der Klient erst dieses ›Sehen in Bildern‹ wieder lernen muss.

Bei der Therapie setzt oder legt sich der Klient in einen Liegesessel. Er wird dann aufgefordert, die Augen zu schließen und sich zu entspannen. Dabei gibt der Therapeut dem Klienten entsprechende Anleitungen.

Nun soll sich der Klient eines der von Leuner zusammengestellten Motive vorstellen und über die auftauchenden Bilder und Erlebnisse berichten.

Die Imagination verstärkt die Entspannung und diese wiederum die Intensität der Phantasiebilder. Bei einiger Übung kann sich der Klient in dieser anderen Welt der Imagination wie in einem quasi-realen Raum bewegen und Handlungen vollziehen.

Manchmal stellt der Therapeut Fragen nach bestimmten Details, beispielsweise der momentanen Stimmung bzw. nach den Gefühlen. Oder er gibt Anregungen, um den Vorstellungsverlauf weiterzuführen und bestimmte Handlungen auszuführen. Dabei achtet er darauf, wie sich der Klient im Bilderleben verhält, ob er die Aufgabe zaghaft anpackt, ob er sich mutig verhält, ob er Gefahren ausweicht oder sich ihnen bewusst stellt.

Leuner hat die Therapie und die entsprechenden Standardmotive nach Unter-, Mittel- und Oberstufe eingeteilt. Es werden dabei verschieden schwer zugängliche Persönlichkeitsbereiche angegangen. Da uns hier nur das grundsätzliche Vorgehen interessiert, können wir diese Einteilung und ihre Begründung übergehen.

Motivangebote des Therapeuten

Welche Motive bietet Leuner dem Klienten an? Die wichtigsten werden nun angeführt:

Wiese Dieses Motiv spiegelt zumeist die mehr oder weniger bewusste momentane Stimmung des Klienten wider (Wetter, Jahreszeit).

Bach Der Bach kann je nach Wahl einmal aufwärts bis zur Quelle oder abwärts bis zum Meer verfolgt werden. Wasser symbolisiert Lebenskraft. Diese kann sprudeln, getrübt sein oder versiegen.

Berg Der Klient sollte den Berg besteigen und am Gipfel einen Rundblick machen. Aufschlussreich kann die Höhe des Berges, der Schwierigkeitsgrad für Leistungsmotivation und die Leistung des Klienten sein.

Haus Das Haus kann in unterschiedlicher Größe vorgestellt werden. Bei der Besichtigung der einzelnen Räume können konflikthaltige Tendenzen aufsteigen.

Waldrand Hier werden oft sehr ambivalente Gefühle geweckt. Der Wald kann als bergender Ort der Sicherheit oder als ein Terrain drohender Gefahren gesehen werden.

Sexualität Motiv Rosenbusch für Männer. Bei Frauen regt der Therapeut folgende Szene an: Sie befindet sich nach einer ermüdenden Wanderung auf einer Straße, die nach Hause führt. Ihr wird vorausgesagt, dass ein Autofahrer anhalten und sie fragen werde, ob sie mitfahren wolle.

Höhle Zunächst soll der Klient die Höhle im sicheren Abstand beobachten und warten, was aus ihr herauskommen wird. Schließlich kann er die Höhle auch betreten. Vielleicht begegnet er Tieren, sie symbolisieren oft verschiedene Kräfte des Menschen; man denke an die schlaue Schlange, den kräftigen Bären usw.

Durch das Angebot des Motivs gibt der Therapeut bis zu einem gewissen Grade die Abfolge des Wachtraumes vor. Diese Strukturierung kann aufgelockert werden, indem der Therapeut die weitere Entwicklung des Wachtraums der individuellen kreativen Entfaltung überlässt.

Hat ein Klient dabei Schwierigkeiten, kann die Sitzung straffer gestaltet werden durch Fragen wie beispielsweise: »Was könnten Sie jetzt am besten tun? – Könnten Sie da noch etwas weitergehen? – Schauen Sie doch noch einmal genauer hin, vielleicht finden Sie eine Lösung.«

Nach Beendigung der Motivphase bespricht der Therapeut das Wachtraummaterial mit dem Klienten, wobei er die szenische und emotionale Wahrnehmung und das Konfliktmaterial des Klienten klärt und bearbeitet. Hierbei kommt es vor allem darauf an, die Ansatzpunkte für eine produktive Erlebnisverarbeitung zu verdeutlichen. Einzelne bedeutsame Szenen kann der Klient auch in einer Zeichnung festhalten.

Das Katathyme Bilderleben eignet sich nach Leuner gut für die Behandlung von depressiven Verstimmungen, Ängsten, Phobien, Zwangsneurosen und psychogenen Organstörungen. Nicht geeignet ist diese Methode, wenn Psychosen akuter und chronischer Art oder schwere Depressionen vorliegen.

Die Psychoimaginationstherapie (Shorr)

Der Mensch hat das Bedürfnis zu erkennen, wie er sich selbst in Beziehung zu anderen definiert (charakterisiert) und wie er meint, dass andere ihn definieren. Dem liegen vier Fragen zugrunde:

- Wie sehe ich mich?
- Wie sehe ich dich?
- Wie sehe ich, dass du mich siehst?
- Wie siehst du, dass ich dich sehe?

Auf diese Weise wird das Selbstbild und das Bild vom anderen entwickelt.

Die Persönlichkeit besteht aus der charakteristischen Art und Weise, in der sie in ihren zwischenmenschlichen Beziehungen mit anderen umgeht. Der Mensch hat ein Grundbedürfnis nach gesicherten menschlichen Beziehungen. Um Sicherheit und damit Angst auszuschalten, entwickelt der Mensch Sicherheitsverhalten. Kommt es bei diesem Verhalten zu einer mangelhaften Lebensbewältigung, dann erzeugt das Sicherheitsverhalten eine Vielzahl zwischenmenschlicher Verzerrungen, emotionales Unbehagen und Fehlverhalten, die psychopathologische Symptome hervorrufen.

Die Psychoimaginationstherapie geht davon aus, dass jeder irgendjemandem etwas bedeuten muss und dass jeder nach Bestätigung und Anerkennung für sein Ich sucht. Diese zwei Bedürfnisse bestehen gleichzeitig. Wenn sie bereits in der Kindheit nicht befriedigt wurden, entwickelt das Kind falsche Haltungen, indem es sich beispielsweise als ein stets braves Kind zeigt. Es verleugnet damit seine Spontaneität, manchmal seine Impulsivität und Kreativität. Da es nicht in seiner Persönlichkeit bestätigt wurde, entwickelt es Strategien, um sich Bestätigung für sein falsches Selbstbild zu beschaffen. Dieses Sicherheitsverhalten dient zur Erhaltung der eigenen Identität, selbst wenn diese unstimmig ist.

Die therapeutische Vorgehensweise

In der Therapie kommt es darauf an, den Klienten von dem ihm schon früh zugeschriebenen Selbstbild abzubringen und ihn zu seiner wahren Identität zu führen. Da das imaginäre Bild im Gegensatz zum Kommunikationsverhalten in der Vergangenheit nicht bestraft wurde, kann es sich in der Gegenwart durch das systematische Wachrufen unverfälscht und deutlich äußern. Dabei lassen sich die interpersonalen und intrapersonalen Beziehungen sowie die Strategien des Klienten im Rahmen der Beziehungen zwischen ihm und den Mitmenschen klar erkennen. »Die Bilder einer Person können zeigen, wie sie die Welt organisiert; sie können ihren Handlungsstil und auffallende individuelle Unterschiede aufdecken ... Die Bilder bieten einen wesentlichen Schlüssel, mit dessen Hilfe Gedanken, Wünsche, Erwartungen und Gefühle sehr wirkungsvoll reaktiviert werden können ..., um Zugang zur Einzigartigkeit der Welt des einzelnen zu erhalten« (Shorr, in: Corsini 1983, 1037).

In der Imaginationstherapie wird der Klient über die imaginären Bilder in eine besondere Situation versetzt, die eine Reihe von Interaktionen auslöst. Über das Experimentieren mit Phantasie und Realität werden wichtige Probleme offen gelegt und der Klient kann so Erfahrungen neu durchleben.

Neben gelegentlich in der Entspannung auftauchenden spontanen Bildern, die durch bestimmte Fragen und Aufforderungen zur Satzergänzung beitragen und verdeutlicht werden, stützt sich diese Therapieform auf gelenkte Bilder. Wenn der Fluss der Imagination versagt, setzt der Dialog mit dem Klienten ein.

Imaginäre therapeutische Situationen

Shorr hat zahlreiche imginäre Situationen systematisch kategorisiert, von denen die drei wichtigsten Gruppen kurz angeführt werden:

Das Selbstbild-Bild

Das Selbstbild, das jemand in seiner Entwicklung aufgebaut hat, bestimmt maßgebend sein Erleben und Verhalten. Das Selbstkonzept, in dem wir uns zusprechen, ob wir kompetent oder inkompetent, attraktiv oder abstoßend, ehrlich oder unehrlich sind, ist unauflöslich daran gebunden, wie andere uns sehen. Wir können uns unseres Selbstbildes sowohl in realen als auch in imaginären Situationen bewusst werden.

In der Psychoimaginationstherapie sind einige imaginäre Situationen besonders geeignet, den Klienten zur Selbstwahrnehmung zu führen:

Der Klient stellt sich vor, dass er doppelt existiert. Er hat sich zu küssen, zu umarmen und sich auf seinen eigenen Schoß zu setzen.

Hierbei können Einstellungen auftauchen, die etwas über Selbstakzeptanz oder Nichtakzeptanz, Unsicherheit, Scham usw. aussagen.

- Der Klient kann sich selbst durch ein Schlüsselloch in einem Zimmer beobachten oder in einem Sessel gegenüber im Gespräch sehen.
- Der Klient kann sich doppelt sehen, wobei sein zweites Ich in Not ist und Hilfe braucht: ›Sie sind in einem Boot. Ihr zweites Ich ist im Wasser mitten im Meer. Was tun Sie?‹

Oft geben solche und ähnliche imaginäre Situationen Aufschluss über die Einstellung zur Selbsthilfe oder zur Annahme von Hilfe.

Das duale Bild

Dieses Bild eignet sich dafür, Konflikte des Klienten bewusst zu machen und damit dem Klienten Chancen der Bewältigung anzubieten.

Der Klient stellt sich zwei unterschiedliche Kräfte, Impulse, Personen, Körperteile usw. vor und vergleicht sie. Das eine Bild spricht, das andere antwortet, das eine handelt, das andere reagiert darauf:

- Es werden zwei nichtmenschliche Lebewesen verglichen, beispielsweise
  zwei Bäume,
  zwei Blumen,
  zwei Tiere

- Es werden zwei Menschen verglichen, beispielsweise
  zwei Frauen,
  zwei Männer.

Dabei können sie in verschiedener räumlicher Position stehen, der eine oben, der andere unten, der eine vor oder hinter dem anderen.

- Es werden zwei Körperteile verglichen, zum Beispiel soll sich der Klient vorstellen,
  was sein Herz zu seinem Kopf,
  seine rechte Seite zu seiner linken Seite sagt.

Das Körperbild

Konflikte des Menschen können sich in den Körper verlagern. Sie können deshalb auch dort aufgespürt und aufgelöst werden. Unser Körperbild entsteht dadurch wie wir unseren Körper sehen und wie wir meinen, dass andere ihn beurteilen, es spiegelt darüber hinaus unsere Lebenseinstellung.

Es gibt verschiedene Anweisungen für Körperbild-Imaginationen.

Wir ergänzen damit die bei der Meditation schon angeführte Übung zur Sensitivität des Körpers:

- ›In welchem Körperteil befindet sich Ihr Wesenskern?‹ Dieser Wesenskern sagt etwas zu anderen Personen.
- ›In welchem Körperteil ist Ihr Ärger (Ihre Enttäuschung, Schuld, Scham) angesiedelt?‹

Auf diese Weise kann sich der Klient besser mit seinen negativen Gefühlen auseinander setzen und einen Weg zu ihrer Befreiung finden.

- ›Stellen Sie sich Ihre verschiedenen Körperteile vor‹, zum Beispiel:

  den Kopf,
  den Hals und die Schultern,
  den Brustkorb und die Brüste,
  den Bauch,
  die Beckenregion und die Geschlechtsorgane,
  die Arme und Hände,
  die Beine und Füße etc.

Dabei kann der Therapeut erfahren, welche Probleme der Klient in Bezug auf sein Körperbild hat.

Der Klient wird gleichzeitig dazu angeregt, sich seines Körpers und seiner Empfindungen bewusster zu werden; auf diese Weise wird seine Körpersensitivität gefördert.

Zusatzfragen sind etwa:

- ›Welcher Körperteil scheint Ihnen am attraktivsten, am wenigsten attraktiv zu sein?‹
- ›Welchen Körperteils sind Sie sich am meisten bewusst?‹

Im Zusammenhang mit den Imaginationsberichten kann der Therapeut das Material noch durch drei Techniken ergänzen:

Selbst- und Andere-Fragen wie zum Beispiel:
- ›Sind Sie jemals für jemanden wichtig gewesen?‹
- ›Wie machen Sie Menschen auf sich aufmerksam?‹
- ›Welche Eigenschaften haben Ihnen Ihre Eltern abgesprochen?‹

Meist- oder Mindest-Fragen wie zum Beispiel:
- ›Welches ist die größte Lüge, die Sie jemals erzählt haben?‹
- ›Was war die ungerechteste Forderung, die man an Sie gestellt hat‹?
- ›Was hat Ihre Mutter oder Ihr Vater am meisten an Ihnen bemängelt?‹

Satzergänzungen wie zum Beispiel:
- ›Ich habe eine starke Abneigung gegen ...‹
- ›Schön wäre es, wenn ...‹
- ›Was ich tun könnte, wäre ...‹
- ›Wenn ich darüber nachdenke, fällt mir Folgendes ein ...‹

Nach Shorr ist die Psychoimaginationstherapie erfolgreich bei der Behandlung von Neurosen, bei emotionaler Fehlanpassung, Ehe- und Familienproblemen, sexuellen Funktionsstörungen, psychosomatischen Problemen, bei starken Ängsten und Phobien, aber auch bei Zwangssymptomen.

Keine Erfahrungen liegen vor über Klienten mit psychotischen Störungen oder bei Alkohol- und Drogenabhängigkeit.

Die Wachtraumtherapie (Epstein)

Während die linke Großhirnhemisphäre auf sprachgebundenes, logisch-rationales, linear-zergliederndes Denken ausgerichtet ist, vermittelt uns die rechte Hemisphäre visuelle, imaginativ-emotionale und gestalthaft-ganzheitliche Ereignisse.

Die Welt der Vorstellung und des Bildes hat für unser Leben und Erkennen eine ebenso bedeutsame Funktion wie die Welt der Sinnesempfindungen und des Intellekts. Die Imagination ist damit nicht eine Schimäre, sondern psychische Realität; sie beeinflusst in hohem Maße unser Erleben und Verhalten. *Sinneserfahrung und Rationalität führen zu Wissen, Imagination und Emotionalität zur Weisheit.*

Der Wachtraum ist nach Epstein die Fortsetzung des Traumlebens im Wachzustand. Der Klient hat sich an den letzten Traum im Entspannungszustand zu erinnern und sich in der Therapie imaginierend an diejenige Stelle des Traumes zurückzuversetzen, die er für die bedeutsamste hält. Er beschreibt dann, was er sieht, hört und fühlt und welche sonstigen Sinneseindrücke er hat. Dabei erfährt der Klient Möglichkeiten seiner Existenz und ihre Realisierung im alltäglichen Handeln.

Epstein wendet sich gegen die Überbetonung rationaler Vorgehensweisen in der Psychotherapie, besonders gegen das Interpretieren von Trauminhalten gemäß einer vorgegebenen Theorie. Der Therapeut soll den Wachtraum, der auf die Herstellung des Gleichgewichts gerichtet ist, erarbeiten lassen, damit eine Harmonie zwischen der Welt der Imagination und der Welt der Empirie, dem visuellen Modus und dem praxeologischen Modus, hergestellt wird.

Im Unterschied zum Wachleben bewegen wir uns im Traum und in der Imagination in einer Existenz nicht-substantieller Materie mit großer Plastizität und Flexibilität. In dieser Realität spielt die Zeit keine beherrschende Rolle; der Raum ist leicht zu überwinden, und die logische Reihenfolge ist außer Kraft gesetzt.

Der Traum ist eine aufschlussreiche Aussage über das Verhältnis des Träumenden zu seinem Leben. Er ist keine Maskerade, unter der wir einen angeblich vorhandenen latenten Trauminhalt verbergen. Aufgabe des Träumenden ist es, seinen Traum von der Warte des Wachlebens aus zu betrachten und ihn enthüllen zu lassen. Er erfährt dabei, welche Möglichkeiten und Potentiale der Verwirklichung ihm, dem Träumenden, offen stehen oder verschlossen sind. Da die so gewonnene Einsicht durch anschauliches Erleben und nicht durch rationale Einsicht zustande kommt, enthält sie starke Impulse, um sein Leben zu verändern und sich neu zu orientieren.

Die therapeutische Vorgehensweise

Neben der Wachtraumproduktion setzt Epstein so genannte ›gesteuerte Übungen‹ für die Reisen in den anderen Existenzbereich ein. Man beginnt mit einem Motiv, das vom Therapeuten vorgeschlagen wird.

Im Laufe der therapeutischen Arbeit gleichen sich die nächtlichen Träume den Wachträumen an. Der Klient erlebt sich als Gestalter seiner Wirklichkeit und er setzt Wunsch und Wille besser ein und durch.

Der Klient hat sich durch einige Atemübungen bei geschlossenen Augen zu entspannen. Er atmet ruhig und gleichmäßig durch die Nase ein und durch den Mund aus. Während er dies tut, stellt er sich vor, dass er beim Einatmen reinen Sauerstoff aufnimmt, der den Körper nährt und reinigt. Er atmet diesen Sauerstoff in Form eines blaugoldenen Lichtes ein, blau wie der Himmel, golden wie die Sonne. Beim Ausatmen stellt er sich vor, dass er bei jedem Ausatmen Abfallprodukte aus dem Inneren des Körpers ausscheidet, Abfälle in Form von Kohlendioxyd, die er als grauen Raum sehen soll, der sich in Luft auflöst.

Der Therapeut gibt dem Klienten eine längere Anweisung (Epstein 1985, 69f), die hier kurz zusammengefasst wird:

> »Ihre Atmung wird ganz ruhig und gleichmäßig. Denken Sie daran, dass Sie ... Ihre Aufmerksamkeit von der Außenwelt abziehen und nach innen lenken ..., zum Mittelpunkt Ihres Seins vorstoßen ..., zum Kern Ihrer Existenz, ... Ihres Bewusstseins, dorthin, ... wo es kein Denken gibt, wo alles gelassen und still und friedlich ist ... und Sie konzentrieren sich auf Ihre Atmung, nehmen das blaugoldene Licht in sich auf und atmen ruhig und gleichmäßig ...«

Am Ende dieser Einleitung, in der der Klient imaginativ dieses blaugoldene Licht in sich aufgenommen hat und sehr entspannt ist, äußert der Therapeut:

»Und Sie werden selbst wie blaues Licht ... voller Energie, Kraft, Glanz und Stärke.«

Sodann weist der Therapeut den Klienten an, sich vorzustellen, wie er nun aufsteht, den Raum verlässt und in seinen Traum zurückgeht, an jene Stelle des Traums, die er für die wichtigste hält. Er wird gebeten, detaillierte Einzelheiten zu beschreiben, was er sieht, hört, wie er sich fühlt und jede andere Sinneserfahrung auszudrücken.

Nun beginnt die Imaginationsreise, die ein einziges oder manchmal auch mehrere Elemente eines vergangenen Traumes zum Gegenstand hat. Sobald der Klient mittels der ›Rücknahme‹ nach etwa dreißig bis vierzig Minuten durch den Therapeuten (»Das Vorstellungsbild beginnt zu verblassen ...«) wieder im Hier und Jetzt ist, wird er aufgefordert, ohne zu sprechen den Höhepunkt seiner Reise noch einmal nachzuerleben.

Abschließend wird der Klient gebeten, das Erlebte zu Hause in ein einfaches unliniertes Schulheft zu schreiben und zu malen. Auf der linken Seite befindet sich der Bericht, rechts die entsprechende Zeichnung. Durch diese Äußerungsform kann sich der Klient seine inneren Erfahrungen, Wiederholungen und Fortschritte verdeutlichen. Zugleich bietet das Protokoll, das der Klient in der nächsten Therapiestunde mit dem Therapeuten durchgeht, für diesen eine verlässliche Grundlage zur Weiterarbeit.

Die Wachtraumarbeit als Arbeit der Synthese

Der Klient lernt im Erleben seines Lebens zu *sein*. Der Therapeut vermeidet Interpretationen und fordert den Klienten auf, solche nicht vorzunehmen, sondern sich ganz auf das Hier und Jetzt seiner Imaginationen zu konzentrieren.

Der Therapeut geht davon aus, dass diese Imaginationen Selbstheilungskräfte enthalten, die zu einer Umorientierung und Wegweisung für ein produktives Leben führen. Sie befähigen den Klienten, seine Gedanken und seine Gefühle unter Kontrolle zu bringen.

Gelegentlich weist der Therapeut den Klienten auf diese Chance hin: ›Denken Sie daran, dass Sie, wenn Sie in Ihrem Erleben fortfahren, herausfinden werden, was Sie tun können, um Ihre depressiven Gefühle unter Kontrolle zu bringen‹, oder: ›Denken Sie daran, dass Sie bei Ihrer Reise etwas finden werden, was Sie gebrauchen können, um Ihre Angst zu bekämpfen.‹

Manchmal fordert der Therapeut den Klienten auch auf, seine Gefühle in ein Bild umzusetzen. Ein Klient, der sich zutiefst hoffnungslos fühlt, sieht sich dann zum Beispiel eine lange, öde Straße ohne Bäume und Blumen ganz allein entlanggehen. Dabei kann der Therapeut den Klienten auch auffordern, durch Gefahrensituationen hindurchzugehen. Der Klient kommt so zu erlebten Einsichten, die später in sein Verhalten übersetzt werden. Hilfreich kann es sein, dass der Klient mehrere Tage hintereinander zu Hause eine bestimmte Szene wiederholt.

Sätze, die häufig während der Wachtraumtherapie vom Therapeuten an den Klienten gerichtet werden, sind etwa folgende:

- Wo spielt sich das ab?
- Sehen Sie, fühlen Sie, riechen Sie.
- Wie fühlen Sie dort?
- Können Sie die Leute beschreiben?
- Wie sind sie angezogen?
- Beschreiben Sie den Raum.
- Was geschieht jetzt?
- Welche Farbe hat dies oder das?

Mit diesen Aufforderungen erreicht der Therapeut, dass der Klient so konkret und anschaulich wie möglich die Szenen erlebt.

Bei den reichhaltigen Fallgeschichten seiner Therapie behandelt Epstein Klienten, die bereits eine langjährige Psychoanalyse (z. B. 5, 11, 14, 16 Jahre) hinter sich haben. Er weist darauf hin, dass sich die Wachtraumtherapie im Allgemeinen auf drei Monate bis ein Jahr bei wöchentlich einer oder zwei Sitzungen von einer Stunde erstreckt.

Von den Beschwerden der Klienten, ihren Auslösern und den einzelnen Schritten der Heilung erfahren wir wenig.

Vorwiegend sind es Klienten mit mehr oder weniger stark ausgebildeten Depressionen, erhöhter Erregung, mit depressiven Verstimmungen und Neigung zur Inaktivität, chronischen Depressionen mit Gefühlen der Wertlosigkeit, Einsamkeit und Leere, einer Furcht vor dem Alleinsein, Klienten mit Angstzuständen und phobischen Symptomen, mit Unfähigkeit zur Bindung, mit Schwierigkeiten in der Beziehung zum anderen Geschlecht, mit Leistungsstörungen oder Entscheidungsschwierigkeiten bezüglich des Berufs und mit Lebenssinnkrisen.

Unter Heilung versteht Epstein die Harmonisierung und den Ausgleich zwischen den rationalen und nichtrationalen Prozessen des Klienten. Diese Synthese vermittelt ihm das Gefühl der Einheit und Ganzheit in Bezug auf sich selbst und die Dinge dieser Welt.

Im Einzelnen führt Epstein noch folgende heilungs- und heilbringenden Veränderungen beim Klienten an:

- Der Klient lernt, sich seiner Imaginationen frei zu bedienen.
- Es kommt zur Auflösung der Gewohnheiten, die sein Leben beengen und bedrücken.
- Das Phantasieleben wird erweitert, so dass es zur Lösung emotionaler Unausgeglichenheit beitragen kann.
- Der Klient überwindet seine Fremdbestimmung und er findet seinen inneren Führer.
- Es kommt zur Umkehr und zum Beschreiten neuer Wege.
- Das imaginäre Erleben verleiht dem Klienten das Gefühl spirituellen Wachstums. Er erfährt eine harmonische Verbindung von Materie und Geist, wie es im christlichen Symbol des Kreuzes versinnbildlicht ist, bei dem die vertikale Achse auf die Spiritualität und die horizontale Achse auf die Verhaftung in der Materie verweist.

Nach Epstein ist die religiöse Dimension des Erlebens für die Heilung besonders förderlich, da in dieser Sicht nicht der Mensch mit seinem persönlichen Ich im Mittelpunkt der Lebensauffassung steht.

Klartraumtherapie

Immer wieder einmal wird berichtet, dass jemand im Traum aktiv zu den Traumfiguren (Menschen, Tiere) Kontakt aufnimmt, zu ihnen spricht, ihnen Ratschläge gibt oder diese von ihnen erwartet und sie auffordert, etwas zu tun oder dem Träumer bei der Lösung eines Konflikts oder Problems behilflich zu sein.

Unter Traumforschern wie zum Beispiel Gerald Epstein, Calvin Hall, Ann Faraday, Patricia Garfield und Paul Tholey, herrscht weithin die Auffassung vor, dass das, was uns im Traum begegnet, uns auch im Wachleben beschäftigt und dass der Träumer seine Träume selbst am besten interpretieren und für seine bewusste Lebensführung unmittelbar nutzen kann.

Nach den von Tholey im Schlaflabor durchgeführten Experimenten ist der Klartraum »eine Art Zeitmaschine, die den Klarträumer zu Lebensabschnitten in der Vergangenheit oder Zukunft führen kann.«

Es fragt sich, wie man während des Träumens systematisch Beobachtungen über die Traumerlebnisse anstellen kann. Man muss sich ja der Tatsache, dass man gerade träumt, bewusst werden.

Tholey empfiehlt,

- während des Wachzustandes gegenüber seinem augenblicklichen Bewusstseinszustand eine kritische Einstellung zu entwickeln und sich mehrmals am Tage zu fragen, ob man wacht oder träumt.

Er hat festgestellt, dass sich diese kritische Einstellung dann auch auf den Traumzustand überträgt. Förderlich ist außerdem,

- wenn man sich zwischendurch intensiv vorstellt, man befände sich im Traum.

Durch diese Imagination kann der Träumer tatsächlich in eine Art Trancezustand geraten, sich quasi-träumend erleben, wenn er entsprechend lange geübt hat. Tholey will mit diesem Vorgehen erreichen, dass sich *waches und träumendes Erleben angleichen*, so dass der Klient – vorübergehend – die sonst bestehende Kluft zwischen beiden Bewusstseinszuständen beseitigt.

Der Klient lernt mit der Zeit, bewusst in sein Traumgeschehen einzugreifen. Er erfährt, dass er sich jetzt auch im Traum entscheiden kann.

Die Vorteile des Klartraumes

Im Schlaftraum bewegen sich die Figuren, und die Geschehnisse verlaufen gleichsam automatisch, als ob sie von unsichtbaren und damit unbeeinflussbaren Kräften gelenkt wären. Wir selbst kommen uns oft wie Marionetten vor, staunen oder ängstigen uns gelegentlich über unser Tun.

Im Klartraum hat der Klient die Möglichkeit, die Angst, beispielsweise bei *Alpträumen*, abzubauen.

Auf diesen *ersten Nutzen des Klartraums* weisen Tholey und andere anhand von mehreren Beispielen hin.

Eine Klientin fühlte sich, nachdem sie *Klarheit über ihren Bewusstseinszustand* gewann, wie erlöst, denn ihre »Albträume kehrten nie wieder, und sie fühlte sich auch im Wachleben weniger ängstlich als zuvor ... Kann man also durch Klarträumen seine Albträume besiegen? Ohne Zweifel, und es gibt viele Berichte dieser Art. Alle ehemaligen Albträumer, die zu Klarträumern wurden, berichten davon, dass sie nach einer gelungenen Konfrontation nie wieder einen Albtraum hatten« (Tholey u. a. 1987, 54). Die Albtraumfiguren – aber auch völlig gestaltlose Bedrohungen – verloren im Zustand des Klartraums mittels der Konfrontation in Form von Fragen wie: »Wer bist du?«, »Was willst du von mir?«, ferner durch Nichtbeachtung oder durch aggressive oder verachtende Reaktionen stets ihre Bedrohlichkeit. Wie Tholey berichtet, veränderten sie sich manchmal sogar im Äußeren, wurden zugänglicher, das Bedrohliche neutralisierte sich.

Ein zweiter Nutzen des Klarträumens besteht in der Möglichkeit der Selbsterkenntnis.

Es kommt innerhalb der Therapie vor allem darauf an, dass der Klient seine Schwächen erkennt, die ihn immer wieder in kommunikative und leistungsbezogene Schwierigkeiten bringen, weil er oft der Konfrontation ausweicht. Andererseits weist ihn der Klartraum auch auf seine Stärken hin und zeigt ihm, dass er durch aktives Angehen eine Entscheidung fällen und die Schwierigkeiten meistern kann.

Betrachten wir hierzu wieder ein Traumbeispiel. Der Klient hatte die Absicht, am kommenden Morgen einen für ihn wichtigen Behördengang vorzunehmen. Er hatte hierbei in der Vergangenheit einige negative Erfahrungen gemacht. Es mangelte ihm an Selbstsicherheit und Durchsetzungsvermögen. In seinem Traum steht er in einem großen Gebäude recht hilflos da. Amtspersonen laufen anmaßenden Blickes herum. Auf einmal ist eine freundliche und gut aussehende Frau an seiner Seite, die ihn fragt, ob sie ihm helfen könne. Der Träumer trägt sein Anliegen vor und bittet sie, ihm zu sagen, wohin er sich der Reihe nach zu wenden habe. Die Frau erwidert, sie würde ihm dieses aufschreiben und greift daraufhin zu einer Papierrolle, auf die sie etwas notiert. Nachdem der Träumer sie bittet, da er sich überhaupt nicht auskenne, eine Skizze anzufertigen, antwortet die Frau: »Ich habe bereits genau aufgeschrieben, wie Sie am schnellsten zum Ziel kommen.« Der Träumer ist verwundert, weil die Frau nur wenig aufgeschrieben hat. Da sich das Papier auf der Rolle in eine gummiartige Masse verwandelt hat, ist es der Frau trotz ihrer Bemühung nicht möglich, das Geschriebene abzureißen, um es dem Träumer zu geben. An dieser Stelle nun nimmt der Klarträumer eine kurze Prüfung der Realität vor, und er erkennt, dass er sich im Traum befindet. Mit viel Kraftaufwand gelingt es ihm, das beschriebene Stück Papier von der Rolle abzureißen, und er ist neugierig darauf, was die Frau ihm geschrieben hat, zumal er glaubt, sie könne im Grunde nicht wissen, wohin er sich wenden muss. »Sie scheint meine Gedanken zu erraten, nickt mir freundlich zu und sagt: ›Lies nur‹ (Mir fällt auf, dass sie mich jetzt duzt.) Ich schaue jetzt auf das gummiartige Papier. Dort steht in deutlichen Großbuchstaben: TRITT FRECH AUF! Unmittelbar danach wache ich auf.« (Tholey u. a. 1987, 57f)

Zwar trat der Klient anderntags nicht frech auf, jedoch deutlich selbstsicherer und dazu auch erfolgreich. Wie er berichtete, war dies für ihn ein Schlüsselerlebnis, das sich sodann entscheidend auf sein späteres Verhalten in ähnlichen Situationen auswirkte.

Im Klartraum befinden wir uns also in einem Bewusstseinszustand, in dem wir alles so wahrnehmen wie im wachen Zustand. Wir können sogar freier handeln als im Wachzustand, da wir alle Gefahren überleben.

Zu einem *dritten Nutzen* möchte ich ein selbsterlebtes Beispiel anführen:

> Klarträume können uns Hinweise zur Bewältigung von Anforderungssituationen geben.

Es muss wohl ein Klartraum gewesen sein, den ich in der Nacht vor meiner Habilitationsprüfung hatte. Mein Thema, das ich vor etwa zwanzig Professoren der Philosophischen Fakultät vorzutragen hatte, lautete: ›Die Kompensation als psychischer Reglerprozess‹. Am Abend ging ich noch einmal die einzelnen Abschnitte meines Vortrages durch. Ich konzentrierte mich speziell auf den von Alfred Adler aufgezeigten Zusammenhang von Minderwertigkeitsgefühl und Macht- bzw. Geltungsstreben als seelischem Ausgleichsprozess, ferner auf die verschiedenen Formen der Kompensation – wie ich sie später in meiner ›Konfliktpsychologie‹ dargestellt habe – die Kompensation der nächsten Chance, des sinkenden Niveaus, im Als-Ob usw. Im Traum sah ich mich beim Vortrag. Ich merkte, dass meine Ausführungen aufmerksam aufgenommen wurden. Doch beschlich mich gegen Ende des Vortrages eine gewisse Unruhe. Ich dachte an die dann kommenden Fragen der Professoren. Der Vortrag war, wie ich merkte, gut angekommen. Ich sah nun, wie mein Chef noch einige Fragen zur Adlerschen Individualpsychologie stellte. Es schien alles glatt zu verlaufen. Doch dann kam eine Überraschung. Ein naturwissenschaftlich orientierter Philosophie-Professor fragte mich freundlich: »Ich sehe, dass der Kompensationsbegriff in der Psychologie von Bedeutung ist. Er spiegelt – wie Sie ausgeführt haben – allgemeine Regelvorgänge des Lebendigen. Nun sind solche Regelprozesse ja auch im technischen Bereich zunehmend zur Anwendung gekommen, beispielsweise bei der Regelung der Wärmeabgabe bei Heizungen durch Thermostaten. Kann man diese technischen Vorgänge mit den von Ihnen dargestellten psychischen Regelungen vergleichen?«

Ich muss wohl durch diese Frage sehr beunruhigt gewesen sein, führte sie doch dazu, dass ich aufwachte. Da ich damals ein Frühaufsteher war, blieb ich auf und holte mir den Band eines größeren Lexikonwerkes heraus, las dort die komprimierten Ausführungen über technische Regelungen und über Regler (P-, PI- und PID-Regler, also Proportional-, Proportional-Integral- und Proportional-Integral-Differential-Regler).

Ich hielt dann am Morgen meinen Vortrag. Es lief alles gut. Wie erwartet, eröffnete mein Chef das Fragespiel. Es kamen noch weitere Fragen von seinen Psychologie-Kollegen. Doch dann trat das ein, was ich im Traum erlebt hatte. Der naturwissenschaftlich orientierte Philosophie-Professor fragte mich – allerdings nicht so einleitend wie im Traum, sondern unmittelbar: »Nun gibt es ja auch in der Kybernetik Modelle technischer Regelungsprozesse und ...« Meine bestätigte Erwartung und Spannung ließen weitere Ausführungen von ihm nicht zu. Ich spulte mein (doch bescheidenes) Wissen mit ›kompensatorischem Sachverstand‹ zur vollsten Zufriedenheit des Prüfers ab.

Solche und ähnliche Träume habe ich bei sehr verschiedenen Gelegenheiten gehabt. Was für den eben berichteten Traum jedoch besonders beachtenswert erscheint, ist das Eintreffen der speziellen Prüfungsszene. Ich stellte mir dann oft die Frage: Habe ich im Traum eine real zu erwartende Fragesituation geahnt? Oder habe ich vielleicht durch die Vorwegnahme im Traum und die Erwartung in der Sitzung Einfluss auf die Mentalität des Prüfers gehabt? Die erste Antwort ist wahrscheinlicher. Doch nachdem ich mich in den letzten Jahren mit den Forschungen der Parapsychologie befasst habe, halte ich auch die kühnere zweite Version für möglich.

Und nun zum *vierten Nutzen*:

> Im Klartraum können wir gelegentlich auch Probleme lösen.

Es gibt viele Berichte von Künstlern, Erfindern und Wissenschaftlern, die im Traum kreative Inspirationen erhielten. Dabei bleibt allerdings die Frage offen, ob die träumende Seele selbstschöpferisch tätig war oder ob der kreative Akt tagsüber unterbewusst erwogen und dann im Träumen herausgebracht wird. Solche Lösungen kommen nicht einfach unvorbereitet. Die Träumer haben sich mit dem Problemkreis im Wachleben oft schon längere Zeit beschäftigt.

Ann Faraday berichtet über ein Beispiel:

Als ich zum Beispiel Barbra Seaman, Herausgeberin einer im ganzen Land bekannten Zeitschrift, auf einer literarischen Veranstaltung in New York traf, war sie bekümmert, weil sie nicht den ›richtigen‹ Titel für ihr neues Buch finden konnte, und ich gebe die Geschichte in ihren eigenen Worten wieder:

›Sechs Monate lang habe ich versucht, einen Titel zu finden, und die Titelsuche war Gegenstand einer Diskussion bei einer Versammlung der Society of Magazine Writers, an der wir alle teilnahmen. Ann riet mir, ich solle beim Einschlafen denken, dass ich im Traum einen Titel finden würde. Sie sagte, wenn ich aufwache, würde ich wahrscheinlich feststellen, dass der Titel wie Himmelsschrift oder dergleichen erschienen sei. Es könnte aber auch sein, dass ich scharfe Vorstellungsbilder aus meinen Träumen behalte, und dann sollte ich gedankliche Verbindungen zu ihnen herstellen. In dem Traum, an den ich mich am nächsten Tag erinnerte, war Diana oder eine andere griechische Göttin durch den Wald gelaufen. Das war ein höchst ungewöhnlicher Traum für mich, denn in den meisten Träumen, an die ich mich erinnere, bin ich die Hauptfigur. Diana oder wer immer es war, trug das traditionelle wallende Gewand, durch das man ihren wohlgestalteten weiblichen Körper und ihre kräftigen, aber schönen Arm- und Beinmuskeln sehen konnte. Sie war sehr feminin, auch sehr stark und glücklich. Ich assoziierte mir ihr, wie Ann mich instruiert hatte, und das Erste, woran ich dachte, war feminin und frei. Dann fand ich, dass feminin zu affektiert klang und nicht überzeugend genug war. Und so war mein nächster Gedanke free and female (frei und weiblich).‹

Free and female erschien bald danach, wurde ein großer Erfolg und ist jetzt als Taschenbuch herausgekommen. Im Vorwort dankt mir Barbara für die Hilfe bei dem Titel – aber der Dank gebührt in Wirklichkeit der Traumkraft. Offenbar vermochte ihre träumende Seele das genau passende

Motiv zu finden, das sie brauchte, während ihre wache Seele völlig ratlos war – sie hatte dreihundert Titel aufgeschrieben, als wir uns trafen, und nicht einer davon war ›richtig‹. Barbara war so beeindruckt von der Kraft der Träume, dass sie sich ihrer seitdem immer bedient, um wichtige Konflikte in ihrem Leben zu lösen (Faraday 1987, 138).

Es scheint so, dass die Anstrengungen im wachen Zustand oft den Eintritt von Vorstellungssynthesen einklemmen und die Entspannung im Schlaf die Bühne für ihren Auftritt freilegt.

Die Entwicklung der Traumkontrolle

Was dafür erforderlich ist, können Sie folgenden Empfehlungen entnehmen, bei denen wir uns besonders auf Patricia Garfield beziehen:

- Die Einstellung des Träumers ist von größter Wichtigkeit. Wer sich einmal während des Träumens der Tatsache bewusst geworden ist, dass er träumt, weiß um die Möglichkeit kreativen Träumens.

- Träume sind das, was wir aus ihnen machen. Wenn wir unsere Träume als bedeutungsvoll betrachten, träumen wir bedeutungsvoll und erinnern uns an solche Träume. Die Träume antworten stets auf die Vorstellungen, die wir von ihnen im Wachzustand haben. Wir sollten also die Träume als einen wichtigen und bedeutungsvollen Aspekt des Lebens anerkennen.

- Wir können unser Traumgeschehen vorsätzlich beeinflussen. Wir müssen allerdings im Wachzustand einem Problem nachgehen, uns vor allem kurz vor dem Einschlafen auf es konzentrieren und von dem Traum Hinweise und Lösungen erwarten.

- Es ist zweckmäßig und förderlich, sich zu bestimmten Zwecken an einem stillen Ort in gelöster und friedlicher Stimmung auf das, was man erreichen möchte, wachträumend zu konzentrieren. Dabei sollten wir uns mehrmals am Tage und unmittelbar vor dem Einschlafen vorstellen, der gewünschte Traum sei eingetreten. Um dies noch zu unterstreichen, können wir die Wunschvorstellungen außerdem in einem Satz formulieren und dies wiederholen.

- Wir sollten zu den Träumen – seien sie auch manchmal ängstigend – ein vertrauensvolles, einladendes Verhältnis haben. Wir können feindliche Traumgestalten, wenn wir ihnen nicht ausweichen und wenn wir uns mit ihnen gesprächsweise auseinander setzen, als Verbündete gewinnen.

- Bei feindseligen Traumgestalten kann es vorkommen, dass sie sich auch manchmal nicht beeinflussen lassen. Wir können sie aber durch Distanzierung, Nichtbeachtung, Verachtung oder massive Aggression unschädlich machen.

- Die Albträume weisen auf unverarbeitete Konflikte hin. Durch die Konfrontation und Auseinandersetzung mit den feindlichen Traumfiguren werden nicht nur die Albträume beseitigt, sondern auch der Konflikt bearbeitet, der sie veranlasst hat. Damit dokumentiert der Klartraum deutlich seine therapeutische Wirksamkeit.

- Mit dem Erlernen der Klarträumens verbessern wir schrittweise das Bewusstwerden des Traumgeschehens. Damit entwickeln wir zugleich das Erinnnerungsvermögen. Vor dem Einschlafen sollten wir uns vornehmen, uns an unsere Träume zu erinnern.

- Wir können Klartraumarbeit dadurch intensivieren, dass wir unsere Träume für ein paar Monate aufschreiben. Ein Schreibheft wird auf dem Nachttisch bereitgelegt. Vor dem Schreiben sollten wir, wenn wir soeben einen Traum beendet haben, erst noch kurze Zeit mit geschlossenen Augen liegen bleiben und die Bilder in unser Gedächtnis einströmen lassen. Dadurch wird das Erinnerungsvermögen gestärkt, während gleichzeitig die Träume reichhaltiger und lebhafter und für das wache Leben bedeutsamer werden.

Hypnotherapie

Da die Hypnose in ihren historischen Anfängen auf Jahrmärkten und in Varieté-Theatern der allgemeinen Volksbelustigung diente, hatte sie es verständlicherweise zunächst schwer, sich als ernst zu nehmendes psychotherapeutisches Verfahren zu etablieren.

Dazu kam später auch die massive Ablehnung durch Sigmund Freud zu Beginn des 20. Jahrhunderts, der sie als ›zudeckendes Verfahren‹ abqualifizierte, was wesentlich mit dazu geführt hat, dass sich die Hypnosetherapie oder klinische Hypnose in Deutschland zunächst nicht durchsetzen konnte.

Heute noch wird Hypnose von nicht wenigen Laien als unseriös betrachtet, als etwas Magisches, Manipulatives.

Trotz des historischen Hintergrundes und standespolitischer Probleme wurden dennoch, insbesondere in den USA der dreißiger Jahre dieses Jahrhunderts, an verschiedenen Universitäten umfassende experimentelle Forschungen über Hypnose durchgeführt, wobei als Ergebnis neben verschiedensten Theorien nur wenig gesichertes klinisches Wissen herauskam.

Schließlich war es Milton H. Erickson, durch den die Hypnotherapie als eigenständiges psychotherapeutisches Verfahren wieder Beachtung erfuhr.

Neben Ellis, dem ersten Vertreter der Kognitiven Verhaltenstherapie, hat uns kaum ein anderer Therapeut – so wie Erickson – einen differenzierten Einblick in sein therapeutisches Vorgehen vermittelt. Darüber hinaus ist die Hypnotherapie eine der kompliziertesten Therapien. Sie fordert vom Therapeuten in besonderem Maße Sensibilität bei der Erfassung nonverbaler Körper- und tonaler Sprachäußerungen, sprachliche Gewandtheit und Einfallsreichtum im Gebrauch von Gleichnissen, Metaphern und Symbolen.

Die von Erickson veröffentlichten Therapieprotokolle, zum Teil gleichzeitig kommentiert durch seine Mitarbeiter Rossi und Rossi, sind als umfassendes und präzises Studienmaterial anzusehen.

Der Begriff ›Hypnose‹ kommt vom griechischen Wort ›hypnos‹ und bedeutet ›Schlaf‹. Während beim tatsächlichen Schlaf psychische Reaktionsarmut gegeben ist, liegt in der Hypnose eine erhöhte Aufmerksamkeitsspannung in Richtung Suggestion vor, bei der es zu einer Bewusstseinsumschaltung und damit zu einer unterschiedlich gesenkten Bewusstseinslage kommt. Der Hypnotisierte ist in diesem Zustand nur durch den Hypnotiseur mit der Umwelt verbunden; alle übrigen Funktionen der Sinnesorgane sind aufgrund vegetativer Umschaltungen deutlich herabgesetzt. Das bedeutet: Nur das Gehör ist partiell auf die Stimme des Hypnotiseurs eingestellt.

Ziel der Hypnose ist es, einen hypnotischen Umschaltungszustand als Grundlage für das Suggerieren von Inhalten zu bewirken, welche alle Lebensbereiche umfassen können.

Erickson, Rossi und Rossi bemerken: »Das grundlegendste Wissen in hypnotischer Arbeit besteht darin, ... das Unbewusste so frei wie möglich von den erlernten Gewohnheiten und Bewusstseinsprogrammen funktionieren zu lassen ... Patienten sind Patienten, weil sie nicht in Verbindung mit ihrem eigenen Unbewussten sind ..., die zu viel Programmierung bekommen haben ... Therapeutische Trance ist eine Erfahrung, in der die Patienten etwas von ihrem eigenen Innern empfangen« (1978, 301).

Das Unbewusste ist nach Erickson eine positive Kraft, und es weiß, was für den Klienten am besten ist. Deshalb versucht der Therapeut, den Klienten so zu lenken, dass sich sein Unbewusstes äußert. Die positiven Kräfte können die Entwicklung des Klienten anregen. Die hypnotische Suggestion kann die eigenen geistigen Prozesse des Klienten evozieren und nutzbar machen, und zwar auf Wegen, die außerhalb des gewöhnlichen Spielraums absichtlicher und willkürlicher Kontrolle liegen.

Die klinische Hypnose oder therapeutische Trance ist eine sorgfältig geplante Erweiterung von alltäglichen Prozessen des normalen Lebens, in der der Kontakt zum Unbewussten aufgenommen werden kann. Therapeutische Trance ähnelt sehr der Meditation im klassischen Sinne.

Wenn wir in Gedanken versunken sind oder uns Träumereien hingeben, sind wir in der gewöhnlichen Alltagstrance. Viele unserer täglichen Verrichtungen laufen nahezu automatisch ab. Wir lesen beispielsweise eine wissenschaftliche Abhandlung, halten inne bei einer schwierigen Stelle, unterbrechen den Lesevorgang und denken nach. So gleitet unsere Aufmerksamkeit vom Text ab und wendet sich dem inneren Gedankenspiel zu. Dabei hat uns der Text auf eine andere Spur gebracht; vielleicht geht uns dabei eine Erkenntnis, das Licht eines neuen Verständnisses auf.

Die therapeutische Trance soll den Klienten aufnahmebereiter für sein inneres Erleben und seine unverwirklichten Möglichkeiten machen. Wie bei jeder Therapie soll die Hypnotherapie dem Klienten helfen, aus seinen Beschränkungen herauszuwachsen, so dass die inneren Potentiale realisiert werden können, um die therapeutischen Ziele zu erreichen.

Der durch die Hypnotherapie erreichte veränderte Bewusstseinszustand wird als ›Trance‹ bezeichnet. Der Begriff ›Trance‹ kommt aus dem lateinischen Wort ›transitus‹ und bedeutet ›Übergang‹, französisch ›trance‹. Hierbei handelt es sich um einen hypnoseähnlichen Zustand, bei dem die Aufmerksamkeit und das Bewusstsein eingeengt sind.

Der Therapeut geht auf die ihm bekannten Interessen und Fähigkeiten des Klienten ein, greift seine Lernerfahrungen auf und empfiehlt, sie auf andere Art und Weise zu verwenden. Hierbei muss sich der Therapeut davor hüten, dem Klienten etwas Neues zu suggerieren oder hinzuzufügen. Stattdessen sollte er die Fähigkeiten des Klienten, dessen kreative Möglichkeiten in der Trance hervorholen und fördern.

Historische Wandlungen in der Hypnose

Im 19. und zu Beginn unseres Jahrhunderts haben sich die Ansichten und Meinungen über die Hypnose verschiedentlich geändert. Erstaunlich ist, dass sich damit auch das Wesen der Hypnose gewandelt hat. Als der Wiener Arzt Anton Mesmer 1775 seine Thesen zur Hypnose aufstellte, waren er und dann auch seine Patienten davon überzeugt, dass es magnetische Kräfte sind, die vom Hypnotiseur ausgingen und bei den hypnotisierten Patienten Heilungskräfte mobilisierten, wobei bei ihnen seltsame Empfindungen und Konvulsionen auftraten.

Einige Jahrzehnte nach Mesmer gingen die Patienten dazu über, in der Trance unaufgefordert zu spielen oder auf Fragen zu antworten. Das war vorher auch noch nicht vorgekommen.

Um die Jahrhundertwende begannen dann die Patienten das, was in der Trance vorgefallen war, zu vergessen. Auch dies wurde zuvor nicht beobachtet. Später traten bei Versuchspersonen in der Hypnose hysterische Lähmungen, vermeintliche Halluzinationen und motorische Phänomene in verschiedenen Körperregionen auf, wiederum alles Erscheinungen, die in dieser Art nie vorher festgestellt wurden.

»Solche historischen Wandlungen beweisen klar, dass die Hypnose keine starre Reaktion auf eindeutig definierte Reize ist, sondern dass sie sich mit den Erwartungen und Voreinstellungen der Epoche ändert« (Jaynes, J. 1988, 468).

Die Bewusstseinsverengung in der Hypnose

Wie in den alten vorchristlichen Kulturen die Medien durch Einengung ihres Bewusstseins zu Orakeln inspiriert wurden, so wird der zu Hypnotisierende gebeten,

sich auf *einen Punkt* zu konzentrieren, das heißt eine Blickverschränkung vorzunehmen, beispielsweise auf
- die Augen des Hypnotiseurs,
- eine Kerzenflamme,
- einen kleinen Edelstein,
- eine kleine Vase auf dem Tisch oder
- das Zentrum eines Bildes an der Wand.

Dabei kann der zu Hypnotisierende sitzen oder liegen. In jedem Fall soll er seine ganze Aufmerksamkeit auf die Stimme des Hypnotiseurs richten. Dieser spricht ungefähr die folgenden Worte: »Sie hören jetzt meine Stimme, nur meine Stimme und fühlen sich entspannt, werden immer entspannter. Wenn Sie ganz entspannt sind, werden Ihre Augenlider schwerer, immer schwerer und schließen sich dann. Sie hören nur meine Stimme. Nichts kann Sie ablenken.«

Manche Klienten geraten schon bei der ersten Sitzung in Hypnose, andere erst nach mehrmaligen Sitzungen. Dies ist ein Hinweis darauf, dass die ›Verengung‹ des Bewusstseins in der hypnotischen Induktion teilweise eine erlernte Fähigkeit ist.

Die Persönlichkeitsaufspaltung (Persönlichkeitsdissoziation) im hypnotischen Prozess

In der auf die Hinführung (Induktion) folgenden Trancephase ist das alltägliche Bewusstsein mit seiner Ich- und Selbstkontrolle herabgesetzt oder ganz gelöscht. Zur Kennzeichnung der Stadien werden räumliche Metaphern verwendet wie die flache oder tiefe Hypnose. Ebenso in räumlichen Metaphern stellt man sich die Stufen der Versenkung und Versunkenheit vor. Dabei können die Augen geschlossen oder offen sein, je nachdem, wie es der Hypnotiseur nahe legt.

In den tieferen Stadien der Hypnose lassen sich eine Reihe interessanter Phänomene hervorrufen:

»Ohne anders lautende Anweisung bleibt der Hypnotisierte ›taub‹ für alles außer der Stimme des Hypnotiseurs ... Die Affektivität ist restlos durch Suggestion strukturierbar: instruiert man ihn, er werde jetzt gleich einen tollen Witz zu hören bekommen, schüttelt der Hypnotisierte sich aus vor Lachen über die Bemerkung ›Das Gras ist grün‹« (Jaynes 1988, 472f).

Zwar lässt sich das Identitätsgefühl total ändern, indem sich der Hypnotisierte zum Beispiel als Kleinkind aufführt. Doch ist nachgewiesen worden, dass die hypnotisierte Person, der man sagt, sie sei drei oder vier Jahre alt, nicht faktisch auf diese Kindheitsstadien regrediert. Vielmehr handelt der Hypnotisierte im Als-ob mit einem unterdrückten So-ist-es-nicht.

Auch wenn der Hypnotiseur ihm mit der entsprechenden Gestik eine nicht vorhandene Vase überreicht mit der Bitte, nicht vorhandene Blumen vom Tisch zu nehmen und in die Vase zu tun, so klappt dies mühelos. Es ist eine Sache des schauspielerischen Simulierens.

Doch wenn der Hypnotiseur dem Probanden ein nicht existentes Buch übergibt und ihn bittet, die erste Textseite aufzuschlagen und den Anfang laut vorzulesen, macht er wohl die entsprechenden Gesten, doch versagt er beim Lesen. Er klagt beispielsweise, das Druckbild sei verwischt, oder die Typen seien zu klein zum Lesen und Ähnliches.

Gibt man einer hypnotisierten Person den Auftrag, quer durchs Zimmer zu gehen und hat man ihr zuvor einen Stuhl in den Weg gestellt, so stößt sie nicht etwa an, sondern macht einen

Bogen um ihn. Die Person tut so, als nähme sie den Stuhl nicht wahr.

In alledem steckt die besondere ›Trancelogik‹. Der Hypnotisierte ist willfährig gegenüber der sprachlichen Realitätsvermittlung. In seinem Verhalten ist jedoch kein logisches Defizit zu erkennen. Er folgt den Realitätsaussagen, denen kein konkreter Sachverhalt entspricht.

Solche Befunde zeigen, dass in der Hypnose eine Art Persönlichkeitsdissoziation vorliegt. Die Ganzheit der Psyche scheint also in der Hypnose als ein Nebeneinander von Einzelsträngen zu existieren, die unabhängig voneinander funktionieren können.

Suggestionsformen der Hypnotherapie Ericksons

Erickson ist der Auffassung, dass unser Bewusstsein, das normalerweise auf Umwelt und Leistung ausgerichtet ist, sehr begrenzt ist. Menschen verwenden nach Ansicht maßgeblicher Wissenschaftler bestenfalls zehn Prozent ihrer geistigen Fähigkeiten. Durch ihre Außenrichtung wissen sie zumeist nicht, dass sie in sich große Potentiale für die Lösung von Problemen zur Verfügung haben. Deshalb ist es die Aufgabe des Therapeuten, ihnen die Einsicht zu vermitteln, dass ihr Unbewusstes starke Heilungskräfte enthält, die freigesetzt werden können. Dazu ist es oft notwendig, die bewussten Einstellungen zu entmachten und sich von den gelernten Beschränkungen zu befreien. Dies gelingt Erickson durch die *indirekten Ansätze zur hypnotischen Suggestion.* Darin liegt auch einer seiner wichtigen Beiträge. Diese Methode steht ferner im Gegensatz zur früheren Hypnosearbeit, wo direkte Suggestionen als hauptsächliche therapeutische Modalität betrachtet wurden.

In der Hypnotherapie sind folgende Suggestionsformen wichtig:

- die indirekte Suggestion,
- die zusammengesetzte Suggestion,
- die indirekte posthypnotische Suggestion.

Die direkte Suggestion

Direkte Suggestionen werden nur dann gegeben, wenn der Therapeut absolut sicher ist, dass der Klient sie akzeptiert, beispielsweise »Ihre Augen können jetzt zufallen.« Vorausgegangen ist dann, dass der Klient bereits einen fixierten glasigen Blick hat.

Direkte Suggestion wird durch innere Prozesse vermittelt, deren sich der Klient zumeist teilweise bewusst ist. Er erkennt also, dass seine Reaktion durch ihn selbst veranlasst wurde. Dabei kann es allerdings vorkommen, dass er damit nur den Therapeuten zufrieden stellen will. Es gibt also bei der direkten Suggestion immer auch das Problem der Vortäuschung. Andererseits kann ein Klient aber auch versuchen, die hypnotische Reaktion bewusst zu hemmen.

Die *direkte Suggestion* appelliert an den *bewussten Verstand* und löst ein bestimmtes Verhalten aus, wenn der Klient mit der Suggestion einverstanden ist und die Fähigkeit hat, sie willentlich zu verfolgen. Wir wissen aber aus unserer eigenen Lebenserfahrung, dass viele gut gemeinte bewusste Vorsätze oft im Ansatz stecken bleiben, wenn wir versuchen ein Übel zu beseitigen oder eine schlechte Gewohnheit aufzugeben. »Psychologische Probleme existieren ja gerade deshalb, weil der bewusste Verstand nicht weiß, wie er eine Erlebnis- und Verhaltensänderung im gewünschten Ausmaß herbeiführen soll ..., aber sie können .. mit Hilfe eines unbewussten Prozesses verwirklicht werden, der auf einer nicht vom Willen kontrollierten Ebene stattfindet« (Erickson und Rossi 1981, 34).

Der Therapeut kann zwar mit einer direkten Suggestion beginnen, um zu erkunden, wie weit der Klient auf diesem Weg fähig ist, die Suggestion anzunehmen. Die Erfahrung zeigt jedoch, dass gerade diese Suggestionen in der Folgezeit ihre Wirksamkeit bald verlieren. Wahrscheinlich liegt dies daran, dass der Klient solche Suggestionen weitgehend passiv, ohne besondere innere Aktivität, Beteiligung und Bemühung ausführt.

Die indirekte Suggestion

Aufgrund der Schwierigkeiten bei der direkten Suggestion ist es sinnvoll, vor allem die verdeckte oder indirekte Suggestion anzuwenden. Dabei kann das Unbewusste so frei wie möglich von den erlernten Gewohnheiten und Bewusstseinsprogrammen profitieren.

Bei der indirekten Suggestion bedient sich der Therapeut verschiedener Methoden zur Auslösung und Förderung solcher unbewussten Suchvorgänge. Die indirekten Formen der Suggestion dienen dazu, die Potentiale eines Klienten zu explorieren und seine natürlichen Reaktionstendenzen zu fördern.

Erickson beschreibt verschiedene *indirekte Formen der Suggestion* wie:

- die Einstreutechnik,
- Gemeinplätze,
- vage zeitliche Angaben,
- Nicht-Wissen und Nicht-Tun und
- Fragen, die neue Reaktionsmöglichkeiten fördern.

Einstreutechnik

Der Therapeut flicht in die Unterhaltung Worte und Begriffe ein, die Wohlbefinden suggerieren und den Leidensdruck vermindern. Zum Beispiel:

»Sie können diese Gefühle so *frei* beschreiben, wie Sie wollen.«

Das Wort ›frei‹ ruft automatisch eine positive Assoziation zum freien Umgang mit Gefühlen herbei. Der Therapeut spricht beispielsweise über seine eigene Mutter und erleichtert es so dem Klienten, auch über seine Mutter zu sprechen. Er verdeutlicht dem Klienten durch Bemerkungen, Geschichten und Anekdoten ein Problem, um so eine ›fokussierende Assoziation‹ auf einen – seiner Vermutung nach – relevanten Aspekt des Problems herbeizuführen.

Gemeinplätze

Der Therapeut zählt einfache Verhaltenstatsachen auf, die der Klient so oft erlebt hat, dass er sie nicht leugnen kann. Beispiele sind etwa:

- »Wenn wir müde sind, verlangsamt sich unser Lidschlag, und die Augen schließen sich manchmal ganz« *(Auslösung ideomotorischer Prozesse).*
- »Sie kennen bereits angenehme Empfindungen wie die Wärme der Sonne auf der Haut.«
  Oder:
- »Der salzige Geruch einer leichten Meeresbrise wird von den meisten Menschen als angenehm empfunden« *(Auslösung ideosensorischer Prozesse).*
- »Man empfindet zumeist Ärger, wenn man etwas, was man erreichen wollte, nicht erreicht.«
- »Wenn wir über eine unangenehme Erfahrung berichten, schauen wir dabei den anderen sehr ernst an« *(Auslösung ideoaffektiver Prozesse).*
- »Wir wissen, dass wir täglich im Schlaf träumen; doch wissen wir davon nur ab und zu etwas.«
- »Wenn wir aufwachen, vergessen wir einen Traum schnell« *(Auslösung ideokognitiver Prozesse).*

Vage zeitliche Angaben

Hypnotische Reaktionen treten häufig verzögert auf. Um dem gerecht zu werden, verwendet der Therapeut zumeist vage zeitliche Angaben. Zum Beipiel:

- »Früher oder später wird sich Ihre Hand heben« (werden sich Ihre Augen schließen).
- »Ihre Kopfschmerzen können jetzt vergehen, sobald Ihr Organismus dazu bereit ist.«

Nicht-Wissen und Nicht-Tun

Die Trance soll Umstände herbeiführen, die es gestatten, dass der Klient es so erlebt, als fänden die konstruktiven psychischen Prozesse gleichsam wie von selbst und ohne seine Anstrengung statt. Nicht-Wissen und Nicht-Tun kennzeichnen die unbewusste oder autonome Reaktionsbereitschaft. Zum Beispiel:

- »Sie wissen noch nicht, wie Ihnen Ihr Unbewusstes helfen wird, dieses Problem zu lösen, aber Ihr bewusster Verstand kann für eine Antwort empfänglich sein, wenn sie kommt.«
- »Sie wissen vielleicht nicht, welche Hand sich zuerst erheben wird.«

Fragen, die neue Reaktionsmöglichkeiten fördern
Nach den Untersuchungen Sternbergs kann man annehmen, dass das menschliche Gehirn, wenn ihm eine Frage gestellt wird, fortfährt, das gesamte Gedächtnissystem auf einer unbewussten Ebene gründlich zu durchsuchen (Sternberg 1975, 1-32). Dieser Suchvorgang findet selbst dann statt, wenn auf bewusster Ebene eine scheinbar befriedigende Antwort gefunden wurde.

In der Hypnotherapie wird vor allem durch die indirekte Methode die unbewusste Suche und Aktivierung mentaler Prozesse nutzbar gemacht. Es ist schon seit längerer Zeit bekannt, dass in den Wach- und Schlafträumen ein ›experimentelles Theater der Seele‹ stattfindet, in dem Fragen beantwortet und neue Lebensmöglichkeiten erschlossen werden können.

Die zusammengesetzte Suggestion

In der Hypnotherapie spielen fünf Kategorien zusammengesetzter Suggestion eine besondere Rolle:
- Ja-Haltung und Verstärkung,
- kontingente Suggestionen und Assoziationsnetze,
- Nebeneinanderstellen von Gegensätzen,
- die Verneinung,
- Überraschen und Schockieren.

Die Ja-Haltung und Verstärkung
Hier besteht eine Verbindung zu einer unbezweifelbaren und angenehmen Tatsache mit der Suggestion einer wünschenswerten Möglichkeit. Zum Beispiel:

»Das ist ein ruhiger Tag. Da können Sie sich gut auf die folgende Übung konzentrieren.«

Wenn die positive und motivierende Assoziation der Suggestion folgt, dann wirkt sie als Verstärkung. Zum Beispiel:

»Sie können sich sehr gut auf die folgende Übung konzentrieren, es ist ein ruhiger Tag.«

Kontingente Suggestion und Assoziationsnetze
Hier wird die Suggestion mit einem tatsächlichen oder unvermeidlichen Verhaltensmuster verbunden.«Eine hypnotische Suggestion, die einem Patienten Schwierigkeiten macht, wird leichter, wenn sie mit Verhalten verbunden wird, das ihm vertraut ist. Die hypnotische Suggestion wird von den natürlichen und spontanen Reaktionen, die durchaus im normalen Verhaltensrepertoire des Patienten liegen, ›Huckepack‹ genommen« (Erickson, Rossi, 1981, 54). Zum Beispiel:

- »Während Sie hier sitzen, werden Sie immer entspannter und fühlen sich immer wohler.«
- »Sobald Ihr Bewusstsein eine einleuchtende und weiterführende Lösung erkennt, wird sich Ihr rechter Finger unwillkürlich anheben.«

Nebeneinanderstellungen von Gegensätzen
Unser Leben und unsere Aktivität werden sowohl im physiologischen als auch im psychologischen Bereich durch die Wechselwirkung gegensätzlicher Prozesse bestimmt, beispielsweise durch Funktionen des sympathischen und des parasympatischen Systems, durch Funktionen der rechten und linken Gehirnhemisphäre, durch kortikale versus subkortikale Prozesse. Solche widerstreitenden Prozesse sind für die Therapie sehr wichtig. Der Klient

lernt, beide Seiten zu aktivieren und ihre Dynamik integrativ für Heilungsprozesse einzusetzen. Zum Beispiel:

- »Während Sie Ihre Faust immer fester anspannen, entspannt sich Ihr ganzer Körper.«
- »Während Ihre Stirn kühler wird, werden Ihre beiden Hände wärmer.«
- »Während Sie sich an ... erinnern, erleben Sie nun eine Ausgewogenheit des Denkens und Fühlens in Bezug auf den ganzen Bereich.«

Die Verneinung

Menschen, die zu negativen Reaktionen oder zu Widerstand neigen, haben in der Vergangenheit häufig das Gefühl gehabt, zu sehr unter Druck gesetzt worden zu sein. Sie wollen sich daher jetzt mit aller Macht durchsetzen. Sie lehnen Gängelung ab und tun häufig das Gegenteil dessen, was andere ihrer Meinung nach wollen.

Wir brauchen die Widerstandstendenz aber nicht nur aus der sozialen Vergangenheitsgeschichte einer Person abzuleiten. Die Opposition, die Tendenz, etwas anders zu machen, lässt sich auch auf die dem Menschen eigene Variationstendenz zurückführen. So haben Woodworth und Schlosberg (1975) aufgrund experimenteller Untersuchungen das Konzept der reaktiven Hemmung entwickelt: Wiederholtes Durchführen einer Aufgabe oder die Lösung bestimmter ähnlich gelagerter Probleme führen dazu, dass eine Person immer weniger bereit ist weiterzumachen. Sie schlägt andere Richtungen ein und zieht alternative Verhaltensmuster vor. Bisheriges Verhalten wird zugunsten neuer Muster gehemmt. Dies ist offenbar eine Anpassungsfunktion, aufgrund derer neue Möglichkeiten gegeben sind.

In der Hypnotherapie zeigt Erickson, dass das bloße Aussprechen einer Verneinung oft als Blitzableiter dient, um Hemmungen und Widerstände, die der Klient aufgebaut hat, automatisch abzubauen. Zum Beispiel:

- »Und Sie können das oder nicht?«
- »Sie können nicht damit aufhören, richtig?«
- »Warum sollten Sie das nicht einfach geschehen lassen?«
- »Sie brauchen nicht in Trance zu gehen, bis Sie wirklich dazu bereit sind.«
- »Sie werden das nicht tun, bis Ihr Unbewusstes dazu bereit ist.«

Überraschen und Schockieren
Überrascht oder schockiert zu werden kann bei einer Person bewusste Haltungen außer Kraft setzen, wobei eine momentane Bewusstseinslücke entsteht, die durch eine geeignete Suggestion gefüllt werden kann.

Der Therapeut spricht zum Beispiel ein (aus der Sichtweise des Klienten) heikles Thema an, etwa Sexualität, und fragt dann:

- »Warum erröten Sie?«
- »Warum schauen Sie so verlegen?«

Er kann dabei auch ausgesprochene Vulgärausdrücke wie zum Beispiel Bumsen verwenden.

Die indirekte posthypnotische Suggestion

Früher stellte man sich die Trance – gemäß der Tabula-rasa-Theorie – als einen Zustand der Bewusstseinsleere vor, in der der Betreffende leicht zu programmieren war. Auf diesem Hintergrund nahm die posthypnotische Suggestion gewöhnlich folgende Form an: »Wenn Sie aus der Trance erwachen, werden Sie ... tun (oder ... erleben)«.

Wir wissen aber heute, dass der Mensch kein unbeschriebenes Blatt ist. Deshalb bedient sich der Hypnotherapeut nun der indirekten posthypnotischen Suggestion, bei der Assoziationsnetze mit unvermeidlichen Verhaltensmustern verknüpft werden, die der Klient in Zukunft an sich erfahren wird. Zum Beispiel:

- »Kurz nachdem Sie aufwachen, werden sich Ihre Augen öffnen. Sie werden sich frisch und ermutigt fühlen. Und ich werde Ihnen den Zusammenhang von Befürchtungsgedanken und Inaktivität noch einmal an einem Beispiel erklären.«

»Diese unvermeidlichen Verhaltensmuster fungieren als Auslöser oder Vehikel für die Ausführung der posthypnotischen Suggestion. Die eigenen Assoziationen, die Lebenserfahrung, die Persönlichkeitsdynamik und die Zukunftsaussichten des Patienten werden alle dazu benutzt, um die posthypnotische Suggestion in die natürliche Lebensstruktur des Patienten einzubauen« (Erickson, Rossi 1981, 117).

Eine indirekte posthypnotische Suggestion ist somit immer dann möglich, wenn der Hypnotherapeut im Moment der besonderen Aufmerksamkeit, Aufgeschlossenheit und Empfänglichkeit seitens des Klienten eine Vorstellung oder Idee darstellt, die später vom Klienten in Verhalten transformiert werden kann.

Aktives Lernen im Trancezustand

Die therapeutische Trance ist ein Zustand aktiven Lernens auf einer unbewussten Ebene. Es taucht die Frage auf, ob es sich hier tatsächlich um Lernen oder nur um automatisches Befolgen von Instruktionen handelt. Die Frage kann nur vom Ergebnis her beantwortet werden, nämlich vom Gewinn neuer Reaktionsmöglichkeiten und ihrer Verankerung in der Persönlichkeitsdynamik, das heißt ihrer Dauerhaftigkeit. Es gibt vielfache Beweise dafür, dass in der Imaginations- und Hypnotherapie auf dem mehr unbewussten Kanal in vollem Sinne gelernt wurde, so dass bleibende Persönlichkeitsveränderungen im Sinne von Heilung zustande kamen.

Erickson hebt *fünf Merkmale der therapeutischen Trance* hervor:

- Trance als innerlich gelenkter Zustand,
- Trance als hochmotivierter Zustand,
- Trance als aktives unbewusstes Lernen,
- Trance als veränderter Zustand des Funktionierens,
- Trance als subjektives Erlebnis.

Trance als innerlich gelenkter Zustand

Es werden in diesem Zustand die vielen Brennpunkte der Aufmerksamkeit, die für unser Alltagsbewusstsein so typisch sind, auf begrenzte innere Vorgänge reduziert.

Trance als hochmotivierter Zustand

Bei der Herstellung der Trance bedient sich der Therapeut der sich offenkundig zeigenden Heilungsmotivation, die beim Klienten besonders durch seinen Leidensdruck angeregt ist.

Trance als aktives unbewusstes Lernen

Klienten haben Probleme wegen ihrer gelernten Begrenzungen, Einschränkungen, Hemmungen, selbstschädigenden Einstellungen und Vorstellungen. In der Trance werden diese Barrieren durchbrochen und abgebaut, so dass neues Lernen auf autonom-unbewusster Ebene stattfinden kann.

Trance als veränderter Zustand des Funktionierens

Die Frage, die sich hier stellt, lautet: Kommt der Lern- oder Heilungseffekt durch die motivierte Situation zustande, in der der Klient den Instruktionen des Therapeuten so gut wie möglich folgt? Oder beruht er eher auf einem veränderten Bewusstseinszustand?

Erickson stützt sich auf Untersuchungsbefunde von Fisher, der die Zustandstheorie des Lernens und Erinnerns vertritt. So lernte eine Gruppe von Versuchspersonen, während sie leicht angetrunken war, sinnlose Silben. Bei späterer Gelegenheit zeigte sich, dass sie sich an die Silben besser in angetrunkenem Zustand erinnern konnte.

Ähnlich erging es Studenten, die ihre Prüfung im gleichen Hörsaal, in dem sie zuvor Vorlesungen hörten, besser ablegen konnten. Also spielt auch der Ort beim Konzept des förderlichen Zustands eine Rolle.

Nach Fisher geht Erinnerung besser vor sich, wenn die Menschen in demselben Zustand sind, in dem sie waren, als sie dem Lernen ausgesetzt waren (Fisher 1971, 897-904).

Trance als subjektives Erlebnis

Neben den persönlichkeits- und lebensgeschichtlich bedingten Erlebnisvariationen berichten die Klienten durchgängig von einer Grunderfahrung der Trance:

> Erleben und Verhalten scheinen *wie von selbst* zu geschehen.

Erickson spricht von *Ansätzen* zur Hypnose-Induktion und nicht von Techniken. Damit will er darauf hinweisen, dass es sich bei seinem Vorgehen nicht um ein mechanisch-starres Verfahren handelt. Vielmehr möchte er an die individuellen Lebenserfahrungen des Klienten mit dessen pathischen Erlebnissen des Musikhörens, Wachträumens usw. anknüpfen. Er drängt dem Klienten nichts auf und akzeptiert jede Reaktion des Klienten als angemessen.

Die Hypnotherapie intensiviert mit Hilfe der Trance die therapeutische Beziehung und richtet die Aufmerksamkeit des Klienten auf ein paar innere Realitäten. Über hypnotische Suggestionen werden geistige Prozesse des Klienten evoziert und utilarisiert (nutzbar gemacht), und zwar auf Wegen, die außerhalb des Spielraums absichtlicher oder willkürlicher Kontrolle liegen. Erickson betont, dass diese geistigen Prozesse angeregt und, wie das Wort

›evozieren‹ andeutet, im Klienten hervorgelockt werden. Sie sind als Potentiale in ihm vorhanden, jedoch nicht in Erscheinung getreten und daher nicht wirksam. Dem Klienten wird also nichts Ich-Fremdes aufgedrängt.

Der Begriff ›Utilisation‹ hat aber bei Erickson noch eine andere Funktion. Er verweist auch auf die Einbeziehung, Akzeptanz und Nutzbarmachung der speziellen Schwierigkeiten und Störsymptome des Klienten. Gemeint sind sein manifestes Verhalten, sein Leidensdruck, seine Stressreaktionen und seine innere Realität (Gedanken, Einstellungen, Vorstellungen, Gefühlsregungen, Affekte, Verwirrungen und Lebenserfahrungen). Erickson betrachtet alle diese Symptome als Zeichen spontaner, wenn auch unzureichender oder fehlorientierter Lebensbewältigung.

Die Suggestibilität, die bei der klassischen Hypnose eine wichtige Rolle spielt, wird in der Hypnotherapie nicht als wesentliches Merkmal der Trance angesehen.

Methoden der Hypnotherapie

Ziel der Hypnotherapie ist es, das Verhalten des Klienten und seine Selbst- und Fremdwahrnehmung zu ändern, den Erfahrungskreis des Klienten auszuweiten und ihn mit neuen Wegen des Denkens, Fühlens und Verhaltens vertraut zu machen.

Um dieses Ziel zu erreichen, bedient sich der Therapeut unter anderem einer Reihe von Methoden, die die Hypnotherapie kennzeichnen, zum Beispiel:

- Herbeiführen paradoxer Situationen,
- Hilfestellung zur Überwindung von Widerständen,
- Anbieten von Alternativen,
- spezielles Zuschneiden der Suggestionen auf den Klienten,
- Hinführen des Klienten zur Ja-Haltung,
- den Klienten als Urheber seiner Veränderung erweisen,
- Anbahnen des Vertrauens in das Unbewusste.

Herbeiführen paradoxer Situationen

Der Therapeut will, dass der Klient eine spontane Veränderung seines Verhaltens erreicht. Einerseits sagt er: »Tun Sie das, was ich sage«, und zugleich gibt er ihm die Botschaft: »Tun Sie nicht, was ich sage, verhalten Sie sich spontan.«

Der Klient wird in eine paradoxe Situation versetzt und macht eine Veränderung durch.

Der Therapeut weist den Klienten an, etwas willentlich zu tun, zum Beispiel:

- seinen Blick auf einen Punkt zu richten,
- in einer gewissen Stellung zu sitzen,
- an ein Bild zu denken,

und dann weist er ihn an und erwartet von ihm, mit unabsichtlich spontanem Verhalten zu reagieren wie

- die Hand hebt sich – die Augenlider schließen sich.

Der Klient soll einerseits Direktiven befolgen, andererseits gleichzeitig selbständige Entscheidungen treffen und neue Wege beschreiten. Der Klient steckt zumeist in einer ähnlich paradoxen Situation. Er hat ein Symptom und bringt zum Ausdruck, dass sein Verhalten sich spontan entwickelt habe und er sich selbst nicht helfen oder sein Verhalten nicht ändern könne.

Hilfestellung zur Überwindung von Widerständen

Es ist wichtig, dass der Klient den Widerstand überwinden, Kontakt mit seinem Unbewussten aufnehmen und dieses in produktiver Weise arbeiten lassen kann. Dazu ist zunächst erforderlich, dass der Klient sein Symptom annimmt und dadurch mit seiner Spontaneität (dem Unbewussten) Kontakt aufnimmt.

In der Therapie fordert der Therapeut zum Beispiel den Klienten auf, seine Hand auf die Armlehne des Stuhles zu legen. Ihm wird dann gesagt, die Hand würde leicht werden und sich heben. Der Klient lässt dies vielleicht nicht zu, dass sie sich hebt. Sie wird schwerer. Die Kunst des Therapeuten zeigt sich darin, wie er mit diesem Widerstand fertig wird. Er nimmt das Verhalten des Klienten an und akzeptiert es: »Das ist gut. Ihre Hand wird noch schwerer werden.« Der Versuch des Klienten, Widerstand zu leisten, wird als kooperatives Verhalten definiert, das heißt, es wird hier umgedeutet. Alles, was der Klient tut, wird als Kooperation bezeichnet. Kooperiert er erst einmal, kann er zu neuem Verhalten gelenkt werden.

Anbieten von Alternativen

Diese Wahl wird oft durch Vorsicht diktiert, denn der Klient ist noch nicht zur rückhaltlosen Kooperation bereit. Der Therapeut reicht ihm den kleinen Finger in der Erwartung, seine ganze Hand zu fassen. Zum Beispiel:

> »Möchten Sie jetzt oder später in Trance versetzt werden?«

Hier vermeidet der Therapeut die Diskussion darüber, ob der Klient in Trance versetzt werden will oder nicht. Der Therapeut lässt ihm einen Ausweg offen. Antwortet der Klient: »Später«, so kann dies als »bald danach« verstanden werden. Oder der Therapeut sagt:

> »Sie können zwischen leichter und tiefer Trance wählen.«

Wählt der Klient die leichte Trance, dann hat der Therapeut ihn bereits für die Kooperation gewonnen.

Spezielles Zuschneiden der Suggestionen auf den Klienten

Die Suggestionen des Therapeuten werden sorgfältig formuliert und dabei dem Verständnis des Klienten angepasst. So kann beispielsweise ein Klient mit Kopfschmerzen vom Therapeuten zwei Versionen hören:

- »Das Kopfweh (oder ein bestimmtes Problem) wird in Kürze (nach einiger Zeit) weggehen.« (Es kann sich um ein paar Minuten, Stunden oder sogar Tage handeln.)
- »Ihre Kopfschmerzen (oder irgendein Problem) werden verschwinden, sobald Ihr System bereit ist, sie gehen zu lassen. Wahrscheinlich wird es geschehen, sobald Sie dazu bereit sind. Wir werden dem Unbewussten erlauben, so viel Zeit wie nötig zu brauchen, um es geschehen zu lassen.«

Hinführen des Klienten zur Ja-Haltung

Wichtig bei der therapeutischen Trance ist, dass man den Klienten zu einer Ja-Haltung führt. Der Therapeut äußert einige Tatsachen, denen der Klient nur zustimmen kann. Zum Beispiel:

»Wenn Sie schlafen, können Sie träumen. In diesen Träumen können Sie hören, sehen und sich bewegen; Sie haben alle möglichen Erlebnisse.«

Den Klienten als Urheber seiner Veränderung erweisen

Der Klient sollte wissen, dass er die Hauptarbeit zu leisten hat, er also die *wichtigste Person* ist. Ihm wird vom Therapeuten die Verantwortung für seine Veränderung übergeben. Dazu genügt ein kurzer Hinweis:

»Nicht ich bin die wichtigste Person, Sie sind es. Ich bin nur Ihr Lernbeistand. Lernen aber müssen Sie.«

Anbahnen des Vertrauens in das Unbewusste

In vielen Redewendungen wird der Klient zum Vertrauen auf sein Unbewusstes geführt. Das Unbewusste ist aufrichtig. Sobald der Klient diese Aufrichtigkeit spürt, entwickelt sich sein Vertrauen. Zum Beispiel:

- »Es gibt viele verschiedene Arten, wie das Unbewusste das Bewusste umgehen kann, ohne dass das Bewusste weiß, dass es gerade ein Geschenk bekommen hat.«
- »Entspannen Sie sich. Bevor Sie in Trance gehen, sollten Sie sich behaglich fühlen. Sie gehen in Trance, um etwas Wichtiges herauszufinden. Ich weiß nicht, wie sich Ihr Verhalten ändern wird.«

Die therapeutischen Bindungen und Doppelbindungen

Mit ›Bindung‹ und ›Doppelbindung‹ werden Formen der Suggestion beschrieben, die dem Klienten die Möglichkeit bieten, sein Verhalten in einer therapeutischen Richtung zu strukturieren. »Therapeutische Bindungen sind taktvolle Darbietungen möglicher alternativer Formen konstruktiven Verhaltens, die für den Patienten in einer gegebenen Situation verfügbar sind ...; der Patient fühlt sich jedoch gewöhnlich verpflichtet, eine Alternative zu akzeptieren. Doppelbindungen dagegen bieten Verhaltensmöglichkeiten, welche außerhalb der gewöhnlichen Reichweite der bewussten Wahl und Kontrolle des Patienten stehen« (Erickson, Rossi und Rossi 1978, 82f).

Wir können auf zwei Ebenen kommunizieren: Wir sagen etwas (primäre Kommunikation) und kommentieren gleichzeitig das, was wir sagen (sekundäre Kommunikation). Dabei können wir das, was wir in einer primären Kommunikation aussagen, in der sekundären Kommunikation in einen anderen Bezugsrahmen stellen und dadurch umstrukturieren (Metakommunikation). Die Doppelbindung entsteht also aus der Möglichkeit, miteinander auf verschiedenen Ebenen kommunizieren zu können.

Der Klient wird beispielsweise aufgefordert, die Hand nach oben gehen zu lassen und diesen Vorgang in einer unwillentlichen Weise zu erleben. Oder der Klient wird gebeten, eine Wärmeempfindung zu erleben, aber – wie normalerweise üblich – diese Erfahrung anzusehen, als ob sie außerhalb der normalen Reichweite der Selbstkontrolle liege. Der Klient muss daher zulassen, dass sich die Wärme auf einer unwillentlichen Ebene entwickelt.

Solche bewusst-unbewussten Doppelbindungen stellen also bewusste Intentionalität und sich schlicht ereignende Lebensvollzüge in eine Bindung. Diese zielt darauf ab, ihre willentlich bewusste Steuerung außer Kraft zu setzen, worauf unbewusste Potentiale jetzt eine Gelegenheit haben durchzudringen. Die Metakommunikation kann die primäre verbale Botschaft auch nonverbal kommentieren, das heißt durch Mienen, Gesten, Gebärden und den zweifelnden Tonfall der Stimme.

Durch Doppelbindungen mit ihren widersprüchlichen Botschaften gerät der Klient in eine Zwickmühle, in der der sonst glatt verlaufende Bewusstseinsstrom unterbrochen und blockiert wird. Die Wahl oder Suche nach einem Lösungsweg wird auf die unbewusste Ebene der ›glücklichen Einfälle‹ verlagert.

Dieser Methode bedient sich auch der Zen-Buddhismus mit seinen Kôans (Problemfragen), die darauf gerichtet sind, die übliche auf Vernunft beruhende Denkweise zu entmachten und den Schüler für eine ›Erleuchtung‹ reif zu machen:

Meister: »Wenn man mit beiden Händen klatscht, hört man einen Ton. Welches ist der Ton der einen Hand?«

Der Schüler antwortet beispielhaft: Er stellt sich seinem Meister gegenüber, nimmt eine korrekte Haltung an und streckt wortlos eine Hand nach vorn (Hoffmann 1978).

Erickson bedient sich in seiner Hypnotherapie verschiedener Doppelbindungen, sei es mittels einer Frage, mittels Angaben von unterschiedlichen Zeitabläufen, mittels der Unterscheidung bewusst – unbewusst usw.

Es wird hier nur die Doppel-Dissoziations-Doppelbindung angeführt, die besonders darauf abzielt, das Bewusste des Klienten zu verwirren und seine gewöhnlichen Haltungen, Vorurteile und gelernten Begrenzungen zu entmachten. Zum Beispiel:

- »Sie können als Person erwachen, aber Sie brauchen nicht als Körper zu erwachen.«

(Pause)

- »Sie können erwachen, wenn Ihr Körper aufwacht, aber ohne Ihren Körper zu beachten.«

Die Symptomauflösung

Erickson geht in seinen Veröffentlichungen (bedauerlicherweise) nur auf wenige Störsymptome und ihre Behebung genauer ein. Anhand von Fallbesprechungen erörtert er seine Vorgehensweise, zum Beispiel bei Phobien (Klaustrophobie, Flugphobie), psychosomatischen Beschwerden wie übermäßiges Schwitzen der Hände, Jucken, Asthma, Anorexia nervosa, ferner bei sexuellen Problemen, aber auch bei Depressionen. Ihm kommt es bei der Besprechung dieser Fälle vor allem darauf an, die jeweils verschiedenen Ansätze und Akzente seines Vorgehens zu zeigen und zu erläutern. Dabei kommen immer wieder die schon dargestellten therapeutischen Linien in variierender Verknüpfung zur Sprache.

»Ericksons gewichtiger Beitrag auf diesem Gebiet ist die Entdeckung, dass die Förderung emotionaler Einsicht zwar gewöhnlich eine sehr wünschenswerte Methode zur Lösung psychosomatischer Probleme ist, dass sie jedoch keinesfalls den einzigen Weg darstellt. Er hat die Möglichkeiten entwickelt, wie symptomatisches Verhalten ›direkt auf einer unbewussten Ebene‹ gelöst werden kann« (Erickson und Rossi 1981, 181).

Ohne auf Details einzugehen, sollen abschließend die fünf Stufen des Herangehens an symptomatisches Verhalten skizziert werden:

Erste Stufe: Herstellung eines Kontaktes zum Klienten und Fokussierung der Aufmerksamkeit in einen therapeutischen Bezugsrahmen.

Zweite Stufe: Demonstration anhand des Erlebens des Klienten, wie sein Unbewusstes sein Verhalten kontrolliert.

Dritte Stufe: Benutzung indirekter Formen von Suggestion, um auf einer unbewussten Ebene Suchvorgänge und Prozesse zu evozieren, die eine Veränderung in der Dynamik der Symptombildung auslösen können.

Vierte Stufe: Demonstration der resultierenden therapeutischen Veränderung durch den Therapeuten anhand ideomotorischer Signale oder/und anhand der offensichtlichen Befreiung des Klienten von seinem symptomatischen Verhalten.

Fünfte Stufe: Der Therapeut gibt dem Klienten Gelegenheit, die Signifikanz der psychodynamischen Einsichten hinsichtlich des Ursprungs und der Bedeutung des Symptoms, die sich zu diesem Zeitpunkt häufig spontan einstellen, voll zu erkennen und zu würdigen. Gedanken und Haltungen, die eine allgemeine Steigerung und Stärkung der Selbstsicherheit, der Leistungs- und Kommunikationsfähigkeit bekunden, werden exploriert und integriert.

Erickson ist therapeutischer Pragmatiker und als solcher hat er keine besondere Neigung, die von ihm ermittelten Befunde genauer auf psychologische oder/und psychophysiologische Bedingungszusammenhänge zurückzuführen und von diesen Zusammenhängen abzuleiten. Wir vermissen eine *Theorie der Trance,* von der her ihre heilungsfördernde Wirkung erklärbar wäre – in allgemeiner und spezifischer, das heißt auf die je spezielle Symptomatik bezogene Hinsicht. Erickson begnügt sich mit dem Hinweis, dass das Unbewusste, wenn es von den Begrenzungen und Einschränkungen des Bewusstseins durch die Trance befreit wird, schon den richtigen Weg zum Aufspüren und Beheben der Störursachen von selbst findet.

Hypnotherapie und Kognitive Verhaltenstherapie: Unterschiede und Übereinstimmungen

Das Unbewusste wird in der Hypnotherapie als ein Bereich angesehen, der zum Teil aufgrund der vielfältig gespeicherten Erfahrungen ein Reservoir von Wachstums- und Heilungskräften enthält. Probleme entstehen vor allem dadurch, dass der Klient die bewusste Programmierung seiner Fähigkeiten ernstlich begrenzt hat. Es ist für das hypnotherapeutische Vorgehen daher wichtig, dass der Klient die Beschränkung seiner bewussten Haltung durchbricht, um sein unbewusstes Potential für die Lösung seiner Probleme zu erreichen. So kennen beispielsweise manche Klienten ihren eigenen Körper nicht. Ihre Fähigkeit, ihn zu sehen, ist vom üblichen sozialen Kontext abgespalten.

Die Konzentration auf das Unbewusste soll bewirken, dass das Bewusste mit dem Unbewussten zusammenarbeitet. Das Bewusste soll an das Unbewusste angeschlossen werden. Bei der Konzentration wird die bewusste Aufmerksamkeit gesammelt und diese Energie wird an das Unbewusste weitergeleitet, so dass bezüglich der Fehlerorientierungen die Auslösermechanismen des Unbewussten freigesetzt werden und zur Wirkung kommen.

Erickson ist der Auffassung, dass das Unbewusste der Natur mit ihren Wachstumskräften entspreche. Er scheint der Auffassung von Rousseau zu sein, dass alles Gute von der Natur komme und erst unter den Händen des intellektuell orientierten Menschen entarte. Eine ähnliche Sichtweise äußert auch Montaigne: »Der Arzt bucht den Erfolg für das, was die Natur heilt.« Genauer besehen werden unter Natur die biopsychischen Selbstheilungskräfte verstanden.

Nach der *Theorie der Kognitiven Verhaltenstherapie* ist die scharfe Trennung von ›unbewusst-bewusst‹ kaum aufrechtzuerhalten. Wir sollten uns die damit bezeichneten Phänomene eher auf einem Kontinuum vorstellen, etwa in folgender Weise:

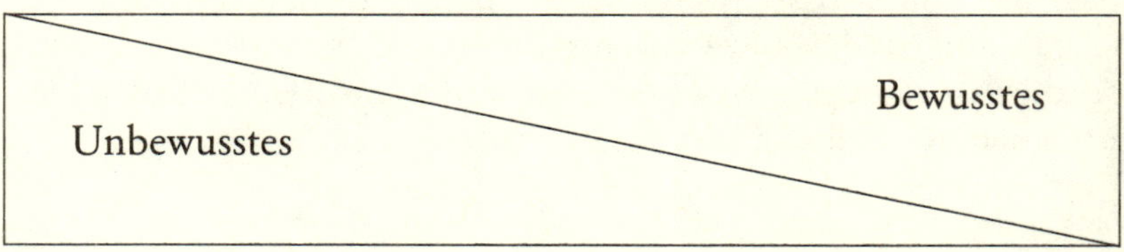

Wie Freud, so ordnet auch Erickson das Bewusste und Unbewusste zwei getrennten Systemen zu. Freud sah im Unbewussten vorzugsweise irrational-negative Kräfte. Seine Therapiemethode war auf dem Misstrauen gegenüber allem aufgebaut, das sich außerhalb der rationalen Bewusstheit befindet. Nach Erickson enthält das Unbewusste vorzugsweise positiv-lebensfördernde Kräfte. Er hält deshalb den Klienten an, auf sein Unbewusstes zu vertrauen; denn das Unbewusste wisse und tue das, was für ihn am besten sei.

Die Kognitive Verhaltenstherapie vertritt die Auffassung, dass es in *beiden* Bereichen sowohl positive als auch negative Kräfte gibt. Dabei ist auch noch zu bedenken, dass Symptome nicht nur negativ zu sehen sind. Sie sind zumeist anfangs bewusst praktizierte Verhaltensweisen der Lebensbewältigung von einem unmittelbaren Hier-und-Jetzt-Nutzen. Im Laufe der Zeit werden diese Verhaltensweisen – wie alles Gelernte – zu mehr verallgemeinerten Einstellungen und Haltungen oder Reaktionsbereitschaften des Unbewussten.

Erickson betont an mehreren Stellen, dass nach Auflösung der unbewusst verankerten selbstschädigenden Tendenzen dem Klienten diese Befreiung bewusst wird und er die erfahrenen positiven Aspekte der Lebensbewältigung in seine Lebensvollzüge integriert.

Sowohl hinsichtlich der therapeutischen Ziele und Grundannahmen als auch hinsichtlich einzelner therapeutischer Vorgehensweisen bestehen zwischen *Hypnotherapie* und *Kognitiver Verhaltenstherapie* folgende *Übereinstimmungen*:

- Beide Therapien sind im Gegensatz zur Psychoanalyse und Gesprächspsychotherapie ›strategische Therapien‹. Das bedeutet, der Therapeut lenkt während der Therapie das Geschehen und arbeitet für jedes Problem eine besondere Methode aus. Er fokussiert ein Problem, setzt Ziele, plant Interventionen, um das Ziel zu erreichen. Er untersucht die Reaktionen, die er erhält, um seinen Ansatz zu korrigieren und prüft letztlich das Resultat seiner Therapie, um festzustellen, ob sie erfolgreich war. Er übernimmt also auch die Verantwortung für den Verlauf und den Erfolg der Therapie.

- Beide Therapieformen haben die gleichen Ziele: die Selbst- und Fremdwahrnehmung sowie das Verhalten zu verändern und den Erfahrungskreis der Klienten auszuweiten, das heißt, sie mit neuen Wegen des Denkens, Fühlens und Verhaltens vertraut zu machen und ihnen eine Vielfalt und Erweiterung ihrer Fähigkeiten zu vermitteln.

- Von Einsicht in Genese und Auswirkung von psychischen Schwierigkeiten halten beide Therapien nicht viel, da sich Veränderung nicht automatisch aus Verständnis entwickelt. Hierzu noch eine Bemerkung von Haley: »Die meisten Psychiater verhelfen dem Patienten zu einer größeren Selbsterkenntnis, aber sie versäumen es, ihm bewusst zu machen, was er *tun* kann. Es ist völlig irrelevant herauszufinden, *weshalb* ein Mensch das oder jenes tut. Betrachten Sie das Leben zufriedener, ausgeglichener Menschen, werden Sie feststellen, dass es selten Leute sind, die sich mit Analyse ihrer Kindheit und der Beziehung zu ihren Eltern befassen.« (Haley 1978, 249)

- Sowohl die Kognitive Verhaltenstherapie als auch die Hypnotherapie betonen die Bedeutung der Selbstheilungskräfte der Klienten, die sie – wenn auch auf verschiedenen Wegen – mobilisieren: die Kognitive Verhaltenstherapie in ihrer neueren Entwicklung über die Imagination in ihrer gezielten Wirkung auf das Immunsystem, die Hypnotherapie in ihrer gezielten Tranceinduktion auf das Unbewusste. Dabei leitet aber auch Erickson oft den Klienten an, sich imaginativ in eine andere Situation zu versetzen. Er spricht beispielsweise das Bewusstsein des Klienten mit folgender Bemerkung an: »Ihr Bewusstsein muss nicht auf den Therapieraum konzentriert sein.« Damit erlaubt er dem Bewusstsein, sich auf die innere Wirklichkeit zurückzuziehen. Dieser Aspekt kommt besonders auch in den meditativen Formen der Kognitiven Verhaltenstherapie zur Geltung.

- Die Wertschätzung des Bewusstseins kommt zwischendurch auch bei der Hypnotherapie zur Sprache, etwa in dem Satz von Erickson: »Es ist eine wunderbare Sache, seine Psyche bewusst und unbewusst gebrauchen zu können« (Erickson, Rossi und Rossi 1978, 213).

Kapitel VII: Das Gewebe der erweiterten Wirklichkeit

Auf den ersten Blick scheint im Folgenden ein völlig neues Thema angerissen zu werden, dessen Zusammenhang zunächst nicht recht deutlich wird. Gehen wir aber dennoch über die Grenzen der Psychologie und Psychoneuroimmunologie hinaus, weil das Ich in ein umfassenderes Bewusstsein eingebettet zu sein scheint, an dem wir partizipieren. Zwischen Ich-Bewusstsein und umfassenderem Bewusstsein besteht eine Osmose. Der persönliche Geist (das Ich-Bewusstsein) ist ein Subsystem des größeren Systems, des allumfassenden GEISTES.

Unter diesem Blickwinkel möchte ich dem Leser – in Fortsetzung der einleitenden Bemerkungen zum GEIST oder ›kosmischen Bewusstsein‹ – in einem kurzen Exkurs weitere Aspekte der Grenzenlosigkeit des GEISTES vorstellen, die ein holistisches, ganzheitliches Weltbild implizieren.

So wie der Psychoneuroimmunologie der Nachweis gelungen ist, dass sich Bewusstsein nicht nur im Gehirn abspielt, sondern Bewusstsein im ganzen Körper stattfindet, so möchte ich versuchen zu dokumentieren, dass alles Eins und Eins Alles ist.

Alles scheint im Zusammenhang mit dem ›kosmischen Bewusstsein‹ zu stehen. Auf diesem Hintergrund stelle ich zunächst als Grenzbereich psychischer Erfahrung die Nah-Todeserfahrungen und deren Erklärungsversuche vor, nach denen im Sterbeerlebnis wohl eine Art Abspaltung des persönlichen Geistes vom materiellen Körper stattfindet.

Da wir Wirklichkeit nicht nur auf die begrenzten Beschreibungen unseres kausalen Denkens und bewusster Konstrukte begrenzen können, werde ich sodann in einem Abriss Zusammenhänge und Aussagen der theoretischen Physik und der Parapsychologie aufzeigen, um schließlich bei Hypothesen über holographische Phänomene, über ein holistisches Weltbild zu verweilen.

Schließlich wird noch ein Exkurs in die diesbezügliche Geschichte der Wissenschaften vorgenommen, um letztendlich bei den drei Erkenntniswegen anzukommen:

- der empirischen Erkenntnis (sinnlich),
- der rationalen Erkenntnis (geistig) und
- der transzendentalen Erkenntnis (spirituell).

Im ›Ausblick‹ gebe ich dem Leser noch ein paar praktische Empfehlungen für den Alltag.

1. Die Nah-Todeserfahrungen

Bei Nah-Todeserfahrungen gerät der Mensch in einen veränderten Bewusstseinszustand verdichteter Zeit- und Raumerfahrung.

Kenneth Ring, Psychologieprofessor an der Universität Connecticut (USA), hat über viele Jahre Hunderte von Personen befragt, die an der Grenze zum Tod standen und überlebt haben. Sie gaben Auskunft über ihre ›Todeserfahrung‹, bei der sie in eine Art mystisches Bewusstsein eintraten und überwältigende Erfahrungen machten. Da sich die Berichte in vielen Einzelheiten, besonders in dem Kernerlebnis vom Eintauchen in ein Lichtfeld, gleichen, können wir wohl von einer allgemeinen menschlichen Grundeinsicht sprechen, wie auch andere Thanatologen – so beispielsweise der Kardiologe Michael Sabom oder der Psychiater und Psychologieprofessor Raymond A. Moody – darlegen. Diese Gemeinsamkeiten werden durch folgende Erkenntnis gestützt: Ob in den USA, bei uns in Deutschland, im heutigen China oder im alten Ägypten, im alten Griechenland genauso wie im christlichen Mittelalter, im Judentum, Buddhismus, im Islam – stets sind in Nah-Todeserfahrungen universelle Grundelemente enthalten. Es hat den Anschein, als seien sie unabhängig von Kultur und Sprache, also kulturübergreifend. Interkulturelle Unterschiede bezüglich der Ausgestaltung sowie der auftretenden Reihenfolge der Nah-Todes- oder außerkörperlichen Erfahrungen gehen wohl mit der individuellen Ausgestaltung einher.

Ich möchte hier ein Beispiel aus dem Buch von Ring anführen, den Bericht des 41-jährigen Joe Geraci:

Joes Nah-Todeserfahrung fand im Frühjahr 1977 statt. Er hatte nach einer Operation das Hospital bereits wieder verlassen, als er eines Abends zu Hause plötzlich starke Blutungen bekam und schnell ins Krankenhaus gebracht wurde, wo er, laut ärztlichem Befund, zwei bis drei Minuten lang klinisch tot war. Joe glaubt, dass seine Nah-Todeserfahrung während dieser Zeit stattgefunden hat. Später sagte er darüber:

›In diesem Augenblick erlebte ich – erlebte ich, was wir eine Nah-Todeserfahrung nennen. Aber das Gefühl von ›nah‹, ›beinahe‹, hatte ich nicht – alles war voll da.

Es war wie ein totales Eintauchen in Licht, Helligkeit, Wärme, Frieden, Sicherheit. Außerhalb meines Körpers spürte ich überhaupt nichts. Ich sah weder meinen Körper noch sonst jemanden. Ich kam einfach nur plötzlich in dieses wunderbare helle Licht. Es ist schwierig zu beschreiben; eigentlich ist es unmöglich, es zu beschreiben. Nicht mit Worten. Es ist, als würde man selbst dazugehören, als wäre man eins mit diesem Licht. Ich könnte sagen: Ich war Frieden, ich war Liebe. Ich war die Helligkeit, sie war Teil von mir ... Man weiß es einfach. Man ist allwissend – und alles ist ein Teil von einem selbst – es ist – es ist so wunderbar. Wie die Ewigkeit. Als wäre ich schon immer dort gewesen, als würde ich immer dort sein und als wäre mein Dasein auf der Erde nur ein kurzer Augenblick gewesen‹ (Ring 1986, 48f – vgl. auch: Sabom 1983).

Um die Allgemeingültigkeit der Nah-Todeserfahrung in seinem Buch zu untermauern, zitiert Ring den Psychiater Stanley Dean, der schon 1974 seine Theorie des so genannten ›Ultrabewusstseins‹ vorstellte. Der von Dean stammende Terminius ›Ultrabewusstsein‹ ist gleichsam ein Synonym für den älteren Begriff ›kosmisches Bewusstsein‹:

1. *Zuerst wird man sich eines blendenden Lichts bewusst, das sich im Kopf ausbreitet und die Gedanken erfüllt. Im Osten heißt es ›brahmanischer Glanz‹. Walt Whitman spricht von einem unauslöschlichen Licht – ein überwältigendes Licht, unbeschreiblich, sich selbst erleuchtend, jenseits aller Zeichen und Worte. Dante schreibt, dass es fähig sei, ›einen Menschen in einen Gott zu verwandeln ...‹*

2. *Der Betreffende fühlt nichts als unbeschreibliche Freude, Verzückung, Begeisterung, Herrlichkeit, tiefe Ehrfurcht und Bewunderung – er gerät in eine Ekstase, so überwältigend, dass sie einer Art superpsychischem Orgasmus gleichkommt.*

3. *Es findet eine intellektuelle Erleuchtung statt, die sich unmöglich mit Worten fassen lässt. In einem Gedankenblitz wird man sich der Bedeutung des Universums bewusst, identifiziert und vereint sich mit der Schöpfung, der Unendlichkeit und der Unsterblichkeit, die tiefere Bedeutung alles Existierenden wird offenbar – man erkennt Gott ...*

4. *Man ist erfüllt von transzendentaler Liebe und Mitgefühl für alle lebenden Dinge.*

5. *Die Furcht vor dem Tod fällt ab von einem wie ein altes Gewand; physische und psychische Leiden verschwinden, die mentalen Kräfte wachsen, das Leben wird erneuert und verlängert ....*

6. *Es ist ein Loblied auf alle Dinge des Lebens, die Bewunderung seiner Schönheit, die Erkenntnis, wie relativ unwichtig materieller Reichtum ist im Vergleich zu den Kostbarkeiten des Ultrabewussten.*

7. *Es findet eine außerordentliche Intensivierung der intellektuellen Fähigkeiten statt – keine passive Trance, sondern eine Kraft, so stark, dass sie sogar den Lauf der Geschichte beeinflussen kann.*

8. *Es ist wie eine Mission. Und dieses Gefühl ist so bewegend und tief greifend, dass man es nicht für sich allein genießen kann, sondern es mit allen Menschen teilen muss.*

9. *Eine charismatische Veränderung der Persönlichkeit findet statt – eine innere und äußere Ausstrahlung, als würde man mit göttlicher Kraft erfüllt, mit einer magnetischen Kraft, die andere anzieht und inspiriert.*

10. *Es findet, plötzlich oder allmählich, die Entwicklung außerordentlicher psychischer Fähigkeiten statt, Hellsehen, ASW, Telepathie, Präkognition, psychisches Heilen usw.*
    (Ring 1986, 219f – Dean 1975, 3-18).

Deans ›Ultrabewusstsein‹ nähert sich offenbar stark dem Bewusstseinszustand der Menschen mit Kernerfahrung an. Ebenso gleichen die Nachwirkungen im Allgemeinen ziemlich denjenigen, die bei Menschen mit Nah-Todeserfahrungen auftreten. Es besteht zwar keine gänzliche Kongruenz; dennoch sind bedeutsame

Übereinstimmungen zu erkennen. Was viele Menschen mit Nah-Todeserfahrung erleben, ist vergleichbar mit dem, was mit ›kosmischem Bewusstsein‹ gemeint ist.

Kenneth Ring hat 1996 zusammen mit Sharon Cooper, einer Psychologin und Forscherin, eine zweijährige Untersuchung über Nah-Todeserfahrungen bei Blinden abgeschlossen (Ring u.a., 1998). Die beiden Forscher stellten mit Erstaunen fest, dass Personen, die von Geburt an blind waren, während der Nah-Todeserfahrung ›sehen‹ konnten. So ›sahen‹ sie sich beispielsweise von der Zimmerdecke aus im Bett liegen, während sich Ärzte um sie bemühten. Einer der interviewten Blinden bemerkte beispielsweise erstmals, dass er sehen konnte, als er durch die Zimmerdecken auf das Dach des Hospitals gelangte und von dort aus die ganze Umgebung überblickte. Er sah beispielsweise erstmals Schnee und Matsch auf den Straßen. Einige der untersuchten Blinden berichteten, dass sie unter anderem wundervolle Musik vernahmen, sich sehr frei fühlten und in einen Tunnel hineingezogen oder –gesogen wurden, an dessen Ende allumfassendes Licht war. Alles leuchtete und das Licht war überwältigende Liebe. Es fand telepathische Wissensübermittlung statt. Alles war sinnvoll. Die Blinden ›sahen‹ sowohl Dinge aus unserer materiellen Welt als auch aus jenseitigen Bereichen. Achtzig Prozent der gesamten Stichprobe hatten laut ihren Aussagen während ihrer Nah-Todeserfahrungen Wahrnehmungen visueller Art. Sie empfanden ihr ›Sehen‹ als vollkommen normal, obgleich einige von ihnen zu Beginn der visuellen Wahrnehmungen etwas beunruhigt oder verwirrt waren, hatten sie doch ›Sehen‹ nie zuvor erfahren. Nach der Rückkehr in ihren physischen Körper konnten sie nicht mehr ›sehen‹.

Ring und Cooper fragten sich, ob es sich bei dem Erlebten der Blinden vielleicht um eine Art Phantasievorstellung oder um Wunschdenken, womöglich auch um eine Halluzination gehandelt habe. Wenn das sensorische System nicht funktioniert, können doch Blinde während einer Nah-Todeserfahrung nicht wirklich ›sehen‹. Die beiden Forscher gingen eine ganze Reihe von Möglichkeiten und Hypothesen durch, die jedoch keine ausreichenden Erklärungen boten. Letztlich kamen sie zu dem Ergebnis, dass es sich alternativ um eine andere Form von ›Sehen‹ handeln müsste, einem ›Sehen‹, das analog zum physischen Sehen vorstellbar wäre. Da die Blinden gar nicht wussten, was Sehen ist, waren einige von ihnen auch unsicher darüber, das als visuell zu bezeichnen, was sie beschrieben. So erhielten die beiden Forscher Aussagen wie: »Da ich blind geboren bin, kann ich nicht genau sagen, ob das, was ich sah, von visueller Natur war.«

Ring und Cooper gehen davon aus, dass Blinde bei Nah-Todeserfahrungen nicht wirklich visuell ›sehen‹, dass dieses ›Sehen‹ nicht dasselbe ist wie Netzhautsehen. Vielmehr sind sie der Auffassung, dass Blinde bei Nah-Todeserfahrungen – wie andere Personen bei Nah-Todeserfahrungen wohl auch – währenddessen in einen erweiterten oder kosmischen Bewusstseinszustand eintreten, den die beiden Forscher als ›Geist-Sicht‹ (Mindsight) bezeichnen. Wenn das sensorische System – wie bei Blinden – nicht intakt ist oder bei normal sehenden Menschen während der Nah-Todeserfahrungen zweifelsohne ebenfalls ausfällt, scheinen Blinde wie Sehende in jenen Zustand erweiterten Bewusstseins zu gelangen, in dem diese ›Geist-Sicht‹ potentiell zugänglich wird. Sie ermöglicht einen direkten Zugang zu transzendentalem Wissen, jenem Wissen, das sich uns in normalem Wachzustand nicht offenbart. Es sind beim ›Geist-Sehen‹ nicht die physischen Augen, die etwas wahrnehmen, was bei Blinden auch überhaupt nicht möglich ist. Vielmehr scheint es eine vom Selbst ausgehende Form von ›Allwissen‹ zu sein, das weit über physisches Sehen hinausreicht.

Für die Nah-Todeserfahrungen wurden von verschiedenen Medizinern verschiedene Erklärungen gegeben. Sabom führt mehrere solcher Erklärungen an, die er zum Teil selbst vor seinen Erhebungen vertrat. Sie treten in Zusammenhang mit psychopathologischen und neurophysiologischen Störungen auf und zeigen jeweils einzelne Charakteristika der Sterbe-Erlebnisse; sie treffen jedoch nicht das, was die Patienten wirklich erlebt und berichtet haben.

Die Sterbeerlebnisse sind *keine bewusste Erfindung*. Sabom fragte in den Interviews nicht direkt nach Sterbeerlebnissen, sondern holte sich zunächst nur Auskünfte über die Krankengeschichte der Patienten ein. Erst wenn sie über ihre Sterbeerlebnisse berichteten, bekundete Sabom Interesse daran. Sie hatten anderen darüber oft noch nichts berichtet, da »die Leute sich sonst über mich lustig machen oder glauben, ich sei nicht ganz normal«. Viele, die über ihr Sterbeerlebnis berichteten, machten einen Wandel in ihrem Verhalten und in ihren Ansichten durch. Auch wussten die meisten der Berichterstatter bis zum Interview noch nichts von Sterbeerlebnissen. Man kann sie auch *nicht als unterbewusste Erfindungen* erklären, nach denen der Mensch aus einem ihm nicht bewussten Bedürfnis, die drohende Auslöschung zu besiegen und schließlich als Zuschauer zu überleben, sich selbst etwas vormacht. Etliche Personen der Studie hatten mehr als eine lebensbedrohende Krise durchgemacht. Sie konnten sich später nur an ein einziges Sterbeerlebnis erinnern. Manchmal war die Krise, die zum Sterbeerlebnis führte, am wenigsten lebensbedrohend gewesen.

Wir kennen das Phänomen der *Entpersönlichung* angesichts lebensbedrohender Gefahren. Es kommt dabei zu einem veränderten Zeitempfinden, zu erhöhter Denkgeschwindigkeit, zu einem Gefühl des inneren Abstands, zum Eindruck der Unwirklichkeit, zur Emotionslosigkeit, zu einem Wiederauffrischen von Erinnerungen sowie zu einem Gefühl der Harmonie und Einheit mit dem Universum. Bei aller Ähnlichkeit ist doch das Sterbeerlebnis qualitativ anders als bei der Entpersönlichung, zumal viele der Personen mit Nah-Todeserfahrungen oft nichts von ihrem bevorstehenden Tod wussten.

Auch die Autoskopie bei *autoskopischen Halluzinationen* ist anders geartet als die bei Sterbeerlebnissen. Die optische Selbstwahrnehmung ist eine relativ seltene Erscheinung. Sie tritt vor allem bei Patienten auf, die an Depressionen, Epilepsie und Schizophrenie leiden. Der Doppelgänger wird als unreal empfunden. Dieses Charakteristikum unterscheidet aber die autoskopische Halluzination vom Sterbeerlebnis.

Hinzu kommt, dass Nah-Todeserfahrungen (Kernerfahrungen) oft die Botschaft beinhalten, sein irdisches Leben verantworten zu müssen. Auch von daher kann man derartige Erlebnisse nicht einfach als Halluzinationen abtun.

Der Hinweis, dass bei Sterbeerlebnissen der *Traum* im Spiel sei, lässt sich auch nicht halten. Die Patienten verglichen ihr Sterbeerlebnis zwar mit Träumen, betonten aber, ihr Erlebnis sei real gewesen, ihre Träume dagegen seien irreal.

Auch handelt es sich bei Sterbeerlebnissen nicht um die *Erfüllung von Erwartungen,* die auf einer persönlichen Romantisierung des Todes beruhen. In den Interviews wurde diese Möglichkeit der Vorfreude mit den Patienten besprochen. Durchgängig versicherten sie, dass sie vor ihrem Sterbeerlebnis keineswegs so freundlich dem Sterben und dem Tod gegenüberstanden.

Sabom weist ferner den Erklärungsversuch *drogenbedingter Halluzinationen* zurück. Die so hervorgehobenen Erlebnisse weichen stark voneinander ab. Die Drogen können zu euphorischen Stimmungen führen, aber auch zu ›bad trips‹, bei denen die Wahrnehmungen Furcht erregend verzerrt sind. Die durch Verabreichung von Narkotika auftretenden Halluzinationen weichen inhaltlich und strukturell signifikant von den Sterbeerlebnissen ab.

Bei starken Schmerzen wird beim Menschen körpereigenes Morphin ausgeschüttet, so dass er längere Zeit Schmerzfreiheit erlebt. Man kann dieses B-Endorphin bei Patienten mit schweren Schmerzzuständen direkt in die Zerebrospinalflüssigkeit injizieren. Versuche dieser Art zeigten, dass die bald eingetretene Schmerzfreiheit ein bis drei Tage anhält, also wesentlich länger war als bei einem Sterbeerlebnis. Hinzu kam, dass bei den meisten injizierten Patienten zugleich anomale Schläfrigkeit und Schlaf auftraten. Diese Beobachtung passt nicht zur ›optischen‹ und gedanklichen Klarheit während eines Sterbeerlebnisses.

Krampfentladungen, die ihren Ursprung in den Scheitel- oder Schläfenlappen (den nichtmotorischen Teilen) des Gehirns haben, können komplexe halluzinatorische Phänomene auslösen. Diese *Schläfen- und Scheitellappenanfälle* weichen aber ebenfalls stark von den Phänomenen des Sterbeerlebnisses ab. Sabom führt folgende Unterschiede an:

1. *Die Wahrnehmung der umittelbaren Umgebung ist beim psychischen Anfall oft verzerrt, was beim Sterbeerlebnis nicht der Fall ist.*

2. *Typisch für einen Anfall sind Angst, Traurigkeit und Einsamkeit, während beim Sterbeerlebnis Ruhe, Friede und Freude vorherrschen.*

3. *Bei vielen Anfällen kommt es zu Geruchs- und Geschmacksempfindungen, nicht dagegen beim Sterbeerlebnis.*

4. *Beim psychischen Anfall wird noch einmal irgendein mehr oder weniger bedeutungsloses Ereignis aus der Vergangenheit durchlebt, während sich beim Sterbeerlebnis mehrere bedeutsame Ereignisse in rascher Folge abspulen.*

5. Zwanghaftes Denken kommt nur beim Anfall, nicht aber beim Sterbeerlebnis vor.
(Sabom 1983, 231)

Sabom (1983, 244) erörtert bei seinem Versuch, das Sterbeerlebnis zu erklären, eine These, die der berühmte kanadische Neurochirurg Wilder Penfield in seinem Buch ›The Mystery of the Mind‹ (1975) äußerte. Und hier wiederhole ich noch einmal, was in der Einleitung schon dargestellt wurde, nämlich die Aussage, dass man das Gehirn und seine Funktionen vom Bewusstseins-/Geist-Komplex trennen müsste. Penfields umfassende neurochirurgische Forschungen führten ihn am Ende seiner Laufbahn zu folgender metaphysischen Erkenntnis:

»Nachdem ich mein ganzes Leben der Aufgabe gewidmet habe, die Zusammenhänge zwischen Geistes- und Gehirntätigkeit zu erforschen, drängt sich mir die überraschende Feststellung auf, dass von den beiden in Frage kommenden Möglichkeiten die dualistische die plausiblere zu sein scheint. Zwar ist die Geistestätigkeit eine Funktion des wichtigsten Gehirnmechanismus, aber der Geist besitzt darüber hinaus eine eigene Energie. Diese Form der Energie unterscheidet sich von der der neuronalen Potentiale in den Nervenbahnen. Mehr kann ich dazu nicht sagen« (Sabom 1983, 244).

Es kommt wohl – wie schon gesagt – im Sterbeerlebnis zu einer Abspaltung des Geistes vom Gehirn. Der persönliche Geist gerät in den Bannkreis des allgemeinen GEISTES, der die Grundlage aller Realität zu sein scheint.

Nicht immer sind es jedoch Lichterlebnisse überwältigender Art, verbunden mit Gefühlen allumfassender Liebe, wenn Menschen nach einer Nah-Todeserfahrung in den Körper zurückkehren und ihre Erlebnisse beschreiben, die sie während der Nah-Todeserfahrung gemachten haben. Zwar sind negativ erlebte Nah-Todeserfahrungen seltener. Es liegen auch bis heute nur vereinzelte Untersuchungen angstvoll erlebter Nah-Todeserfahrungen vor. Es bedarf sicher noch erheblicher Forschungen auf diesem Gebiet. Denn eigenartigerweise haben sich bisher weder Psychologen noch Thanatologen oder Soziologen mit angstvoll oder horrorartig erlebten Nah-Todeseerfahrungen intensiver beschäftigt.

Phyllis M. H. Atwater (1994, 1995), eine freie Autorin, hat fünfzehn Jahre lang über dreitausend Personen mit Nah-Todes- oder außerkörperlichen Erfahrungen interviewt. Bei einer ihrer letzten Befragungen hatten von 700 Personen immerhin 105 Betroffene unangenehme und angsterfüllte Erlebnisse und sie kehrten letztlich traumatisiert in den physischen Körper zurück. Viele der Betroffenen wollten sich mit den schrecklichen Erlebnissen nicht erneut konfrontieren und entwickelten massive psychische Widerstände gegen neuerliches Erinnern. Bei einer Reihe von betroffenen Personen stellte Atwater öfter Verbitterung fest. Jedoch habe es auch positive Reaktionen gegeben, Menschen, die nach einem solchen Horrorerlebnis eine Lebenskorrektur in Richtung einer produktiven Veränderung ihrer Einstellungen und Haltungen vornahmen.

Atwater führt aus, dass die negativen Erlebnisse ebenfalls Grundelemente beinhalten, wie sie von den euphorisch erlebten Nah-Todeserfahrungen her bekannt sind, beispielsweise ein Empfinden von Zeit- und Raumlosigkeit sowie ein Gefühl, sich nicht im materiellen Körper zu befinden. Jedoch beschreiben die Betroffenen das Tunnelerlebnis als eher abwärts verlaufend, einhergehend mit extremer Furcht und Panik. Sie berichten von massiven seelischen Qualen und es umfing sie zum Teil quälende Stille, extreme Kälte. Sie vernahmen Schreie und Zähneknirschen. Furcht erregende zombieartige Wesen werden geschildert, insgesamt eine feindliche Umwelt. Berichtet wird auch von lockendem Licht, einer Art Fata Morgana, die sich bei Erreichen in Dunkelheit verwandelte. Einige Betroffene empfanden sich am Rande eines Abgrundes. Was die Lebensbeurteilung betrifft, so fällt diese bei ihnen eher negativ aus.

Atwater fand bei ihren Untersuchungen Gemeinsamkeiten mit dem ›Tibetanischen Totenbuch‹, in dem negative *nachtodliche* Erfahrungen als Projektionen des Geistes betrachtet werden. Angstvolle Erfahrungen an der Todesschwelle sind in der Tat nicht unbekannt, werden doch in den Totenbüchern verschiedener Kulturen *nachtodliche* Begegnungen mit destruktiven Kräften und Wesen beschrieben, ferner Orte der Prüfung und Bestrafung sowie Durchgangsstationen in Richtung himmlischer Ebenen.

Die Frage, bei welchem Personenkreis häufiger negative Nah-Todeserfahrungen vorkommen, ist unter Psychologen, Thanatologen und Soziologen umstritten. Einige äußern, es sei nicht kalkulierbar, was letztlich im Sterben erlebt werde. Andere äußern sich vorsichtig dahingehend, dass möglicherweise gewisse psychische Schwierigkeiten eine Rolle spielen könnten, etwa eine höhere Angstbereitschaft, pessimistische Grundeinstellungen mit dementsprechenden Verhaltensweisen oder andere den Menschen belastende Umstände. Empfehlenswert ist sicher, den Tod bewusst in das Lebens einzubeziehen, statt den Gedanken an ihn zu verdrängen. Nur so ist die Möglichkeit spiritueller Entwicklung gegeben. Wichtig scheint auch, mit sich selbst in Frieden, ich-identisch zu sein, möglichst frei von negativen unproduktiven, irrationalen Emotionen. Letztendlich scheint entscheidend, wie wir unser Leben gestaltet haben und wie unser Bewusstseinszustand am Ende unseres irdischen Lebens ist.

Tief greifendes Erleben, das Erlebnis der Todesnähe und die erlebte ›Wiedergeburt‹ können nicht nur zur Heilung, sondern auch zu einer neuen produktiven Lebensorientierung und -gestaltung führen. Atwater stellt dies auch bei einer Reihe von Personen mit negativen Nah-Todeserfahrungen fest, die daraufhin eine Lebenskorrektur vornahmen. Es werden bioenergetische Kräfte und unterdrückte Emotionen freigesetzt; der Mensch nimmt die Welt und sich selbst auf eine neue lebensbejahende Weise wahr und ändert seine Wertvorstellungen.

Weitere Erlebnisse und Erfahrungen, die uns den Gedanken an eine vom Körper getrennte seelisch-geistige Wirklichkeit nahe legen, sind *Reinkarnationserfahrungen.* Solche Erlebnisse sind für diejenigen, die sie erfahren haben, ebenfalls von überwältigender Überzeugungskraft.

Über die Reinkarnation hat Ian Stevenson eine umfassende Dokumentation vorgelegt. Wir können solche wissenschaftlichen Berichte über grenzüberschreitende Erfahrungen nicht einfach ablegen. Wir sollten sie zur Kenntnis nehmen und in unser Erkenntnis- und Glaubenssystem integrieren.

Es erscheint jedoch nicht ratsam und förderlich, daraus eine Therapie, beispielsweise eine Reinkarnationstherapie, zu machen. Solche Phänomene ereignen sich ungerufen und sind dem provozierenden und manipulierenden Zugriff entzogen (vgl. Stevenson, 1986).

2. Die Entdeckung der Akausalität

Wenn wir uns mit Bewusstsein, Geist, beschäftigen, kommen wir kaum daran vorbei, uns akausalen Wirkkräften zuzuwenden – wenn auch hier nur kurz und ansatzweise. Miteinbeziehen müssen wir ferner die entsprechenden Forschungsergebnisse und Hypothesen bedeutender Physiker sowie einige philosophische Annahmen.

Wir haben es bei den parapsychologischen Phänomenen wie etwa den Geist- und Wunderheilungen mit Ereignissen zu tun, die nicht auf Kausalität zurückzuführen sind. Bei kausalen Vorgängen stehen bestimmte Ursachen und Wirkungen in einem unmittelbaren Zusammenhang: Wenn wir eine Billardkugel anstoßen, bewegt sie sich in der gewünschten, also voraussagbaren Richtung. Kausalität – das Erkennen der kausalen Abhängigkeiten – soll Ordnung und Stabilität in das Universum bringen, das sonst chaotisch und unvoraussagbar wäre; Kausalität bedeutet also Gesetz und Ordnung.

Dagegen wird sowohl in der Quantenphysik und der Chaostheorie als auch im paranormalen Bereich wie in der Telepathie oder bei den Geist- und Wunderheilungen von akausalen Prozessen gesprochen.

In den Forschungen der Atomphysik können nur Wahrscheinlichkeitsrechnungen angestellt werden, da die Lage und Geschwindigkeit der Elementarteilchen nicht genau anzugeben sind. Wir sprechen zwar von Elementarteilchen, doch sind diese keine Dinge im alltäglichen Sinne. Wir beobachten nur Prozesse, schließen auf Energien oder Energieumwandlungen. Wir vermuten, dass das Universum von Gedanken, Bewusstsein und dem allumfassenden GEIST gesteuert wird, der GEIST gleichsam die Basis von allem Existierenden ist, die wirkliche Welt aus dem Stoff des GEISTES besteht.

Wir kennen heute bereits mehr als hundert Elementarteilchen; doch diese sind überhaupt nicht elementar, und so geht die Suche weiter nach immer elementareren Teilchen. »Es ist ... eine geheimnisvolle und schöne Welt, die in den phantastischen Fotografien von Ereignissen in der Blasenkammer sichtbar wird. Sie zeigen die Spuren unvorstellbar kleiner Partikel, wie sie sich mit unvorstellbaren Geschwindigkeiten in Kurven und Spiralen fortbewegen, wie sie zusammenstoßen, zurückprallen, explodieren und andere Teilchen oder Wellchen entstehen lassen. Die Tänzer in diesem phantastischen Ballett sind unsichtbar, aber sie hinterlassen Spuren, die etwa den Kondensstreifen hoch fliegender Düsenflugzeuge vergleichbar sind« (Koestler 1974, 61).

Phantastische Dimensionen tun sich vor uns auf, wenn beispielsweise der Physikprofessor der Princeton-Universität John A. Wheeler von einem so genannten ›Superraum‹, das heißt von einem ungeheuren Ausmaß jenseits unseres Universums spricht, in dem es weder Raum noch Zeit gebe. Er propagiert mit seinem Kollegen Hugh Everett eine ›Viele-Welten-Theorie‹ – von der Quantenmechanik kommend -, wonach neben unserem Universum noch unendlich viele Parallelwelten existieren sollen, die durch ›Wurmlöcher‹ miteinander verbunden sind. Nach Wheeler besteht dieses Universum aus reiner Information (GEIST).

Sehr beeindruckend sind in diesem Zusammenhang auch neuere Forschungen, aufgrund derer der erste Baustein denkbarer fremder Antimaterie-Welten experimentell nachgewiesen werden konnte. Und die Frage erhebt sich hier, ob das nicht möglicherweise ein Beleg für das Existieren geistiger Welten ist.

Wenn diese beiden letzten Aussagen zutreffen, dann ist das, was für uns die Realität darstellt, was wir als solche wahrnehmen, nichts anderes als reine Illusion.

Während sich die theoretische Physik heute beispielsweise mit ›übernatürlichen‹ Vorstellungen wie negativer Masse und rückwärts laufender Zeit beschäftigt, ist die parapsychologische Forschung mittlerweile wissenschaftlicher, strenger geworden.

Über außersinnliche Wahrnehmungen (ASW-Phänomene) wie Hellsehen, Psychokinese, Telepathie, Zukunftsschau wird immer wieder berichtet; sie kommen jedoch im Alltag nur sporadisch und selten vor. Doch werden diese paranormalen Phänomene zunehmend in den Labors angesehener Universitäten untersucht.

Die frühere UdSSR, aber auch die USA, versprachen sich etwa von den Experimenten zur Fernhypnose und zur telepathischen Kommunikation einen strategischen Nutzen. Bei dem Apollo-14-Unternehmen im Februar 1971 hatte der Astronaut Edgar Mitchell während des Fluges die Aufgabe, mit vier ausgewählten Personen auf der Erde telepathischen Kontakt aufzunehmen. Die Erwartungen wurden weit übertroffen.

Der Münchner Philosoph Anton Neuhäusler hat als einziger seiner Kollegen schon in den 50er Jahren auf die parapsychologischen Phänomene hingewiesen. In seinem Buch ›Telepathie, Hellsehen und Präkognition‹ hat er die einzelnen Erscheinungen voneinander abgegrenzt und den Versuch einer Erklärung unternommen. In der Festschrift für Hans Bender, die von Eberhard Bauer 1974 herausgegeben wurde (›Psi und Psyche. Neue Forschungen zur Parapsychologie‹), hat Neuhäusler seine Auffassung in einem Beitrag (›Einige Hypothesen zur Erklärung parapsychologischer Phänomene‹) noch einmal dargestellt. Im gleichen Band geht Karlis Osis, Psychologe und Forschungsdirektor der American Society for Psychological Research in New York, auf das Erklärungsproblem ein (›Raum, Zeit und Bewusstsein in parapsychologischer Sicht‹).

Neuhäusler weist die oft vorgebrachte ›energetische Hypothese‹ wie elektromagnetische Wellensignale, die im Elektroencephalogramm aufzeichenbar sind, zurück, da sie ja nur über Erregungs- und Aktivitätsgrade, jedoch über keinerlei Inhalte Aufschluss geben. Versuche haben zudem ergeben, dass elektromagnetische Übertragung physikalisch durch den Aufenthalt in einem Faraday'schen Käfig abschirmbar ist, hierbei aber dennoch telepathische Kommunikation stattfinden kann. Er plädiert für die ›psychische Hypothese‹, »die die autonome Aktivität einer Realität namens Psyche voraussetzt«. Sie basiert auf zwei fundamentalen Annahmen:

- Es gibt psychische Leistungen, die, zumindest zum Teil, unabhängig von physiologischen Prozessen geschehen, und:

- »Die Grenzen der Person sind nicht die Grenzen ihres Körpers« (in Bauer 1974, 147).

Die Übertragung findet danach über ein ›pur psychisches Feld‹ statt, das allerdings experimentell noch nicht nachgewiesen und bestimmt werden kann. Diese Ausführungen wurden durch Osis ergänzt.

In seinen Erinnerungen berichtet Jung über eine eigene außersinnliche Wahrnehmung. Diese berühmt gewordene Episode spielte sich im Jahre 1909 ab, als er Freud während der Blütezeit ihrer Zusammenarbeit in Wien besuchte. Der Bruch sollte erst drei Jahre später eintreten. Jung wollte Freuds Ansicht über außersinnliche Wahrnehmungen (ASW) erfahren. Freud lehnte sie zu jener Zeit ab. Jung schreibt:

Während Freud seine Argumente vorbrachte, hatte ich eine merkwürdige Empfindung. Es schien mir, als ob mein Zwerchfell aus Eisen bestünde und glühend würde – ein glühendes Zwerchfellgewölbe. Und in diesem Augenblick ertönte ein solcher Krach im Bücherschrank, der unmittelbar neben uns stand, dass wir beide furchtbar erschraken. Wir dachten, der Schrank fiele über uns zusammen. Genauso hatte es getönt. Ich sagte zu Freud: ›Das ist jetzt ein so genanntes katalytisches Exteriorisationsphänomen.‹ – ›Ach‹, sagte er, ›das ist ja ein leibhafter Unsinn!‹- ›Aber nein‹, erwiderte ich, ›Sie irren, Herr Professor. Und zum Beweis, dass ich Recht habe, sage ich nun voraus, dass es gleich nochmals so einen Krach geben wird!‹ – Und tatsächlich: Kaum hatte ich die Worte ausgesprochen, begann der gleiche Krach im Schrank.

Ich weiß heute noch nicht, woher ich diese Sicherheit nahm. Aber ich wusste mit Bestimmtheit, dass das Krachen sich wiederholen würde. Freud hat mich nur entsetzt angeschaut. Ich weiß nicht, was er dachte oder was er schaute! Auf jeden Fall hat dieses Erlebnis sein Misstrauen gegen mich geweckt, und ich hatte das Gefühl, ihm etwas angetan zu haben. Ich sprach nie mehr mit ihm darüber. (Jaffé 1963, 159)

Eine solche Präkognition oder ein solches Vorauswissen, auch Zukunftsschau genannt, wird heute mittels des zwölfdimensionalen Weltmodells der einheitlichen Quantenfeldtheorie des berühmten Physikers Burkhard Heim physikalisch verständlich.

Kommen wir zurück zu dem möglichen wissenschaftlichen Beweis einer Alles-mit-allem-Verbundenheit. Dieser Gedanke an sich ist nicht neu. Die Frage nach akausalen Wirkkräften hat Philosophen seit der Antike bis ins 18. Jahrhundert beschäftigt. Man war der Auffassung, dass zwischen allen Dingen durch verborgene Affinitäten ›Einflüsse‹ oder ›Sympathien‹ bestehen.

Nach Hypokrates gibt es ein gemeinsames Fließen, ein gemeinsames Atmen, eine Sympathie zwischen allen Dingen. Ähnliche

Gedanken haben die Pythagoräer, Neuplatoniker und die Philosophen der Renaissance geäußert. Der Humanist Pico della Mirandola hat in seiner 1557 erschienenen Schrift ›Über das Sein und das Eine‹ ausgeführt, dass sinnvolle Zufälle Manifestationen der allumfassenden universalen Ordnung seien, der anima mundi oder Weltseele. Leibniz spricht von einer prästabilisierten Harmonie, in der die Dinge der Welt zueinander stehen.

Neue Forschungsergebnisse im Zusammenhang mit dem Phänomen der ›Nichtlokalität‹ subatomarer Teilchen zeigen, dass diese Teilchen sich offenbar über beliebig große Entfernungen augenblicklich gegenseitig beeinflussen können – ein wissenschaftlicher Beweis, dass alles mit allem verbunden ist?

Unter den zur Zeit verschiedenen Weltbildern liefert die von David Bohm entwickelte Holomovement-Theorie die am meisten beachtete Welterklärung. Er geht von zwei Realitäten aus, der ›entfalteten‹ und der ›unentfalteten‹ Realität. Die unentfaltete ist die übergeordnete, die ›wirklichere‹ Realität, wirklicher als die, die wir mit unseren Augen sehen. Bohm betrachtet unsere dreidimensionale Realität als Projektion einer höheren multidimensionalen Wirklichkeit. Nach seiner Theorie ist das gesamte Universum ein großartiges multidimensionales Hologramm. Der Begriff Hologramm sagt aus, dass in jedem einzelnen Teil das Ganze enthalten ist, dass aus jedem Bruchstück das Ganze entstehen kann und dass jedes einzelne Teil die gesamte Information beinhaltet. In einem solcherart verwobenen Universum, in dem sich die Grenzen von Zeit und Raum auflösen, kann der Geist überall dort sein, wo er sein möchte. Die Frage nach dem Standort des Bewusstseins, des Geistes, ist deshalb von sekundärer Art.

Wenn also unsere Wirklichkeit eine Projektion ist und wenn in jedem einzelnen Teil die Information des Ganzen enthalten ist, wie lässt sich dann das menschliche Bewusstsein, der persönliche Geist verstehen? Wie schon ausgeführt: Es hat den Anschein, dass unser Bewusstsein Teil eines höheren Bewusstseins, eines größeren Systems ist. Denken wir hier weiter, so kommen wir zwangsläufig zu dem Schluss, dass überhaupt alles Leben Teil eines gigantischen, in einer höheren Dimension existierenden, Organismus sein müsste.

Joachim-Ernst Berendt konkretisiert Holographie an einem Beispiel: »Die ›Bilder‹ der holographischen Laser-Photographie sind dreidimensional. Sie ›stehen‹ im Raum. Wenn man einen Menschen aufnimmt – die ganze Gestalt von Kopf bis Fuß – und das Gesicht genauer sehen möchte und zu diesem Zweck die oberen Körperpartien herausschneidet, um sie zu vergrößern, dann sieht man auf dem neugewonnenen Bild nicht etwa (nur) das vergrößerte Gesicht, sondern – wieder den ganzen Menschen. Man kann gar nicht ›schneiden‹. Denn: Jede Information, die auf dem ursprünglichen Photo das Gesicht reproduziert hat, enthält *gleichzeitig* die Information über den ganzen Menschen. Und: Der ganze Mensch ist unteilbar. Lediglich die Schärfe des Bildes vermindert sich« (Berendt 1986, 216).

Der Neurologe Karl Pribram hat darauf hingewiesen, dass das Hologramm bisher unerklärliche Gehirnprozesse erklärt. Gedächtnisspeicherung findet – so konnte er nachweisen – nicht in einzelnen lokalisierbaren Gehirnbereichen statt. Jede einzelne Zelle des Gehirns speichert die ganze Botschaft. Interessant ist, dass die beiden Wissenschaftler Bohm und Pribram einen spirituellen Begleiter hatten, Bohm den großen indischen Weisen Krishnamurti, Pribram den amerikanischen Zen-Lehrer Alan Watts.

Die Holomovement-Theorie wird gestützt durch die Bootstrap-Theorie der Elementarteilchen des Physikers Geoffrey F. Chew. Er vereinigt die Erkenntnisse der Quantenmechanik und der Relativitätstheorie zu einer Theorie, in der er sowohl die quantenmechanischen als auch die relativistischen Aspekte der subatomaren Materie herausstellt.

Nach der Bootstrap-Theorie ist die Natur nicht auf fundamentale Einheiten zu reduzieren. Alles existiert mittels wechselseitig stimmiger Zusammenhänge. Das materielle Universium ist – so Chew – ein dynamisches Gewebe von zusammenhängenden Ereignissen. Keine der Daseins- oder Erscheinungsformen dieses Gewebes ist für sich genommen fundamental. Alles resultiert aus den Eigenschaften aller anderen Aspekte, und die grundlegende Übereinstimmung ihres Zusammenspiels bestimmt den Aufbau des ganzen Gewebes (vgl. Capra 1987, 1996).

Wie im psychischen und neurophysiologischen Bereich alle Funktionen wie die Schnürbänder des hohen Schuhs (boot-straps) miteinander verknüpft sind, so ist die weitere Welt von der elementaren Erscheinung der Quantenphysik bis zu den globalen Erscheinungen der Natur und des Kosmos durch unzählige Fäden miteinander verbunden. Die Welt ist also ein Gewebe innerlich zusammenhängender Geschehnisse. Im partizipierenden Bewusstsein erfahren wir uns als Schnittpunkt-Existenz dieser dynamischen Zusammenhänge.

Ähnliche Gedanken wurden auch auf der Nobelpreisträgertagung in Lindau (1988) vertreten. Der Engländer Brian D. Josephson aus Cambridge, der 1973 mit dem Physik-Nobelpreis ausgezeichnet wurde und der sich nebenbei mit den altindischen Veden befasst, stellte die Frage: Ist die Grundlage des Lebens Chemie oder Intelligenz? Er meint, dass hinter den materiellen Erscheinungen etwas Tieferliegendes, über die Materie Hinausreichendes stecke.

Gerd Binnig, der für die Entwicklung des Rastertunnelmikroskops geehrt wurde, vertrat die Hypothese von der Fraktal(Bruchstück)-Struktur der Evolution. Zur Darstellung seiner Theorie verwendete Binnig jene Bilder, die bereits der amerikanische Mathematiker Benôit B. Mandelbrot von der Harvard Universität benutzt hat, um seine Theorie der ›Fraktale‹ zu erläutern:

Wie lang ist die Nordseeküste? Sie ist um so länger, je genauer man hinschaut. Die Unregelmäßigkeit der Form bleibt, egal, mit welcher Vergrößerung der Küstenlinie oder aus welcher Höhe beobachtet wird. Sie ist – ebenso wie die Begrenzung einer Scherbe oder einer Schneeflocke – wie ein Bruchstück, also ein Fraktal, von jedem Blickwinkel aus unregelmäßig bei jedweder Vergrößerung oder Verkleinerung.

Binnig ist der Auffassung, dass das Bild des Fraktals als graphische Darstellung seiner Evolutionstheorie gut passt.

Er fragte sich: Was ist Kreativität? Ihn irritierte, dass Kreativität dem Zufall zugeschrieben wird, dass alles was ist, der Zufall ›gemacht‹ habe. Danach hat also auch der Zufall etwa den Menschen erschaffen. Dass jedoch der Mensch beispielsweise eine Maschine entwickelt hat, gilt als Ausdruck seiner Kreativität. Ist also die Maschine mehr als der Mensch? Binnig definiert von daher »Kreativität gleich Fähigkeit zur Evolution von allen Dingen, die entstanden sind«. Alle Evolutionen, die bisher noch kaum erforschte Evolution des Raumes, jene der Materie und die des Lebens sind formal kongruent, genauso wie die Randlinie eines Sandkorns unter dem Rasterelektronenmikroskop deckungsgleich ist mit der Küstenlinie aus Flugzeughöhe. »Die Evolution ist ein Fraktal.«

Ganz gleich, welche Skala man betrachtet: Das Bild ist immer das gleiche. Die Gesamtstruktur ist dem Detail und dieses wiederum ist feineren Teilstücken ähnlich. Binnig ging der Frage nach, was allen uns bekannten Dingen gemeinsam ist. Seine Antwort: Ihnen ist gemein, dass man sie kennt. Und warum kennt man sie? Weil sie mit uns in einer Wechselwirkung stehen, das heißt alles, was wir kennen, ›wechselwirkt‹, wobei es in den miteinander wechselseitig durchdringenden Strukturen eine Hierarchie von Abhängigkeiten gibt.

Das Ziel jeglicher Evolution ist nach Binnig die maximale Wechselwirkung von allem mit allem, die Rückkoppelung von oben nach unten in den Hierarchien des Seienden, wobei auch der Zufall eine Rolle spielt. Binnig stellt heraus: »Es gibt nur eine Evolution, sie ist fraktal in Raum und Zeit, und sie ist zielgerichtet.«

In der modernen Physik verschwinden die Grenzen zwischen Materie, Energie und Aktivität. Die Polarität spiegelt sich in der Natur als Materie und Geist, in der subatomaren Physik als Elementarteilchen und Welle bezeichnet, auch in der *Geschichte der Wissenschaften*: Bis ins 16. und 17. Jahrhundert lebte der Mensch in einer verzauberten Welt. Steine, Bäume, Flüsse und Wolken wurden als lebendig angesehen. Die Menschen fühlten sich in ihrer Umgebung zu Hause. Der Kosmos wurde als ein Ort angesehen, zu dem sich der Mensch im teilnehmenden oder partizipierenden Bewusstsein zugehörig fühlte.

Mit der wissenschaftlichen Revolution der Neuzeit änderte sich die Lagebefindlichkeit. Der GEIST wurde mehr und mehr aus der phänomenalen Welt vertrieben. Materie und Bewegung waren seitdem die Bezugspunkte aller naturwissenschaftlichen Erklärung, was besonders auf Newton im 18. Jahrhundert zurückging, der die Kausalität als Grundprinzip aller Naturerscheinungen etablierte und damit die klassische Physik begründete. Diese nahm als Grundlagen- und Ordnungswissenschaft in den beiden folgenden Jahrhunderten einen mächtigen Aufschwung. Die damit entstandene mechanistische Philosophie bewirkte eine Entzauberung der Welt. Die rigide Trennung von Beobachter und Beobachtetem, von Subjekt und Objekt, führte zur Trennung von Mensch und Natur. Der Mensch wurde der Natur entfremdet.

Schließlich kam es in der Physik unseres Jahrhunderts zum *Sturz der Kausalität* als allgemein gültigem Wirk- und Ordnungsprinzip, seit etwa 1920 zu einem unerwarteten Auftauchen des *partizipierenden Bewusstseins* im Zuge der Entwicklung der modernen Physik. Ihre theoretische Basis bedeutet einen völligen Bruch mit der Erkenntnistheorie der westlichen Wissenschaft. Doch haben wir in dem gegenwärtigen allgemeinen Bewusstsein und in der Philosophie der Gegenwart noch nicht die Folgerungen gezogen.

Nach einer Epoche der Differenzierung folgt nun eine Epoche der Integration. Die heute vorherrschende Systemtheorie ist Ausdruck dieser Suche nach der letzten Einheit. Jedes Teil ist durchdrungen von einer Selbstbehauptungs- und einer Integrationstendenz. Die Evolution offenbart in ihrer Richtung eine Tendenz zunehmender Ordnung. Die Integration ist ein letztes nicht auflösbares Naturprinzip.

Die wichtigste philosophische Folge der Quantenphysik ist die, dass es so etwas wie einen unabhängigen Beobachter nicht gibt. Einer der Begründer der Quantenphysik, Werner Heisenberg, fasste 1927 diesen Punkt in seiner Unschärferelation zusammen. Sein Argument war Folgendes: Man könnte sich ein Mikroskop vorstellen, das stark genug wäre, um ein Atomteilchen, etwa ein Elektron, zu beobachten. In das Instrument müsste Licht geworfen werden, um das Beobachten zu ermöglichen. Wir würden dann bemerken, dass das Licht mit seiner Energie das Elektron aus seiner Bahn wirft. Wir können also dieses einzelne Elektron niemals sehen; denn das Experiment verändert seine eigenen Ergebnisse. Unser Bewusstsein und unser Verhalten werden Teil des Versuchs, und es gibt keine klaren Grenzen zwischen Subjekt und Objekt. Es kann nicht zwischen Beobachter und Beobachtetem, zwischen Innen und Außen unterschieden werden. Wir sind hingegen sinnlich Teilnehmende in der Welt, die wir zu beschreiben versuchen.

Heisenberg entdeckte: Position und Impuls sind einander ergänzende Zustände. Man kann die genaue Position eines Teilchens nur bestimmen, wenn man den Versuch aufgibt, irgendetwas über seine Bewegung (Geschwindigkeit) zu wissen und umgekehrt. Die Atom- oder Elementarteilchen können räumlich und zeitlich nicht exakt lokalisiert werden. Können wir dann noch – wie dies bisher geschah – die Wirklichkeit mit dem Materiellen gleichsetzen?

Das Bewusstsein ist Teil des Messens, und damit ist die Realität – wie sie im Westen seit 400 Jahren definiert wurde – ihrem Wesen nach verschwommen und unbestimmt. Die physikalische Realität ist also das Bewusstsein, von dem wir jetzt allerdings wissen, dass es materielle Konsequenzen besitzt. Die Subjektivität ist der Eckpfeiler des ›objektiven Wissens‹.

Die Quantenphysik weist auf einen Weltentwurf hin, wie er seit alters her vom Buddhismus und der Mystik vertreten wird, wonach jedes Teilchen im Universum Bewusstsein besitzt.

Doch kommen wir noch einmal zu der zuvor geschilderten Polarität in der Natur, in der subatomaren Physik und in der Geschichte der Wissenschaften zurück.

Auch der Mensch steht in dieser Polarität von Selbstbehauptung und Identifikation mit einer Gruppe. Selbstbehauptung und Selbsttranszendenz spiegeln sich in seinen Emotionen wieder: Selbstsein und In-Beziehung-sein, Eigengestalt und Liebe sind die Pole, die beim gesunden Menschen in einem Fließgleichgewicht stehen.

Die inhärente Ordnung von Mensch-Natur ist affektiv, weil der Mensch ein Gedanken- und Gefühlswesen, eine Einheit von Logos und Eros ist. Diese Einheit hat eine psychophysiologische Grundlage. Sie wurzelt in der Erfahrung vorbewusster Kindheit mit ihrem partizipierenden Bewusstsein und ihrer holistischen Weltsicht. Die holistische Erfahrung während der Kindheit durchdringt weiterhin die Erkenntnis und das Verständnis der Welt des Erwachsenen.

Die Partizipation oder die kosmisch-anonyme Phase des Menschen bleibt die Basis seiner Wahrnehmung. Die Kindheit ist die Basis seiner Existenz und mit ihr meldet sich immer wieder: ›Ich bin meine Umwelt.‹ Diese Erinnerung schlummert auch in unserem Körper und weist uns auf die Kontinuität des holistischen Bewusstseins hin.

Man wird bei den gegenwärtigen Versuchen, den Menschen wieder mit der Natur und dem Kosmos zu verbinden, den GEIST als das tragende Prinzip der Wirklichkeit anzusehen, an verbreitete Anschauungen gegen Ende des 18. bis etwa zur Mitte des 19. Jahrhunderts erinnert: Nach Ansicht des philosophischen Außenseiters Schopenhauer (1788 – 1860), der erkannte, dass die physikalische Kausalität nur eine Form unter anderen Formen ist, gibt es metaphysische Wesenheiten, eine Art universalen Bewusstseins, zu dem sich das individuelle Bewusstsein wie der Traum zum Wachzustand verhält.

Im Denken des Philosophen Friedrich Wilhelm Schelling (1775 - 1854) spielte beispielsweise die Imagination oder Einbildungskraft eine zentrale Rolle. Er verfolgte die Idee einer sich selbstorganisierenden Materie und war bemüht, den traditionsbeladenen Dualismus von Geist und Materie zu überwinden.

In gleicher Richtung dachte der Begründer der deutschen Experimentalpsychologie Gustav Theodor Fechner (1801 - 1887). Nach dessen Auffassung ist Gott das Universum, das sich im Menschen selbst erkennt. Die Welt ist für ihn kein toter Mechanismus, sondern die Erscheinungsweise eines geistigen Wesens. Unsere ›Nachtansicht‹ konstruiert mittels der Sprache und des analysierenden Denkens Gegensätze und Dinge; es ist also ein dualistisches oder kausales Erkennen. Unsere zur tieferen Erkenntnis fähige ›Tagesansicht‹ erfasst mittels des analogisierenden, intuitiven und bilderfassenden Denkens die grundlegenden inneren Zusammenhänge. In dieser ästhetisch-religiösen Grundanschauung erscheint alles Sinnliche als Symbol des Geistigen.

3. Spirituelle Erfahrungen und die Wissenschaften

Da die Ausführungen in diesem Buch auch die Grenzbereiche psychischer Erfahrung einbeziehen wie sie in der Hypnose, der Trance, der Imagination, der tieferen Meditation und Kontemplation sowie in den Nah-Todeserfahrungen mit dem Erreichen höherer Bewusstseinsstufen erlebt werden, erhebt sich die Frage, ob sich auch die spirituellen Erfahrungen in den Rahmen der Wissenschaft einordnen lassen. Diese Frage ist übrigens von besonderer Aktualität, da sich um die durchaus solide Esoterik geradezu ein obskurer Kreis von irrlichternden und irreführenden populären Praktiken gebildet hat.

Wir müssen uns fragen: Was sind Daten, Erfahrungen und Erkenntnisse? Was ist Wissenschaft?

Ken Wilber hat in den ersten zwei Kapiteln seines Buches ›Die drei Augen der Erkenntnis – Auf dem Wege zu einem neuen Weltbild‹ eine zeitgemäße Antwort gegeben.

Wir nähern uns heute wieder einer Auffassung, die mittelalterliche Philosophen, vor allem die Schule von St. Viktor wie Hugo von St. Viktor und der heilige Bonaventura, vertraten. Nach ihnen gibt es drei Erkenntnisfunktionen, die uns die drei Seinsbereiche erschließen:

- *Die sinnliche Erkenntnis,* das ›Auge des Fleisches‹ oder die *empirisch-analytische Erkenntnis,* die auf die Erforschung der Außenwelt mit ihren *Sensibilia* gerichtet ist.

- Die *rationale Erkenntnis,* das ›Auge der Vernunft oder des Geistes‹ oder die *psychologisch-philosophische Erkenntnis,* die auf die Erforschung der Innenwelt des Menschen mit ihren *Intelligibilia* gerichtet ist.

- Die *transzendentale Erkenntnis,* das ›Auge der Kontemplation‹ oder die *transzendental-spirituelle Erkenntnis,* die auf die Erforschung der transzendentalen Wirklichkeit mit ihren *Transzendentalia* gerichtet ist.

Sensibilia, Intelligibilia und Transzendentalia sind die Daten des jeweiligen Erkenntnis- oder Wirklichkeitsbereichs.

Daten im Bereich der Sensibilia
sind beispielsweise das vor mir liegende Papier, der Füller, mit dem ich schreibe, der Schreibtisch, die Wände des Zimmers usw. Sie sind sinnlich unmittelbar gegeben. Mit anderen Worten: Die *sensorische Erfahrung* vermittelt uns Kenntnisse und Erkenntnisse der vorfindbaren materiellen Wirklichkeit in Raum und Zeit. Sobald hier jedoch einfache Kenntnisnahme in Erkenntnisgewinn übergeht, bedienen wir uns der zweiten Erkenntnisform.

Daten im Bereich der Intelligibilia
sind etwa ein gedankliches Bild, ein vorüberhuschender Gedanke, aber auch das Verstehen eines Spruchs, das Begreifen einer Idee, eine bleibende Erinnerung und das Erfassen von Symbolen mit und ohne Bedeutung. »Wesentlich ist, dass man diese Symbole mit dem Auge des Geistes sieht und dass dieses ›Sehen‹ selber unmittelbar ist. Wenn sich dann ein Sinn eröffnet, ist dessen Wahrnehmung das unmittelbare, momentane geistige Datum, und so weiter. Wie es auch immer sei, ob ein Brief, ein Wort, ein Spruch, eine Idee – stets ist das geistige Datum deren unmittelbare geistige Erfahrung« (Wilber 1988, 52). Anders gesagt: Die *psychologisch-philosophische Erkenntnis* arbeitet mit Sprache und den von ihr konstruierten Symbolen, Vorstellungen, Bildern und Begriffen. Diese geistige Welt – wie sie sich in reiner Form zum Beispiel in der Logik und Mathematik darstellt – ist zwar transempirisch, aber über geistige Funktionen wie Denken und Imagination erfahrbar. Das Geistige schließt das sinnlich Gegebene ein, geht aber weit über dieses hinaus.

Daten im Bereich der Transzendentalia
sind zum Beispiel eine einzelne spirituelle Intuition, eine Massenerleuchtung, eine bestimmte gnostische Einsicht oder ein vollständiges Satori. Die *transzendentalen Daten* werden vom *Auge der Kontemplation* direkt wahrgenommen und unmittelbar kontemplativ erfahren. Mystische Erfahrungen können auch vom Lehrer auf den Schüler übertragen werden.

Die Kontemplation transzendiert Verstand und Vernunft. Sie kann nicht auf Verstand zurückgeführt oder aus ihm abgeleitet werden, genauso wenig, wie die im engeren Sinne geistige Welt auf Sinneserfahrungen zurückgeführt oder aus ihr abgeleitet werden kann.

Wir können uns den Sachverhalt anhand folgenden Schemas (aus Wilber 1988) verdeutlichen:

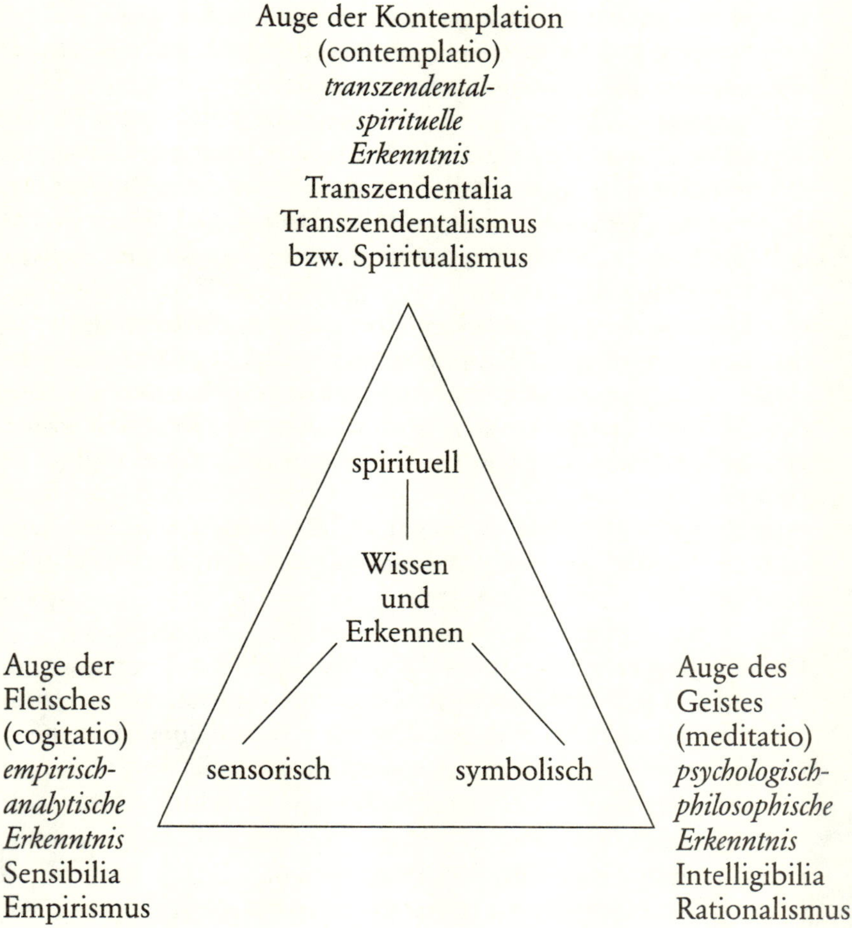

Nach Wilber besteht jede allgemein gültige Erkenntnis – gleich in welchem Bereich – letztlich aus drei Grundkomponenten:

- Aus *Handlungsanweisungen*: Um etwas Bestimmtes zu wissen oder zu erkennen, ist dieses oder jenes zu tun. Dabei ist die Beachtung und Beobachtung zu schulen; man hat sich mit Instrumenten vertraut zu machen.

- Aus *wahrnehmendem Sehen*: Durch die Handlungsanweisung ist das spezifische Auge der Erkenntnis aktiviert, so dass dem Betreffenden etwas ein-leuchtet.

- Aus *gemeinschaftlich geteiltem wahr-nehmenden Sehen*: Die anderen, die dasselbe Auge benützen, erhalten dadurch den konsensuellen Beweis wahrheitsgemäßen Sehens.

Sie melden einer Versicherung einen Sturm- und Hagelschaden. Dachschindeln sind beschädigt, Wasser ist über den Dachboden in ein oberes Zimmer gelangt und hat dort einen Teppich beschädigt, die Jalousie auf der Terrasse ist aus ihrer Verankerung gerissen usw. Der Prüfer der Versicherung erhält die Handlungsanweisung, den Schaden zu besichtigen und zu taxieren. Dieser nimmt den Schaden durch Augenschein wahr. Im Formular zur Schadensmeldung sollte auch angegeben werden, ob ein ähnlicher Schaden bei den Nachbarn vorgekommen ist. Im Übrigen bestätigt der Prüfer gemäß der dritten Komponente Ihre Angaben. – Dieser Fall ist relativ einfach.

In der empirischen Wissenschaft ist dies zumeist komplizierter, denn technisch ausgefeilte Anweisungen finden statt. Will man zum Beispiel Krebszellen ausfindig machen, muss man zuerst lernen, die richtigen histologischen Schnitte durchzuführen sowie die Färbetechnik zu beherrschen, das heißt ein Präparat herzustellen. Außerdem muss man mit dem Mikroskop umgehen können, um gesunde Zellen von kranken Zellen zu unterscheiden. Das angesprochene Auge muss geschult werden, damit es die Eindrücke, die es zu empfangen hat, überhaupt wahrnehmen, erkennen kann.

Mit anderen Worten: Das geistige Auge, das Auge der Vernunft, muss geschult werden, um Informationen und Erkenntnisse zu erfassen. Um diesen Text zu verstehen, muss der Leser Lesen gelernt haben. Mathematische und geometrische Wahrheiten können nur aufgenommen, erfasst werden, wenn wir eine gewisse Schulung in diesen Gebieten erhalten haben. Psychologische Erkenntnisse verstehen wir in vollem Sinne des Wortes dann, wenn wir sie mit unserem eigenen Erleben und Verhalten und dem anderer in Beziehung setzen können.

Ebenso können transzendentale Wahrheiten nur dann erkannt werden, wenn wir in der Kontemplation und Meditation ausreichend geschult worden sind und sie geübt haben. Das heißt, die für den transzendentalen Bereich mögliche Selbsterfahrung und Erkenntnis ist nur über die bereichsspezifischen Handlungsanweisungen und Übungen zu erreichen.

Der Beweis im Bereich des Transzendentalen ist kein empirischer und auch kein rational-philosophischer, sondern ein kontemplativer Beweis, letztlich ist er ein Gottesbeweis. Die Gotteserkenntnis ist für das meditativ-kontemplative Auge genauso ›wirklich‹, also offenbar wie die Mathematik für das geistige Auge und der Sonnenschein für das physische Auge. »Ein geschultes kontemplatives Auge kann die Existenz Gottes mit genau derselben Gewissheit und Allgemeinverbindlichkeit beweisen wie das Auge des Fleisches die Existenz von Felsen beweisen kann« (Wilber 1988, 47).

Die je ausgearbeiteten Philosophien für die einzelnen Erkenntnis- oder Wirklichkeitsbereiche sind

- der Empirismus,
- der Rationalismus und
- der Transzendentalismus oder Spiritualismus.

Wichtig erscheint die Feststellung, dass sich jede dieser Sichtweisen auf *einen* Ausschnitt der Wirklichkeit bezieht. Das bedeutet auf Daten, die einem je spezifischen Erkenntnisvermögen erfahrungsmäßig zugänglich sind.

Viele Missverständnisse entstanden und entstehen auch weiterhin dadurch, dass der Begriff ›Erfahrung‹ doppeldeutig aufgefasst wird. Einmal bezieht er sich nur auf sinnliche Erfahrung, zum anderen deckt er praktisch alle Formen von Gewahrsein und Bewusstsein ab. Wenn wir – wie es die Empiristen tun – nur den engen Begriff von Erfahrung zulassen, dann neigen wir dazu, jede höhere Erkenntnis und Erfahrung auf sensorische Erkenntnis und Erfahrung zu reduzieren.

Wir dürfen nicht in die Falle des Kategorialirrtums verfallen, indem wir annehmen, wir könnten durch Rückführung des höheren Bereichs auf den niederen die Daten bzw. Wirklichkeit und Wahrheit des höheren Bereichs dokumentieren. So versuchen die Empiristen, alles Geistige und Transzendentale auf die Sinnlichkeit zu reduzieren. Die Szientisten (Szientismus = Wissenschaftsstandpunkt; Lehre von der wissenschaftlichen Begründungsmöglichkeit einer Wahrheit) führen transzendentale Phänomene auf geistige Phänomene im engeren Sinne zurück (z. B. psychische Prozesse), um Transzendentales verständlich zu machen und zu stützen. Da unsere Sprache das wichtigste menschliche Ausdrucks- und Kommunikationsmittel ist, wird man sich ihrer über weite Strecken bedienen müssen, um sinnliche und transzendentale Phänomene zu verdeutlichen. Doch sind die Phänomene sinnlicher und transzendentale Erfahrung nicht im mittleren Wirklichkeitsbereich zentriert. Allerdings lassen sich die Daten des ersten Wirklichkeitsbereichs durch die geistige Erkenntnisweise gut aufzeigen und darstellen. Auf transzendentale Daten kann unser Verstand lediglich hinweisen und sie auch nur andeutend – mit Hilfe von Negationen – charakterisieren.

»Sinneswahrnehmung, Verstand und Kontemplation enthüllen also ihre eigenen Wahrheiten in ihrem jeweiligen Bereich, und sobald ein Auge für das andere zu sehen versucht, verschwimmt ihm alles« (Wilber 1988, 19).

Das Streben nach Spiritualität lässt sich bis in die ältesten Zeiten zurückverfolgen. Der Mensch ahnte, dass eine Bewusstseinserweiterung ihm neue Dimensionen der Wirklichkeit erschließt. Immer wieder erfuhren Menschen, dass es neben dem Schwarz-Weiß-Programm der alltäglichen Wirklichkeit das Farbprogramm einer erweiterten Wirklichkeit gibt, die voller Licht und Liebe ist.

Wie zuvor schon angemerkt, lassen sich transzendentale Daten nicht ohne weiteres – wie die Sinnes- und Verstandesdaten – angemessen beschreiben. Spirituelle Daten sind unbegrifflich und gehen über den Verstand hinaus, das heißt der GEIST kann vom Verstand nicht adäquat betrachtet werden, weil er den Verstand übersteigt.

Die Kontemplation offenbart uns, dass der GEIST, das Höchste Sein, eine ›coincidentia oppositorum‹ (Nikolaus Cusanus), eine non-duale Wirklichkeit ist, die nicht exakt geschildert oder vernunftsmäßig begriffen werden kann. Unsere Vernunft ist dual konstruiert; sie unterscheidet Sein und Nichtsein, konkret und abstrakt, klein und groß, endlich und unendlich usw.

Wenn man versucht, den GEIST, die non-duale Wirklichkeit in Aussagen der dualistischen Vernunft zu übersetzen, schafft man Gegensätze, wo keine sind. Man kann dann für jede Gegensatzposition gleichwertige, plausible, rationale Argumente vorbringen. Die Vernunft erzeugt nur Paradoxa, wenn sie das Absolute oder GOTT zu begreifen versucht. Alle diesbezüglichen Versuche, mit dem Auge des Verstandes und der Vernunft den Himmel zu schauen, sind sinnlos.

Kant hat dies klar dargestellt. Da er aber kein echtes Verständnis für Kontemplation hatte, glaubte er, seine ›Kritik der reinen Vernunft‹ beweise, dass die Gottheit nie unmittelbar erkannt und mit Gewissheit intuiert werden kann. In Wirklichkeit hat er nur bewiesen, dass GOTT nicht durch die Sinne oder mit dem Verstand zu erkennen ist.

Etwa fünfzehnhundert Jahre vor Kant gelangte Nagarjuna, der Begründer des Madhyamika-Buddhismus, zur gleichen Erkenntnis wie der Königsberger Philosoph: Der Verstand kann das Wesen der Absoluten Wirklichkeit nicht erfassen, und wenn er es versucht, erzeugt er nur dualistische Widersprüche. Kant und Nagarjuna zeigten also die Grenzen des Verstandes auf. Nagarjuna und alle Mystiker aller Religionen und Zeiten gingen darüber hinaus und zeigten, dass das Auge der Kontemplation fähig ist, die Höchste Wirklichkeit direkt, nicht-begrifflich und unvermittelt zu erfahren.

Ausblick: Rückkehr zum Alltag – ein paar praktische Empfehlungen

Die Imaginationsforschungen und deren praktische Nutzung in der Psychotherapie haben uns gelehrt, dass wir viel mehr als bisher für unsere Gesundheit, unser Wohlbefinden und unser Glück tun können.

Wir sollten das Panorama des GEISTES in unserer Erinnerung behalten und uns, nachdem wir in die Ebene des Alltags zurückgekehrt sind, von der Spiritualität tragen lassen, uns aber daneben fragen: Was können wir zunächst einmal für uns und unsere Lebensführung lernen? Was können wir tun, damit wir unser Leben besser bewältigen, unsere Probleme besser lösen?

Wir wissen, dass intensive bildhafte Vorstellungen – Imaginationen – je nach Vorzeichen störende und krankmachende oder ordnende und heilende Wirkungen haben.

Wenn der Mensch sich seiner Fähigkeit zur Imagination in der richtigen Art und Weise bedient, kann er auf allen Lebensgebieten Kräfte entwickeln, die ihn zu erstaunlichen Leistungen befähigen. Wie alle menschlichen Fähigkeiten bedarf auch die Imagination der Erweckung und Entwicklungsförderung.

1. Die Entdeckung eigener Möglichkeiten

Selma Lagerlöf berichtet in ihrer Erzählung von der Reise des kleinen Nils Holgerson mit den Wildgänsen von einem Elch, der in enger Umzäunung aufgewachsen war. Seine eigene Kraft und das Leben im freien Walde kannte er nicht und war mit sich und seinem Dasein ganz zufrieden. Da verlockte ihn eines Nachts ein Hündchen, über das Gatter zu springen, zeigte ihm die Schönheit von Wald, Moor und Heide und wie die Elche in der Freiheit leben. Noch dachte der Elch gar nicht daran, dass ein solches Leben auch für ihn sein könnte, und er kehrte zu seiner Umzäunung zurück. Aber als er nun davorstand, diese Enge mit der ihm bekannt gewordenen Weite verglich, da schüttelte er sein Geweih, ergriff die Freiheit, die sich ihm bot und wurde das, wozu ihn die Natur bestimmt hatte: ein starkes, stolzes und freies Tier im Walde. Der Elch hatte sich und seine Bestimmung erkannt.

Auch in jedem Menschen steckt ein solches kreatives Wachstumspotential. Es muss geweckt werden. Irgendetwas muss unser Innerstes rühren und die schlummernden Kräfte aufrütteln, auf die Schranken aufmerksam machen, hinter denen wir uns bisher zu leben begnügten. Die Entdeckung von neuen Gaben und Kräften in uns wird zum Antrieb neuen Strebens und Schaffens.

Der Mensch, der zu sein wir fähig sind, ist das Wichtigste, nicht der Mensch, der wir sind. Wir tragen einen Schatz in uns, der viel kostbarer ist als Geld. Wir sollten dieses Kapital arbeiten lassen. Die Kognitive Verhaltenstherapie regt den Klienten zum Suchen und Finden seiner größeren Möglichkeiten an.

Durch Mangel an Selbstvertrauen, durch Unsicherheit und Angst kommen wir nicht zur Befreiung. Wer einmal die Macht erprobt hat, die in ihm und seinem Denken ruht, dem ist es unmöglich, so wie bisher weiterzuleben.

Wie kommt solch eine Entdeckung unserer Möglichkeiten zustande?

- Mit Fleiß und Ausdauer haben wir unsere versäumte oder abgebrochene Schulbildung später auf einem anderen Bildungsweg in den Abendstunden nachgeholt.
- Wir haben ein Seminar über Kreativität besucht und dabei erfahren, dass wir zum Beispiel auf dem Gebiet bildnerischer Gestaltung ein großes Talent besitzen.

Wer in einer Familie aufwächst, die kulturelle Interessen pflegt, schon im Vorschulalter zu allerlei Tätigkeiten angeregt wird und dem man später den Zugang zu weiterführenden Bildungsanstalten ermöglicht, hat es leichter, seine Fähigkeiten zu entwickeln. Doch bietet eine solche Ausgangslage keineswegs eine Garantie dafür, dass die Betreffenden ihre Chancen nutzen. Wir kennen viele Beispiele, dass solche Menschen später auch ›vergammeln‹ können. Andererseits kennen wir Beispiele, dass Menschen, die in widrigen Umständen aufwuchsen, später den Weg zu einer höheren Entwicklungsstufe fanden. Sie schufen sich Verhältnisse und Situationen, in denen sie das zu leisten imstande waren, was sie leisten wollten.

Wer zu höheren Leistungen und einem erweiterten Dasein, zu höherer Entwicklung seiner Selbst kommen und zu einer vollen Bestätigung seiner Fähigkeiten gelangen will, muss sich um jeden Preis von seinen Unzulänglichkeitsgefühlen freimachen. Das kostet oft Mühe, Kämpfe, Leiden und viele Reibungen. Der Diamant kann seinen Glanz und seine Schönheit nur durch Bearbeitung des Rohmaterials entfalten, nämlich durch Reibung, die seine Flächen schleift und glättet. Das ist der Preis für seine Befreiung aus der Dunkelheit.

Viele Menschen verdanken ihre Größe den Schwierigkeiten, mit denen sie zu kämpfen hatten. Mancher Mensch findet sich selber erst, wenn er alles verloren hat. Tüchtige Menschen verwandeln Enttäuschungen in Hoffnungen. Im Gefängnis von Madrid schrieb Cervantes seinen Don Quichote. Beethoven war völlig taub und mit Sorgen überhäuft, als er seine größten Werke schuf. Der Einstein der Gegenwart, Stephen Hawking, ist ein schwer behinderter Mann.

In allem Lebendigen wirken Kräfte der Vervollkommnung, so auch in jedem Menschen. Gelegentlich muss ein Mensch eine schwere Niederlage oder Enttäuschung erleiden, um seine Kräfte zu entdecken und zu entwickeln. Mancher Erfolg hat sich aus der Asche eines verbrannten Glücks oder aus dem Schutt eingestürzter Hoffnungen erhoben. Selbstvertrauen ist ein mächtiger Selbstentdecker.

2. Die Last hemmender Furchtsamkeit

Befürchtungen, Sorgen und Schüchternheit wirken lähmend auf alle körperlichen und seelischen Lebensfunktionen; sie schwächen unsere Lebenskraft.

Furcht vernichtet alle Spontaneität und Unternehmungslust. Sie wirkt sich lähmend auf körperliche und geistige Tätigkeit aus.

Viele Menschen fürchten sich vor allem. Sie fürchten sich vor der Zugluft, haben Angst, sich zu erkälten, scheuen sich zu essen, was sie möchten, wagen keine geschäftlichen Unternehmungen, weil sie ihr Geld verlieren könnten und fürchten sich vor der öffentlichen Meinung. Sie leben in beständiger Angst vor dem, was ihnen andere sagen, was andere an ihnen auszusetzen haben, und so weiter.

Manche leben in ständiger Furcht vor Krankheiten: Wenn sie erkältet sind, glauben sie, eine Lungenentzündung sei im Anzuge; wenn es sie im Halse kratzt, ist dies bereits ein Geschwür in der Speiseröhre; wenn ihr Herz einmal kräftiger klopft, so denken sie an ein schweres Herzleiden oder sie befürchten einen Infarkt. Solche Leute altern nicht nur früher, sondern sterben auch früher als andere.

Vor kurzem, so berichtet Baerwald, flatterte sein kleiner Vogel, dem er die Tür des Käfigs geöffnet hatte, gegen die Fensterscheibe, glitt zwischen ihr und der Gardine herab und saß lange Zeit still, schreckensstarr da; er fühlte sich dort gefangen. »Von dieser Art ist ein großer Teil unserer Leiden. Wir brauchen nur den Vorhang für einen Vorhang und nicht für eine Gefängnismauer anzusehen, und wir haben nicht den mindesten Grund zu klagen. Schwerste seelische Qual beruht oft auf nichts weiter, als dass wir nicht ausreichend festgestellt haben, was eigentlich vorliegt, und das nun unser allzu geschäftiges Denken den Platz und Spielraum, den ihm die Lücken unseres Wissens lassen, mit Unheilsphantasien ausfüllt. Wie oft habe ich schon ganze Tage mit Ärger und Sorge über vermeintliche Kränkungen oder Schädigungen verbracht, die sich, sobald ich den Schuldigen zur Rede stellte und seine wirklichen Worte, Handlungen und Motive erfuhr, als gänzlich harmlos herausstellten« (Baerwald 1921, 27f).

Der von Furcht beherrschte Geist öffnet seine Tür geradezu für die Dinge und Zustände, die er fürchtet: »Wohin gehst du?«, fragte ein Pilger im Osten, als er eines Tages der Pest begegnete. »Ich gehe nach Bagdad, um fünftausend Menschen zu töten«, war die Antwort. Einige Tage darauf traf der Pilger die Pest wieder bei der Rückkehr. »Du hast mir gesagt, du wolltest nach Bagdad gehen und fünftausend Menschen töten«, sagte er, »aber statt dessen hast du fünfzigtausend getötet.« »Nein«, antwortete die Pest, »ich habe bloß fünftausend getötet, die anderen starben vor Furcht.«

Furcht ist der kostspieligste Gast, den wir bewirten können. Wir laden geradezu das ein, was wir befürchten. Wir sind meistens selber unsere schlimmsten Feinde. Wir verderben uns das Spiel unseres Lebens oft durch unsere eigenen herabziehenden Gedanken und verdüsternden Stimmungen.

Leider messen sich die meisten Menschen mit dem Maße ihrer Schwäche, nicht mit dem ihrer Kraft. Recht wenige Menschen machen sich klar, wie viel der Glaube an sich selbst mit dem Erreichen eines Zieles zu tun hat. Die meisten kommen niemals auf den Gedanken, dass dieser Glaube eine schöpferische Kraft hat. Furcht und Zweifel untergraben das Leben im Kern.

Bei tatsächlicher oder vermeintlicher Belastung reagiert der Körper zunächst nur mit einer Erregung. Daraufhin nimmt der Mensch eine Bewertung vor, er deutet die Erregung und nimmt sie wahr entweder als Herausforderung oder als Bedrohung. Im ersten Falle werden über die Konzentration der Aufmerksamkeit Bewältigungskräfte mobilisiert. Man versucht, mit der Belastung fertigzuwerden. Im anderen Falle kommt es durch die Überflutung der Aufmerksamkeit zur Angstentstehung. Die Angst setzt das Bewusstsein herab und engt die Aufmerksamkeit ein; es kommt zur angstbedingten Irritation – und in der Folge zu offenen und verdeckten psychischen Erscheinungsweisen, die alle unsere Leistungs-, Kommunikations- und Liebesfähigkeit einschränken, so dass wir auf problematische Gegebenheiten unseres Lebens nicht mehr angemessen reagieren können.

3. Der Mensch kann sich verändern

Wie können wir jemandem helfen, sich zu verändern? Wie kann der Betreffende sich selbst helfen, einen neuen Weg einzuschlagen?

- Er muss zuerst einmal seine Fehlverhaltensweisen erkennen, sich klarmachen, in welchen Situationen sie auftreten.
- Er muss zweitens erkennen, dass und in welcher Weise sie unproduktiv und selbstschädigend sind.

- Er muss drittens Strategien zur Beseitigung entwickeln und Schritte in dieser Richtung gehen.

Fünf Einsichten sollten dem Betreffenden deutlich und stets gegenwärtig sein:

Erste Einsicht:
Der Mensch kann sich verändern, auch wenn er meint, er habe nun einmal diese oder jene negativen Eigenschaften. Die meisten unserer Eigenschaften haben wir uns im Laufe des Lebens angeeignet. Ganz besonders gilt dies für Eigenschaften, die unser Leistungs- und Sozialverhalten kennzeichnen. Was man aber gelernt hat, kann man auch wieder lernen aufzugeben.

Zweite Einsicht:
Die Gefühle, die wir haben, die uns bedrängen und bedrücken, sind das Ergebnis oder Produkt von vorauslaufenden Gedanken. Diese Gedanken registrieren wir oft gar nicht, weil sie sehr verkürzt verlaufen können. Weil wir aber die Gedanken steuern können, haben wir die Chance, über unsere eigenen Gefühle zu bestimmen. Wir werden diesen entscheidenden Punkt im Folgenden noch verdeutlichen.

Dritte Einsicht:
Wir müssen das Leben im Lichte der Entscheidungen sehen, die wir getroffen oder unterlassen haben. Die Verantwortung dafür, wie wir jetzt sind und wie wir uns fühlen, fällt nur uns selbst zu. Wir sind das Produkt unserer Entscheidungen. Wir können uns ändern, wenn wir dies stark wünschen, in Gedanken Ziele anpeilen und uns im Verhalten diesen Zielen schrittweise nähern.

Vierte Einsicht:
Wir haben die Verantwortung für den gegebenen Augenblick. Es gibt nur einen einzigen Augenblick, in dem wir etwas erleben und in dem wir lernen können, und das ist *jetzt*. Die meisten Menschen vergeuden den Großteil ihrer Zeit mit dem Beharren auf vergangenen oder zukünftigen Erlebnissen. Sie stützen sich immer wieder auf das, was war oder was ihrer Meinung nach sein wird. Sie belasten sich mit vergangenen und verpassten Chancen

oder erwarten etwas – Gutes oder Böses – von der Zukunft. Wir sollten aber wissen: Das Jetzt ist unsere Chancen- oder Fehlerzone. Im Jetzt können wir den neuen Weg beginnen oder ihm ausweichen, ihn also verpassen.

Fünfte Einsicht:
Menschliche Größe besteht im Wesentlichen darin, sich bei Situationen, in denen andere den Unsinn und Irrsinn wählen, für Lernen und persönliche Entwicklung zu entscheiden. Diese hier genannte Erkenntnis verweist uns auf das Problem der Intelligenz. Wir haben bisher die Intelligenz viel zu eng gefasst und sie zumeist mit dem Bildungswissen verknüpft. Der Intelligenztest misst im Allgemeinen nicht die zentrale Fähigkeit des Menschen, nämlich die Fähigkeit, ein produktives und befriedigendes Leben zu führen. Intelligent ist aber doch nur ein Mensch, der sich Techniken gegen die Lebensminderung und Lebenszerstörung angeeignet und der die Fähigkeit eingeübt hat, sich wohl und wertvoll zu fühlen. Wir können uns diese neue Denkweise aneignen. Wichtig ist die Erkenntnis, dass wir unsere Gefühle beeinflussen können.

4. Die Gefühle steuern

Gefühle sind Reaktionen, die wir gewählt haben. Wir können Zufriedenheit und Wohlbefinden erreichen. Machen wir uns die hier wirksame Lebenslogik klar:

- *Hauptvoraussetzung:* Ich kann meine Gedanken steuern.
- *Nebenvoraussetzung:* Meine Gefühle stammen aus meinen Gedanken.
- *Schlussfolgerung:* Ich kann also meine Gefühle steuern.

Sowohl neurophysiologische als auch psychologische Untersuchungen haben ergeben, dass man erst einen Gedanken entwickelt haben muss, um ein Gefühl zu verspüren. *Ein Gefühl ist eine psychologische Reaktion auf einen Gedanken.* Wir selbst sind also für unsere Gefühle verantwortlich. Nur wenn wir dies akzeptieren und beachten, können wir von uns aus unser Befinden und unsere Beziehungen verbessern.

5. Die Gedanken beeinflussen

Wir kommen zur Schlussfolgerung: Wenn Sie Ihre Gedanken beeinflussen, beeinflussen Sie Ihre Gefühle. Sie meinen gelegentlich, andere Menschen machten Sie unglücklich. Das stimmt nicht. Sie machen sich selbst unglücklich durch das, was Sie über die Menschen in Ihrem Leben denken. Ein freier, gesunder Mensch werden, das heißt lernen, anders zu denken.

Zum Beispiel grämt sich ein tüchtiger Angestellter darüber, dass sein Chef ihn für untüchtig halten könnte. Er leidet unter der seiner Meinung nach niedrigen Einschätzung durch seinen Chef. Was ist eigentlich die Ursache seiner Missstimmung? Nicht das Denken des Chefs macht ihn unsicher und traurig, sondern das, was er selbst denkt, drückt ihn nieder. Weil er denkt, der Chef schätze ihn nicht, zeigt er ein misstrauisch-unterwürfiges *Verhalten*. Dieses *Verhalten* beeinflusst nun den Chef in der Richtung einer sich selbst erfüllenden Prophezeiung: Der Chef beginnt, den Angestellten für untüchtig zu halten.

Die Kultur, in der wir leben, hat uns allerdings gelehrt, dass wir für unsere Gefühle nichts können. Viele Redensarten machen dies deutlich:

Wir sagen:	*Wir sollten sagen:*
Du tust mir weh.	Ich habe mir von dir weh tun lassen.
Du machst mich traurig.	Mich macht das, was du sagst, traurig.
Ich kann nichts dafür, dass ich mich so aufrege.	Es liegt an mir, was ich empfinde, aber jetzt will ich mich aufregen.

In großen Höhen bekomme ich immer Angst.	In großen Höhen ängstige ich mich, weil ich dauernd daran denke, ich könnte abstürzen.
Du machst mich ganz verlegen.	Ich selbst mache mich verlegen.
Sie regt mich mächtig auf.	Immer, wenn ich in ihre Nähe komme, rege ich mich auf.

Wir haben gelernt, dass andere Menschen oder die Umstände für unsere Gefühle verantwortlich sind. Wir haben darin feste Denkgewohnheiten ausgebildet. Gewohnheiten können so stark wie Triebe sein. Jede Gewohnheitshandlung, jede vollzogene Gedankengewohnheit verstärkt die Gewohnheit.

6. Die Denkgewohnheiten ändern

Denkgewohnheiten zu ändern, ist nicht leicht. Um die neue Denkart zu erwerben, bedarf es gewisser Einsichten und Verhaltensübungen. In sieben Punkten lassen sich die Erkenntnisse und das, was wir tun sollten, zusammenfassen:

- Wir müssen bei jeder Gelegenheit auf unser noch wirksames altes (unproduktives) Denken achten und es uns bewusst machen. Dabei erkennen wir, dass wir es gleichsam automatisch anwenden, weil wir es oft wiederholen, damit verstärkt und eingeübt haben.

- Bei jeder Gelegenheit sollten wir die neue (produktive, weiterführende) Denkart einüben, manchmal nachträglich, immer häufiger aber vorsätzlich.
  Wir kommen in eine ›unangenehme Situation‹. Zum Beispiel müssen wir an einer stumpfsinnigen, langweiligen Party teilnehmen. Wir überlassen uns nicht unserer alten Denkgewohnheit, sondern versuchen, irgendetwas Interessantes für uns aus dieser Begegnung zu machen.

Wir haben Angst vor dem Zahnarzt: Statt zu denken, das Bohren wird mir weh tun, denken wir: Das Bohren macht meine Zähne wieder tüchtig; der Bohrton ist eine notwendige Begleitmusik.

- Durch das Umdenken in vielen Situationen lernen wir schrittweise, die jeweilige Situation in der Hand zu behalten. Wir erfahren, dass es nichts bringt, den jeweiligen Verhältnissen die Schuld zuzuschieben.

- Wir erkennen bei diesem Prozess des Umdenkens und Umfühlens, dass wir uns selbst akzeptieren und schätzen lernen. Wenn wir einmal den Versuch unternehmen, unsere Selbstauffassung zu analysieren, entdecken wir, dass wir nicht nur eine einzige Selbstauffassung haben, die unwandelbar positiv oder negativ ist. Wir machen uns von uns selbst verschiedene Bilder in körperlicher, intellektueller, leistungsbezogener, emotionaler und sozialer Hinsicht. Wir können an diesen Selbstbildern arbeiten und sie verbessern. Wichtig ist, dass wir bei allen noch verbleibenden Unvollkommenheiten uns selbst, unseren Körper und unsere psychische Eigenart akzeptieren. Menschen, die sich selbst nicht mögen, zeigen verschiedene selbstschädigende Verhaltensweisen:

– Sie weisen Komplimente von anderen zurück.
– Sie beziehen sich beim Sprechen häufig auf andere (»Mein Chef meint ...« »Mein Mann ist der Ansicht ...«).
– Sie sprechen ihr eigenes Verdienst anderen zu. (»Das habe ich nur geschafft, weil mich mein Partner dabei stützte, weil die anderen so rücksichtsvoll und nachsichtig waren.«)
– Sie können sich selbst nicht loben, aber auch anderen kein Lob aussprechen, also nicht offen das Bemühen oder die Leistung anderer anerkennen.

- Wir sollten uns über Zustimmung und Bestätigung freuen, sie aber nicht ausdrücklich suchen. Hinter der oft zwanghaften Bestätigungssuche steht die Auffassung: Habe kein Vertrauen in dich selbst! Es ist nicht zu bestreiten, dass diese Haltung auf unsere Kindheit zurückgeht. Wir sind als Kinder oft zu wenig beachtet und anerkannt worden. Wir haben zu wenig Ermutigung und Chancen zur Selbstbestimmung gehabt. Wir sind zu stark dirigiert und fremdbestimmt worden. Auch die Schule fördert bestätigungssuchendes Denken und Verhalten.

- Wir sollten wissen und uns stets daran erinnern, dass man es nie allen recht machen kann. Wir haben uns viele Verhaltensweisen angeeignet, die eine Bestätigung herausfordern. Wir ändern beispielsweise unseren Standpunkt, weil ein anderer Zeichen von Missbilligung erkennen lässt. Oder wir sind deprimiert, wenn jemand unsere Meinung nicht teilt. Wir sagen zu allem Ja und Amen, auch wenn wir gar nicht einverstanden sind. Wir entschuldigen uns unaufhörlich.
  All diese nachgiebigen Verhaltensweisen sind selbstschädigend und gehören in den Formenkreis von Selbstunsicherheit. Sie schränken uns in unserem Selbstwertgefühl ein.

- Wir sollten Vergangenes auf sich beruhen lassen. Alles Vergangene ist gelaufen, ist unabänderlich und unabänderbar. Viele Menschen sind zu stark an ihre Vergangenheit gekettet. Sie haben eine Anzahl selbstschädigender Ich-bin-Auffassungen entwickelt: »So bin ich nun einmal.« »Ich war eben immer schon so.« »Ich kann nichts dafür, das ist halt meine Art.« »Das habe ich von meinem Vater oder von meiner Mutter geerbt.«
  Diese Ich-Floskeln zeugen von selbstentwertendem Verhalten. Mit der Rechtfertigung unseres Verhaltens durch den Bezug auf unsere Vergangenheit deuten wir zugleich an, dass wir weiterhin so bleiben werden, ja müssen.
  Mit diesen Ich-bin-Aussagen drücken wir aus, dass wir ein fertiges Produkt sind. Genauer besehen ist dies ein Ausweichmanöver, das uns von der Anstrengung der Selbstverbesserung abhält. Das uns selbst zugesprochene Etikett soll uns von der Lernbemühung befreien:

  - Ich bin schwach in Mathematik, in Sprachen ...
  - Ich bin schüchtern und gehemmt.
  - Ich bin reizbar und leicht aggressiv.
  - Ich bin vergesslich, unkonzentriert.
  - Ich bin dafür zu alt.

Durch alle diese Selbstaussagen und Selbstzuschreibungen vermeiden wir Anstrengung und Risiko, rechtfertigen wir zugleich auch noch die Vermeidung und befestigen sie.

Fazit:
Wir erkennen den neuen Weg. Wir müssen von den alten Festlegungen Abschied nehmen, uns neue Ziele setzen und neue Wege beschreiten:

- Bis heute habe ich es vorgezogen, so zu sein. Früher nannte ich mich ... heute ...
- Ich gehe einen neuen Weg. Ich verändere mich. Ich lerne ...

Die Vergangenheit können wir nicht ändern. Vergangenheit ist Asche. Wir leben heute. Wir können unser Leben neu gestalten, und zwar jetzt, in diesem Augenblick.

7. Zur Psychosomatik der Freude

Freude ist gekennzeichnet durch ein Gefühl von Selbstvertrauen und ein Gefühl, geliebt und liebenswert zu sein. Zugleich haben wir bei Freude ein o.k.-Gefühl. Es gibt uns die Gewissheit, Schwierigkeiten des Lebens bewältigen zu können.

Freude ist ein Zeichen, dass wir uns selbst akzeptieren und gute Beziehungen zu anderen Menschen und zur Welt im Allgemeinen haben. Freude ist Ausdruck eines Vertrauens in uns selbst und in andere.

Das Lächeln der Freude auf dem menschlichen Gesicht ist der allgemeinste und wirksamste Reiz, den es gibt. Er signalisiert persönliche und zwischenmenschliche Erfüllung.

Freude hat mehrere biopsychische Wirkungen auf den Menschen und seine Funktionen:

- Sie erleichtert und verstärkt soziale Ansprechbarkeit.
- Sie befreit von negativen Stimmungen.

- Sie erleichtert das persönliche Wachstum und die Selbstverwirklichung.
- Sie macht das Leben erträglicher und erleichtert die Arbeit.

Freude ist ein Gegenmittel gegen das Konkurrenzstreben oder das ›Erfolg-um-jeden-Preis-Syndrom‹. Wenn das Individuum bereits auf dem Wege zu einer Karriere-Neurose ist, kann die Öffnung zur Freudefähigkeit jene Gelassenheit bewirken, die Ehrgeiz und Hektik bändigt und die Aktivität auf ein bionomes Maß reduziert.

Zugleich wirkt Freude stimulierend; sie regt uns zu konstruktiver Tätigkeit an. So stehen Tätigkeitsfreude und Gelassenheitsfreude wie die Brennpunkte einer Ellipse zueinander.

Freude regt auch zur Hilfsbereitschaft an. In der Angst verschließen wir uns, konzentrieren uns ganz auf uns selbst.

In der Freude öffnen wir uns zur Teilhabe und Teilnahme.

Bei Freude erhöhen wir unsere allgemeine Aktivitätsbereitschaft; wir bringen bei Freude mehr und bessere Leistungen zustande als bei missmutiger Stimmung. Wir ermüden bei Freude auch weniger. Es ist schon so, dass uns eine Arbeit bei freudiger Gestimmtheit viel leichter fällt.

Bei Freude haben wir Empfindungen der Stärke, des Wohlbefindens und der Vitalität, verbunden mit Empfindungen des Selbstvertrauens und der Kompetenz.

Wie erreichen wir aber die Freude?

Kreative Aktivitäten und das Erreichen von Zielen führen oft zur Freude. Häufig ist aber nicht das Ziel selbst der Auslöser der Freude, sondern die Tätigkeit an sich.

Es gibt eigentlich nur fünf Verhaltensweisen, die unser Leben bereichern und uns Freude vermitteln:

- Den anderen positiv sehen.
- Sich selbst positiv sehen.
- Seine Arbeit schätzen.
- Den anderen zu Wort kommen lassen.
- Dem anderen behilflich sein.

8. Zur Selbstbestimmung

Der Mensch identifiziert sich häufig – wie Assagioli heraussstellt – *übermäßig* mit Teilaspekten seiner Persönlichkeit, mit

- seinem Körper,
- seinem Verstand,
- seinen Gefühlen,
- seinem Besitz oder seinen Tätigkeiten und Rollen, die er spielt.

Von daher lebt er nicht in Identität mit sich selbst; er ist ›fremdbestimmt‹. In besonderem Maße gilt dies für Personen mit psychischen und psychosomatischen Störungen. Emotionale Labilität, erhöhte Angstbereitschaft und zunehmende Unsicherheit drängen sie zu einer provisorischen Haltsuche, zur Identifikation mit einzelnen Persönlichkeitskomponenten, von denen sie sich nicht trennen können.

Identifikation mit dem Körper
Eine unserer Klientinnen hat abstehende große Ohren. Sie litt darunter, meinte, sie sei hässlich, und alle Leute fänden sie abstoßend. Andere Frauen beklagen sich über ihren zu kleinen oder zu großen Busen. Männer klagen oft über ihre spärlichen Kopfhaare, manchmal sogar über ihren – nach ihrer Ansicht – zu kleinen Penis und anderes.

Wir identifizieren uns aber nicht nur mit vermeintlichen Mängeln, sondern auch mit Vorzügen, so Frauen mit ihrer schlanken Figur, auf die sie bei allen Mahlzeiten besonders achten, Männer mit ihrem muskulösen Körperbau, den sie im Fitness-Center noch weiter auszubauen bestrebt sind.

Identifikation mit dem Verstand
Einer unserer Klienten war stets bemüht, seine intellektuellen Fähigkeiten auszubilden und zu nutzen. Er hatte sein Diplom in Psychologie mit ›sehr gut‹ bestanden, war stolz auf sein Wissen und seinen analytischen Verstand. Und dennoch war er unglücklich. Er hatte seit seiner Schulzeit die Entwicklung seiner sozialen und emotionalen Fähigkeiten versäumt. Er hatte eine Scheu vor sozialen Kontakten und vor der Äußerung seiner Gefühle. Er war

als Einzelgänger das brave und fleißige Kind seiner Eltern geblieben.

Identifikation mit dem Gefühl

Viele identifizieren sich mit ihren Gefühlen und meinen, diese spiegelten die Wirklichkeit wider. »Ich habe Angst, also ist die Umgebung bedrohlich.« Ängstliche haben sich in der Angst verfangen und kommen oft aus ihr aufgrund falscher Bewertungen und dementsprechenden Vermeidungs- und Rückzugsverhaltens nicht heraus. Nur bei tatsächlicher Bedrohung (durch andere) besteht beispielsweise ein Angstgefühl zu Recht.

Identifikation mit Besitz

Viele Menschen identifizieren sich mit ihrem Besitz, ihrer Briefmarkensammlung, ihren Aktien, ihren Jagdtrophäen usw. »Manche Menschen sind so mit ihrem Auto identifiziert, dass sie einen Kratzer an ihrem Auto so erleben, als sei ihr Gesicht durch eine Narbe entstellt worden, als seien sie dadurch, dass ihr Wagen einen Kratzer erhalten hat, kleiner geworden (Crampton in: Corsini ‹Hrsg.› 1983, 1061).

Wenn wir uns mit den Teilaspekten der Persönlichkeit identifizieren, führen wir ein entfremdetes, das heißt fremdbestimmtes Leben und verlieren oder versäumen den Kontakt zu unserem schöpferischen Selbst.

Nur durch die Bewusstmachung der einzelnen Identifikationen und über Selbstsicherheit können wir wieder zur Mitte unserer Persönlichkeit Zugang finden.

In diesem Zusammenhang stelle ich Ihnen folgende Meditation vor:

Psychosynthetische Meditation
(nach Asagioli, 1984)

- Schließen Sie die Augen.
- Atmen Sie etwa 12-mal tief ein und kurz aus – ohne jede Anstrengung. Sie sind ganz entspannt.
- Konzentrieren Sie sich nun auf Ihren Körper.
  Sagen Sie im Stillen zu sich etwa 6-mal:

**Ich habe einen Körper,
aber ich bin nicht mein Körper.**

Mein Körper mag sich in verschiedenen Zuständen der Gesundheit oder Krankheit befinden; er mag ausgeruht oder müde sein; aber das hat nichts mit meinem Selbst zu tun. Ich schätze meinen Körper als ein wichtiges Werkzeug der Erfahrung und Tätigkeit in der äußeren Welt. Ich behandle ihn gut; ich versuche, ihn bei guter Gesundheit zu halten; aber er ist nicht ich selbst.

**Ich habe einen Körper,
aber ich bin nicht mein Körper.**

- Versuchen Sie, sich diese Erkenntnis zu Eigen zu machen.

PAUSE

Sagen Sie alsdann im Stillen zu sich etwa 6-mal:

**Ich habe einen Verstand,
aber ich bin nicht mein Verstand.**

Mein Verstand ist ein wertvolles Werkzeug der Entdeckung und des Ausdrucks; aber er ist nicht das Wesen meines Seins. Sein Inhalt ändert sich beständig, indem er neue Ideen, neues Wissen und neue Erfahrung in sich aufnimmt.

Oft weigert er sich, mir zu gehorchen. Deshalb kann er nicht mein Selbst sein. Er ist ein Organ des Erkennens sowohl der äußeren als auch der inneren Ereignisse; aber er ist nicht mein Selbst.

**Ich habe einen Verstand,
aber ich bin nicht mein Verstand.**

- Versuchen Sie, sich diese Erkenntnis zu Eigen zu machen.

PAUSE

- Sagen Sie jetzt im Stillen zu sich etwa 6-mal:

**Ich habe Gefühle,
aber ich bin nicht meine Gefühle.**

Meine Gefühle sind verschiedenartig; sie wechseln manchmal und widersprechen sich. Sie mögen von Liebe zu Hass, von Ruhe zu Ärger, von Freude zu Leid übergehen; und trotzdem ändert sich mein Wesen nicht. Es bleibt unverändert. Auch wenn mich mal eine Welle des Ärgers überflutet, so weiß ich doch, dass sie vorübergehen wird; folglich bin ich nicht mein Ärger. Da ich meine Gefühle beobachten und verstehen kann und dann allmählich lerne, sie zu leiten, zu benutzen und in Einklang zu bringen, ist es klar, dass die Gefühle nicht mein Selbst sind.

**Ich habe Gefühle,
aber ich bin nicht meine Gefühle.**

- Versuchen Sie, sich diese Erkenntnis zu Eigen zu machen.

PAUSE

- Sagen Sie nun im Stillen zu sich etwa 6-mal:

Ich befasse mich mit verschiedenen Tätigkeiten und spiele verschiedene Rollen, aber ich bin nicht diese Tätigkeiten und Rollen.

Ich arbeite, lese, spiele oder sehe fern, bin Mutter oder Vater, Ehefrau oder Ehemann, Tochter oder Sohn, Geschäftsmann oder Beamter, Chef oder Angestellter, Studentin oder Werktätige. – Das sind einige meiner Tätigkeiten, die ich ausführe oder Rollen, die ich spiele. Sie wechseln mit den Situationen und dem Alter. Deshalb bin ich weder meine Tätigkeiten noch Rollen.

Ich befasse mich mit verschiedenen Tätigkeiten und spiele verschiedene Rollen, aber ich bin nicht diese Tätigkeiten und Rollen.

- Versuchen Sie, sich diese Erkenntnis zu Eigen zu machen.

PAUSE

- Sie haben versucht, sich von Ihrem Körper, von Ihrem Verstand, von Ihren Gefühlen, von Ihren Tätigkeiten und Rollen abzusetzen.

- Fragen Sie sich jetzt:

Wo liegt der Schwerpunkt meines Lebens? Worauf sollte ich mich in guten und schlechten Tagen immer wieder besinnen?

- Die Antwort lautet:

Ich lebe aus dem Zentrum meiner Seele, aus dem unzerstörbaren kraftvollen SELBST.

- Sprechen Sie diesen Satz etwa 6-mal im Stillen zu sich selbst.

PAUSE

- Die Übung ist beendet.
  Öffnen Sie die Augen. Recken und strecken Sie sich.
  Sagen Sie zu dabei zu sich:
  Ich bin ganz wach und frisch, wach, entspannt und frisch, wach, entspannt und frisch.

9. Die Erfahrung stabilisierenden Einklangs

Nach den gegenwärtigen Forschungen beruht die Arbeitsweise unseres Nervensystems nicht allein auf den schwachen, ›langsamen‹ elektrischen Impulsen von Zelle zu Zelle. Es weist die Merkmale eines Halbleiters auf, das heißt es verhält sich in vielerlei Hinsicht wie ein Transistor oder eine Solarzelle. Vielleicht verhalten sich die Gliazellen des Nervensystems tatsächlich wie Flüssigkeitskristalle, also im Einklang mit umliegenden Energiefeldern. Damit wäre das Nervensystem in der Lage, elektrische Effekte um mehr als das Millionenfache zu verstärken. Jede Zelle ist ein Miniaturgenerator, der so viel elektrische Energie erzeugt wie notwendig ist, um einen Impuls an die nächste Zelle weiterzugeben.

Die Daten unserer unbemannten Satelliten lassen darauf schließen, dass der Planet selber als Gleichstromgenerator wirkt. Es ist sicher kein Zufall, dass der vorherrschende Rhythmus des Gehirns – die Frequenz seiner elektrischen Impulse – zwischen acht und zwölf Hertz beträgt. Dies entspricht eher der Frequenz des Erdmagnetfeldes, die zwischen acht und sechzehn Hertz liegt, wobei der häufigste Wert zehn Hertz ist. Wir sind vermutlich in unserer Evolution auf die Frequenz abgestimmt worden. Sie garantiert unsere Gesundheit und ist die Grundlage unserer Heilpotentiale. Wenn wir bei Störungen des psychischen Gleichgewichts durch Imagination und Meditation wieder Anschluss an den kosmischen Rhythmus finden, fördern wir unsere Heilungschancen.

Bei aller Belastung und Enttäuschung sollten wir einen kühlen Kopf bewahren, unserem gesunden Menschenverstand treu bleiben. Ein unsicherer Mensch, der hin und her schwankt, der nie weiß, was er will, der umfällt, wenn die Krisis kommt und der in der allgemeinen Aufregung jeglichen Halt verliert, ist ein ›Schönwettermensch‹, der nur bei glatter See ein Boot führen kann.

Ein gutes Beispiel für die Fähigkeit, unter allen Umständen sein ruhiges Gleichgewicht aufrechtzuerhalten, ist ein in der See schwimmender Eisberg. Wie stark auch Sturm und Wellen um ihn toben, er zittert und schwankt nicht. Der Grund liegt darin, dass sieben Achtel seiner riesigen Masse unter der Oberfläche des Wassers schwimmen. So ruht der Schwerpunkt des Ganzen in der unbewegten Tiefe der See.

Unser seelisch-geistiger Zustand – Hoffnung und Befürchtung, Freude und Kummer – hat einen großen Einfluss auf unseren Körper und unser Leben. Der Grund liegt darin, dass jede Zelle unseres Körpers denkt. Unser ganzer Körper denkt.

Gedanken sind Kräfte, Grundlagen des biologischen Systems. Inhalt unseres Lebens sind Gedanken und Taten. Die Kraft, die all unseren Handlungen zugrundeliegt, ist der Gedanke. Jeder Tat geht ein Gedanke voraus; er ist ihr Motiv. Wir sollten die Gedanken in Regie nehmen und unablässig auf ein Ziel richten, sei es um eine Heilung oder sonst ein erstrebenswertes Gut zu erreichen.

Die Psychosomatiker sind so gesehen die eigentlichen Materialisten; sie ›schicken‹ ihre psychischen Spannungen und Unstimmigkeiten in die Materie des Organismus. *Der spirituelle Mensch bedient sich der Macht der Gedanken und Vorstellungen, um sein Leben zu gestalten und um seine Ziele zu erreichen.*

Wichtig für die Wirksamkeit der imaginativen Methoden ist, dass wir selbst von ihrer Wirksamkeit überzeugt sind. Überzeugung ist hier nicht nur eine intellektuelle Kenntnisnahme, sondern ein emotional verankertes glaubensähnliches Wissen. Wenn

Erkenntnisse sich tief verankern sollen, bedürfen wir einer *besonderen Offenheit* und der *Fähigkeit, in der reinen Gegenwart zu leben.*

Wir können in uns diese Haltung pflegen durch *›beziehungsloses Schauen‹.*

> Wir betrachten beispielsweise eine Rose, ohne an ihr Verblühen zu denken, auch ohne sie mit anderen zu vergleichen oder etwa nach Größe, Form und Farbe zu beurteilen (z. B. als schön zu kennzeichnen).
>
> **Wir versenken uns in die Rose,**
> **lassen sie in ihrer Eigenart auf uns**
> **in selbstvergessener Kontemplation wirken.**

In solchen Augenblicken erleben wir die beruhigende heilsame Gegenwart. Goethe war dieses Erlebnis vertraut. Er sagte einmal zu Eckermann: »Halten Sie immer an der Gegenwart fest. Jeder Zustand, ja jeder Augenblick ist von unendlichem Wert, denn er ist der Repräsentant der ganzen Ewigkeit.«

Wir können oft nicht mehr wie das kleine Kind in der vollen Gegenwart leben; wir können diese Fähigkeit aber wieder erwerben und sie kultivieren.

In den Augenblicken solcher *Gelassenheit* ist unser leibseelischer Organismus in hohem Maße beeindruckbar; zugleich haben wir zu uns und unseren Fähigkeiten ein hohes Maß an Zutrauen und hoffnungsvoller Zuversicht. Was wir leisten, kann nie mehr sein, als was wir uns zutrauen. Wir können nur die Erfolge erreichen, die wir erwarten. Wir kommen dann in mehrfachem Sinne an.

Menschen, die eine solche Gelassenheit erreicht haben, sind zugleich auch taktvolle Menschen. Merkwürdigerweise finden wir den Begriff ›Takt‹ nicht in der gegenwärtigen Sozial- und Kommunikationspsychologie. Oft bleiben glänzende Fähigkeiten ohne Erfolg, weil ihr Träger diese schwer zu beschreibende Eigenschaft nicht besitzt. Takt ist das Öl, das das Getriebe menschlichen Zusammenlebens schonend in Gang hält. Solche Menschen stellen nicht sich selbst in den Vordergrund, sondern achten darauf, dass der andere auch zur Geltung kommt. Sie haben mitfühlendes Verständnis für die Lagebefindlichkeit des anderen, für seine Regungen der Furcht und Schwäche, Hoffnung und Sehnsucht.

Menschen dieser Art leben im Einklang mit sich selbst, mit anderen und darüber hinaus mit der Welt. Sie sind glücksfähig. Glücklichsein heißt in Übereinstimmung mit der Welt sein.

Ist mehr Gutes oder Böses, mehr Freude oder Leid, mehr Gesundheit oder Krankheit auf der Welt?

Wir neigen dazu, mehr auf der dunklen Seite zu stehen. Vielleicht liegt es daran, dass wir weitaus intensiver die Schmerzgelegenheiten wahrnehmen, ins Bewusstsein aufnehmen und bewahren, als die vielen Freudegelegenheiten. Im Durchschnitt sind tatsächlich Unlustgefühle intensiver als Freuden.

Sie machen beispielsweise eine Seereise von zwei bis drei Tagen und werden unterwegs seekrank. Dieser Zustand dauert vielleicht zwei bis drei Stunden; und doch wirft er einen Schatten auf die ganze Reise.

Im Übrigen ist das Lexikon der Unlustworte weit umfangreicher als das der Lustbezeichnungen. Um starke Lust und Freude zu kennzeichnen, koppeln wir die Ausdrücke oft mit der Sprache des Schreckens: wahnsinnig spannend, irrsinnig schön oder unheimlich attraktiv.

Der Pessimismus scheint Tiefsinn zu verraten, während der Optimismus eher oberflächlich, dem Leichtsinn verschwistert zu sein scheint. Aber das ist eine Fehleinschätzung.

Wir sollten nicht danach fragen, ob der Pessimist oder der Optimist das Weltgeschehen angemessener oder richtiger beurteilt. Weiterführender ist, nach dem Nutzen oder Nachteil beider Grundanschauungen für die Lebensbewältigung zu fragen. Die Antwort dürfte eindeutig zugunsten des Optimisten ausfallen.

- Wenn wir mehr die freudigen Ereignisse beachten,
- glückliche Augenblicke sammeln,
- an keiner Rose vorbeigehen, ohne ihren Duft zu atmen,

dann stehen wir in einem positiven Kraftfeld.

Wir vertreiben nicht die Zeit, sondern kosten sie aus.

Wir leben damit im Medium zuversichtlicher Freude. Goethe verstand es, sein Leben zu bereichern. »Willst du dich deines Wertes freuen, so musst der Welt du Wert verleihen« (Sprüche). Er verstand es auch, die Zahl der erlebten Glücksmomente zu erhöhen:

> »Man sollte alle Tage wenigstens ein kleines Lied hören,
> ein gutes Gedicht lesen,
> ein treffliches Gemälde sehen
> und wenn es möglich wäre, einige vernünftige Worte sprechen.«

Das Glück ist subjektiv bedingt, und zwar aus mehreren Gründen:

- Was uns emotional erregt, sind nicht die äußeren Geschehnisse und Ereignisse, sondern deren *Bewertung* und *Beurteilung im Denken und Vorstellen.* Daraus folgt: Ein Geschick kann uns nur dann und solange betrüben, wenn wir und solange wir ihm unsere negativen Vorstellungen und Gefühle leihen. Es schlägt uns nur, wenn wir und solange wir ihm bereitwillig entgegenkommen und uns zur Verfügung stellen.

- Das Glück besteht in unseren eigenen Vorstellungen und Gefühlen. Es ist damit das nächste erreichbare Gut, das wir uns denken können. Schopenhauer sagte einmal: »Was aber von allen subjektiven Gütern uns am unmittelbarsten beglückt, ist die Heiterkeit des Sinnes; denn diese gute Eigenschaft belohnt sich augenblicklich selbst.«

- Das mit positiven Vorstellungen verbundene Gefühl erweist sich als ein offenkundiger realer Lebenswert. Es stützt und fördert unser Wohlbefinden, unsere Leistungs-, Kommunikations- und Liebesfähigkeit.

Die Erkenntnis, dass Glück seelisch bedingt ist, dass es auf äußere Güter nicht so sehr ankommt, als auf die Vorstellungen und Gefühle, mit denen wir auf sie reagieren, ist vielen Menschen heute schwer klar zu machen. Schopenhauer hatte dies erkannt und treffend bemerkt, dass der Engländer der Wahrheit näher kommt als der Deutsche, wenn er nicht sagt: ›Er genießt Paris‹, sondern: ›he enjoys himself at Paris‹ (er genießt sich in Paris).

Die Klienten der Therapie machen für ihr Unglück, ihre psychischen Störungen und psychosomatischen Beschwerden fast durchgängig entweder die äußeren Umstände verantwortlich, in denen sie leben und arbeiten oder ihren Charakter und ihr Temperament, die sie beide als angeboren und unabänderlich ansehen. Damit nehmen sie sich selbst die Chance einer Veränderung. Es soll nicht bestritten werden, dass in einzelnen Fällen äußere Schicksalsschläge den Menschen schwer treffen können – man denke nur an Arbeitslosigkeit, schwere Körperverletzung, chronische Leiden oder eine todbringende Erkrankung. Doch hängen meistens die Schwierigkeiten des Klienten von Bedingungen ab, die er selbst ändern kann. Dabei kommt es entscheidend darauf an, welche inneren Zustände oder Vorgänge wir für unser Glück und Unglück haftbar machen.

Sehen wir ›angeborene Temperamentseigenschaften‹ oder so genannte ›Charaktereigenschaften‹ als ausschlaggebend an, dann ist unsere Sache schlecht bestellt. Wie könnten wir den ›geborenen Schwarzseher‹ in uns ändern? Angemessener und psychologisch richtiger ist die Auffassung, dass unser Glück weitgehend von unseren Vorstellungen und der assoziativen Verarbeitung des Gegebenen abhängt.

Epiktet sagte einmal: »Nicht die Dinge selbst beunruhigen den Menschen, sondern die Vorstellung von den Dingen.« So ist beispielsweise der Tod nichts Furchtbares; die Vorstellung vom Tode, er sei etwas Furchtbares, ist das Furchtbare.

In Shakespeares Hamlet finden wir folgenden Dialog (2.2, 244-250):

Hamlet:	Dänemark ist ein Gefängnis.
...	
Rosenkranz:	Der Ansicht sind wir nicht, mein Prinz.
Hamlet:	Nun, dann ist es keins für euch; denn es gibt nichts in sich Gutes oder Schlechtes, nur unser Denken macht's dazu.

Das Geheimnis von Gesundheit und Selbstheilung liegt in der Aktivierung des psychoneuroimmunologischen Supersystems.

Wir empfehlen:

- Einübung in muskuläre, vegetative und mentale Entspannung;

- Entwicklung des *förderlichen Ichs* über:
  - Einübung in Selbstsicherheit (Ich-Stärke) und Selbstvertrauen, dabei Abbau negativer unproduktiver Gedanken und Vorstellungen, Abbau von Hemmungen, Befürchtungen und Ängsten;
  - sich von Menschen und Situationen abgrenzen können, das heißt, sich nicht über etwas aufregen, durch das man *tatsächlich* gar nicht beeinträchtigt ist;
  - seine Emotionen freisetzen, das heißt Gefühle, besonders auch negative Gefühle wie Ärger und Enttäuschung angemessen (selbstsicher) ausdrücken;
  - Entscheidungsfähigkeit pflegen;
  - Bewusstmachung einzelner Identifikationen;
  - belastende Veränderungen als Herausforderungen und nicht als Bedrohungen ansehen; dabei auf Bewältigung hoffen; konflikthafte und belastende Situationen aktiv angehen; positive Erwartungen bei Heilungen, unterstützt durch gezielte Denkvisualisierungen.

- Von sich selbst absehen, sich lösen, sich etwa mit einem dichterisch gestalteten Lebensschicksal identifizieren, kann einem Menschen gelegentlich helfen, einen Weg aus seiner Leidensbefangenheit zu finden:
  F. Müller-Lyer beschreibt im 15. Kapitel seiner ›Soziologie des Leidens‹ eine eigene Erfahrung. Die Lektüre der Dichtung gab ihm Trost und verhalf ihm zu einem höheren und objektiven Verständnis seiner Lage: »Als ich vor Jahren in einen Konflikt geraten war, der mich tags bei der Arbeit und nachts im Schlaf störte, kam mir zufällig ein Roman in die Hände, der genau denselben Konflikt in der fesselnden Weise und beinahe in allen Einzelheiten mit der feinsten psychologischen Analyse schilderte. Froher hat mich kaum je eine Lektüre angemutet. Je

mehr ich mich in das Buch vertiefte, umso mehr fühlte ich mich erleichtert und von aller Verstimmung erlöst. Aus einem leidenden Objekt wurde ein anschauendes Subjekt. Der ganze Kummer fiel von mir ab wie eine hässliche Kruste von einer geheilten Wunde. Die Dichtung hatte mich ›über die Sache gestellt‹.« (S. 205)

- Freude am Körper und seinen Bewegungen entwickeln;

- Geselligkeit, Gedankenaustausch, freundschaftliche Beziehungen mit anderen pflegen, dabei zuhören können, Heiterkeit, Humor, Lachen, Liebe zeigen;

- Beachtung der Augenblicke – sich auf zufällige Erfahrungen einlassen;

- Entwicklung einer Liebe, zu Menschen, Tieren, Pflanzen – zur Natur. Sich aufschließen für den schimmernden Reichtum dieser Welt.

- Nach Schopenhauer erreicht Musik unter den Künsten die größte therapeutische Wirkung, da sie das Innerste allen Lebens und Daseins unmittelbar verständlich anspricht. Das erstaunt nicht, wenn man bedenkt, dass die mathematischen Gesetze der Natur mit der Musik und der psychisch-physiologischen Disposition des Menschen übereinstimmen. Diese Kongruenz basiert auf ganzzahligen Verhältnissen. Man spricht hier vom ›Urphänomen der Tonzahlen‹. Von daher kann Musik im weiteren Sinne lösend und befreiend auf uns wirken.

- Besinnlichkeit und Meditation einen Platz im Alltag einräumen.

Zusammenfassung psychoneuroimmunologischer Forschungsergebnisse

Die Psychoneuroimmunologie hat zu einer Reihe von Erkenntnissen geführt und dabei ältere Erfahrungen in einen gesicherten Wissensbestand gestellt, der es uns ermöglicht, neue Wege in Psychotherapie und Lebensführung zu beschreiten:

Erste Erkenntnis:
Nicht Viren und Bakterien machen uns krank, sondern unser inneres Milieu. Nicht die äußeren Umstände und Veränderungen belasten uns in den allermeisten Fällen, sondern unsere selbstschädigenden Einstellungen, Bewertungen dieser Umstände und Veränderungen. Hinzu kommt, dass wir uns oft nach den Meinungen und Erwartungen anderer richten und uns zu wenig auf unser eigenes Denken und Urteilsvermögen bei unseren Entscheidungen verlassen. Fehlverhalten, das bei aktiven Menschen immer mal vorkommt, sollten wir eingestehen und korrigieren. Wir sollten wissen, dass wir im Gehirn zwei Instanzen haben, einen Motivator und einen Rechtfertiger. Allzu oft hält uns die mächtige Tendenz zur Rechtfertigung davon ab, unsere unproduktiven Gewohnheiten und Fehler aufzugeben.

Zweite Erkenntnis:
Seit den sechziger Jahren wissen wir, dass wir im Gehirn Opiumrezeptoren haben, und einige Jahre später entdeckte man im Körper opiatähnliche Stoffe, die so genannten Endorphine, die ähnlich wirken wie starke Schmerzmittel. – In den letzten Jahren sind noch über 70 weitere Substanzen in unserer inneren Apotheke gefunden worden, die so genannten Peptide, kurzkettige Eiweißverbindungen, die im Gehirn und in verschiedenen Teilen des Körpers synthetisiert werden. Sie können in die unterschiedlichsten körperlichen Prozesse eingreifen. – Das Immunsystem besteht aus einem komplexen Netzwerk von Drüsen und Geweben, die über den ganzen Körper verteilt sind. Eine Immunantwort wird durch Antigene ausgelöst, das heißt durch körperfremde Organismen

wie Bakterien, Viren, Pilze, fremde Zellen und Stoffe wie Staub, Pollen und verschiedene chemische Substanzen. Das Immunsystem reagiert dabei nicht auf den ganzen Eindringling, sondern auf bestimmte molekulare Strukturen an deren Oberfläche. Da es sich bei den heilenden Substanzen um Dosierungen jenseits der Milligramme handelt, hat heute die Homöopathie eine gesicherte wissenschaftliche Fundierung erreicht. Die wichtigsten immunologisch aktiven Zellen sind die weißen Blutkörperchen, vor allem die Lymphozyten und die Fresszellen. Die organische Heilungsorganisation ist also das Immunsystem. Es arbeitet aber nicht – wie früher angenommen – autonom, sondern ist abhängig von anderen organischen und psychischen Prozessen. Es ist also beeinflussbar durch psychische Faktoren. Viele Untersuchungen haben mittlerweile nachgewiesen, dass wir das Potential unseres Abwehrsystems bewusst mobilisieren, also unsere Selbstheilungskräfte aktivieren können (vgl. Grünn 1990).

Dritte Erkenntnis:
Das Gehirn ist die zentrale Steuerungsinstanz. Es hat nicht nur die Aufgabe, Sinneswahrnehmungen zu verarbeiten, zu speichern und bei Bedarf als Erinnerung abzurufen, vernünftig zu denken, Musik, Mathematik und Politik zu verstehen. Seine wichtigste Aufgabe ist die Sicherung des Überlebens und die Aufrechterhaltung der Gesundheit.

Vierte Erkenntnis:
Das Immunsystem arbeitet in Abhängigkeit vom Gehirn und steht mit ihm in wechselseitiger Kommunikation. Gedanken, Einstellungen, Überzeugungen, Vorstellungen und Gefühle haben einen ausschlaggebenden Einfluss auf das Abwehrsystem. Körper und Psyche sind also eng miteinander verbunden. Das Immunsystem hat vieles gemeinsam mit dem Nervensystem. Beide Systeme reagieren auf Reize der Umwelt: das Nervensystem auf Sinneseindrücke und das Immunsystem auf körperfremde Stoffe. Beide sind lernfähig und besitzen ein Gedächtnis. Das Nervensystem erinnert sich in hohem Alter an Kindheitseindrücke und das Immunsystem vergisst die Kinderkrankheiten nicht.

Die Geist-Körper-Kommunikation soll möglicherweise – erste Forschungen deuten in diese Richtung – soweit gehen, dass der Geist über Einstellungen, Vorstellungen und Gefühle sogar Gene anzuregen in der Lage ist (vgl. Rossi 1991).

Fünfte Erkenntnis:
Viele Funktionen des Gehirns sind über sehr verschiedene Stellen des Gehirns verteilt, so dass das Gehirn heute nicht mehr in enger umgrenzte Lokalisationsareale gegliedert erscheint: Es funktioniert eher wie ein Hologramm. Jeder Mensch besitzt über zehn Milliarden Gehirnzellen. Jede Nervenzelle kann mit Hunderten anderer in Verbindung treten. Es sind also in diesem ›Biocomputer‹ unvorstellbar viele Kombinationen möglich. Unser Denken und Fühlen kann genauso gut im Darm oder im Herzen entstehen, da dort die gleichen zentralen Vermittler, die Peptide, vorhanden sind. Eine Depression bleibt nicht nur im Kopf, sondern findet sich überall, wo es Rezeptoren für die entsprechenden Transmitter gibt, im Herzen, im Darm, in der Leber und im Immunsystem. Die Peptide bilden ein Informationsnetzwerk, durch das der gesamte Organismus (Psyche, Gehirn und Körper) in hohem Maß integriert ist. Die Endorphine wirken nicht nur gegen Schmerz, sie sind auch zuständig für unser Wohlbefinden, für Euphorie, Begeisterung und andere gute Gefühle. Wenn wir ein Kunstwerk, beispielsweise ›Die Geburt der Venus‹ von Arnold Böcklin, betrachten, Musik, etwa die ›Goldberg-Variationen‹ von Bach, hören, spielen Endorphine mit. Sie stimulieren das Immunsystem, erhöhen dabei zugleich die Widerstandskraft gegenüber Infektionen und dies ohne Nebenwirkungen. Freudige und entspannende Situationen werden vom Gehirn wahrgenommen und über Gedanken und Vorstellungen mittels der Peptide in den Körper übertragen. Der Körper ist so gesehen die Projektion des Bewusstseins, also des persönlichen Geistes.

Stressresistenz kann gelernt werden. Einstellungen, Interpretationen und Verhalten sind veränderbar, wie die Software eines Computers.

Literaturverzeichnis

Achterberg, J.: Transpersonal Medicine – A proposed System of Healing. In: Revision: A Journal of Consciousness, Cambridge, Mass., Vol. 14, 3, 1992.

- : Die heilende Kraft der Imagination. München 1987; Neuauflage: Gedanken heilen. Die Kraft der Imagination. Grundlagen einer neuen Medizin. Reinbek 1997.

- : Dossey, B. und Kolkmeier, L.: Rituale der Heilung. Die Kraft von Phantasiebildern im Gesundungsprozess. München 1996.

Ahsen, A.: Eidetic psychotherapy: A short introduction. Lahore 1965.

- : Basic concepts in eidetic psychotherapy. New York 1965. Vgl. Corsini, R. J. (Hrsg.): Handbuch der Psychotherapie, Bd. 1, 146-165. Weinheim, Basel 1983.

Ariès, P.: Geschichte der Kindheit. München 1976 (2. Aufl.).

Assagioli, R. A.: Psychosynthesis. A manual of principles and techniques. New York 1965. Vgl. Handbuch der Psychotherapie, Bd. 2, 1052-1073, Weinheim, Basel 1983.

- : Die Schulung des Willens. Methoden der Psychotherapie und der Selbsttherapie. Paderborn 1984 (2. Aufl.).

Atwater, Ph. M. H.: Beyond the light: What isn't being said about the near-death experience. New York 1994.

- : Beyond the light – The full story. Near-death experience. London 1995.

Baerwald, R.: Der Mensch ist größer als sein Schicksal. Leipzig 1921.

Bandler, R. und Grindler, J.: Neue Wege der Therapie. Paderborn 1981.

Bateson, G.: Geist und Natur. Eine notwendige Einheit. Frankfurt 1982.

- : Ökologie des Geistes. Frankfurt 1985.

Bauer, E. (Hrsg.): Psi und Psyche. Festschrift für Hans Bender. Neue Forschungen zur Parapsychologie. Stuttgart 1974.

Berendt, J. E.: Das Dritte Ohr. Vom Hören der Welt. Hamburg 1986.

Berman, M.: Wiederverzauberung der Welt. Am Ende des Newton'schen Zeitalters. München 1983.

Binnig, G.: Aus dem Nichts. Über die Kreativität von Natur und Mensch. München 1989.

Biot, R.: Das Rätsel der Stigmatisierten. Aschaffenburg 1957.

Bohm, D.: Die implizite Ordnung. München 1987.

- : Das neue Weltbild. München 1990.

Capra, F.: Der kosmische Reigen. Physik und östliche Mystik – ein zeitgemäßes Weltbild. München 1981 (5. Aufl.).

- : Das neue Denken. Aufbruch zum neuen Bewusstsein. München 1987.

- : Lebensnetz. Ein neues Verständnis der lebendigen Welt. München 1996.

Carington, W.: Telepathy, London 1945.

Chew, G. F.: Bootstrap. A Scientific Idea. In: Science, Bd. 161, 1968, 762-765.

Corsini, R. J. (Hrsg.): Handbuch der Psychotherapie. Weinheim, Basel 1983.

Coué, E.: Die Selbstbemeisterung durch bewusste Autosuggestion. Basel, Stuttgart 1972.

Cousins, N.: Der Arzt in uns selbst. Hamburg 1981.

Dean, St.: Psychiatry and Mysticism. Chicago 1975.
Désoille, R.: Le rêve éveillé en psychotherapie. Paris 1945.
Dossey, Larry: Die Medizin in Raum und Zeit. Basel 1984.
- : Era III Medicine: The next Frontier. In: Revision: A Journal of Consciousness, Cambridge, Mass., Vol. 14, 3, 1992.
Dürckheim, von, Karlfried: Meditieren – wozu und wie. Freiburg, Basel, Wien 1976.
Early L. u. Lifschutz: A case of stigmata. In: Arch. of General Psychiatry 1974.
Eccles, J. C. und Zeier, H.: Gehirn und Geist, Biologische Erkenntnisse über Vorgeschichte, Wesen und Zukunft des Menschen. München 1980.
- : Die Evolution des Gehirns – Die Erschaffung des Selbst. München 1994.
Einstein, A.: Aus meinen späten Jahren. Stuttgart 1979.
Ellis, A.: Reason and emotion in psychotherapy. New York 1962.
- : Die rational-emotive Therapie. Das innere Selbstgespräch bei seelischen Problemen und seine Verdrängung. München 1977.
- : Praxis der rational-emotiven Therapie. München 1979. Vgl. Handbuch der Psychotherapie Bd. 2, 1105-1126, Weinheim, Basel 1983.
Epstein, G.: Wachtraumtherapie. Der Traumprozess als Imagination. Stuttgart 1985.
Erickson, M. H., Rossi, E. L. und Rossi, S. L.: Hypnose. Induktion – Psychotherapeutische Anwendung – Beispiele. München 1978.
- u. Rossi, E. L.: Hypnotherapie. Aufbau – Beispiele – Forschungen. München 1981.
Everett, H.: Relative State. Formulation of Quantum Mechanics. In: Reviews of Modern Physics, 3, 1957.
Faraday, A.: Die positive Kraft der Träume. München 1973.
- : Deine Träume – Schlüssel zur Selbsterkenntnis. Frankfurt/M. 1987.
Fechner, G. Th.: Nana oder über das Seelenleben der Pflanzen. Leipzig 1848.
Ferguson, M.: Geist und Evolution. München 1981.
- : Die sanfte Verschwörung. München 1982.
Feynman, R.: Mathematical Formulation of the Quantum Theory of Electromagnetic Interaction. In: Schwinger, J. (Hrsg.): Selected Papers of Quantum Electrodynamics, New York 1958.
Fisher, R. A.: A cartography of ecstatic and mediative status. In: Science 174, 1971.
Frank, J. D.: Die Heiler. Wirkungsweisen psychotherapeutischer Beeinflussung. Vom Schamanismus bis zu den modernen Therapien. Stuttgart 1972.
Gallwey, W. T.: Tennis und Psyche. Das Innere Spiel. München 1986 (3. Aufl.).
Garfield, P.: Kreativ träumen. Interlaken 1983.
Goleman, D.: Lebenslüge und einfache Wahrheiten. Warum wir uns selbst täuschen. Weinheim 1987.
Gold, H. et al. (Hrsg.): Cornell conferences on therapy. Bd. I, New York 1946.
Green, E. und Green Alyce: Biofeedback – Eine neue Möglichkeit zu heilen. Freiburg 1978.
- : Beyond Biofeedback, New York 1977 and Fort Wayne 1989.
Grof, St.: Das Abenteuer der Selbstentdeckung. Heilung durch veränderte Bewusstseinszustände. München 1987.
- : Kosmos und Psyche. Frankfurt/Main 1997.

Gruber, E.: Traum, Trance und Tod. Aus der geheimnisvollen Welt der Schamanen. Freiburg 1985.
Grünn, H.: Die innere Heilkraft. Düsseldorf 1990.
Haley, J.: Die Psychotherapie Milton H. Ericksons. München 1978.
Hall, C. S.: The meaning of dreams. New York 1968.
Happich, C.: Das Bildbewusstsein als Ansatzstelle psychischer Behandlung. Zbl. Psychother. 1932.
- : Anleitung zur Meditation. Darmstadt 1948.
Harman, W.: Bewusst-Sein im Wandel. Freiburg 1989.
Heim, B.: Elementarstrukturen der Materie: Einheitliche strukturelle Quantenfeldtheorie der Materie und Gravitation. Innsbruck 1989 (Bd. 1, 2. Aufl.) und 1984 (Bd. 2). Siehe hierzu auch Ludwig, W., 1998, der die Heim'sche Quantenfeldtheorie in zusammenfassender Form verständlich darstellt.
Heisenberg, W.: Physik und Philosophie. Berlin1973.
Heller, F. und Schultz, J. H.: Über einen Fall hypnotisch erzeugter Blasenbildung. Münchner med. Wschr. 1909.
Hilgard, E.: A neodissociation interpretation of pain reduction in hypnosis. Psychological Review 80, 1973.
Hoffmann, Y.: Der Ton der einen Hand. München 1978.
Hofstadter, D. R. und Dennett, D. C.: Einsicht ins Ich. Stuttgart 1987.
Horowitz, M.: Psychological response to serials Life Events. In: Breznitz, S. (Hrsg.): The denial of stress. New York 1983.
Jaffé, Aniela (Hrsg.): Erinnerungen, Träume, Gedanken von C. G. Jung. Zürich, Stuttgart 1963.
Jaffe, D. T. und Bresler, D. E.: Guided Imagery Healing through the mind's eye. In: Imagery. Its dimensions and applications. Hrsg.: Shorr, J. E. et al. New York 1980.
Jaynes, J.: Der Ursprung des Bewusstseins durch den Zusammenbruch der bikameralen Psyche. Hamburg 1988.
Johnson, R. C.: Light of all life. Norwich 1984.
Jonas, H.: Macht und Ohnmacht der Subjektivität. Frankfurt 1981.
Josephson, B. D. (Hrsg.): Consciousness and the physical world. Oxford 1980.
Jung, C. G.: The structure and dynamics of the psyche. New York 1960.
Kamiya, J.: Conscious control of brain waves. Psychology Today 1, 1968.
Karlins, M. und Andrews, L. M.: Biofeedback. Die Technik der Selbstkontrolle. Stuttgart 1973.
Kelly, G. A.: The psychology of personal constructs. New York 1955.
- : Fixed role therapy. In: Jurjevich, R. M. (Hrsg.): Direct psychotherapy. Coral Gables/Flor. 1973. Vgl. Handbuch der Psychotherapie Bd. 1, 216-230, Weinheim, Basel 1983.
Koestler, A.: Die Wurzeln des Zufalls. Frankfurt 1974.
Korzybski, A.: Science and Sanity. Lakeville, Conn. 1948.
Kretschmer, E.: Die psychosomatischen Beeinflussungsformen. Grundlagen, Indikationen, Methoden. In: Speer, E., Vortr. 2. Lindauer Psychotherapie-Woche 1951. Stuttgart 1952.
Kröner, Birgit u. Sachse, R.: Biofeedbacktherapie. Klinische Studien, Anwendung und Praxis. Stuttgart 1981.
Ein Kurs in Wundern. Gutach i. Br. 1994.
Lambert, F.: Autosuggestive Krankheitsbekämpfung. Basel, Stuttgart 1972.
Leonhard, G.: Der Rhythmus des Kosmos. Hamburg 1986.

LeShan, L.: Meditation als Lebenshilfe. Rüschlikon, Zürich 1977.
Leuner, H.: Katathymes Bilderleben. Ergebnisse in Theorie und Praxis. Bern, Stuttgart 1983 (2. Aufl.). Vgl. Handbuch der Psychotherapie Bd. 1, 451-471, Weinheim, Basel 1983.
Lévi-Strauss, C.: Strukturale Anthropologie. Frankfurt/M. 1978.
Locke, S. E. and Horning-Rohan, M.: Mind and Immunity: Behavioral Immunology, An Annoted Bibliography 1976-1982. New York Inst. for the Advancement of Health. 1983.
Ludwig, W.: Die erweiterte, einheitliche Quantenfeldtheorie von Burkhard Heim. Innsbruck 1998.
Lückert, H.-R.: Konfliktpsychologie. München, Basel 1972 (6. Aufl.).
- u. Lückert, Inge: Einführung in die Kognitive Verhaltenstherapie. München, Basel 1994.
- : Aktivationstherapie. Eine erweiterte Form der Kognitiven Verhaltenstherapie, herausgeg. von Inge Lückert. München, Basel 1996.
Maltz, M.: Psychokybernetics. New York 1960 (Neuauflage Hollywood 1970).
Mandelbrot, B. B.: Die fraktale Geometrie der Natur. Basel 1987.
Meichenbaum, D. W.: Kognitive Verhaltensmodifikation. München 1979.
Meinhold, W. J.: Spektrum der Hypnose. Genf 1980.
Miketta, G.: Netzwerk Mensch. Den Verbindungen von Körper und Seele auf der Spur. Reinbek b. Hamburg 1997.
Mitchell, E.: Wege ins Unerforschte. Die äußere und innere Reise eines Apollo-Astronauten. Freiburg 1997.
Montagu, A.: Körperkontakt. Die Bedeutung der Haut für die Entwicklung des Menschen. Stuttgart 1987.
Montkowski, A.: Wissenschaftliche Basis des Leib-Seele-Problems. In: Spiegel: 18.3.1994.
Moody, R. A.: Leben nach dem Tod. Reinbek 1977.
- : Nachgedanken über das Leben nach dem Tod. Reinbek 1978.
Moreno, J. L.: Psychodrama. New York 1946.
- : Das Stegreiftheater. Potsdam 1924. Vgl. Handbuch der Psychotherapie Bd. 2, 1008-1031, Weinheim, Basel 1983.
Moufang, W. und Stevens W. O.: Mysterium der Träume. Stuttgart, Zürich, Salzburg 1953.
Müller-Lyer, F.: Soziologie des Leidens. München 1914.
Murphy, G.: Outgrowing self-deception. New York 1975.
Neuhäusler, A.: Telepathie, Hellsehen und Praekognition. München 1957.
Österreich, T. K.: Die Phänomenologie des Ich in ihren Grundformen. 1910.
Pelletier, K. R.: Unser Wissen vom Bewusstsein. München 1982.
Penfield, W.: The Mystery of the Mind. Princeton NJ 1975.
Peniston, E. G. und Kulkosky, P. J.: Alpha-Theta Brainwave Training and B-endorphin Levels in Alcoholics. Alcoholism: Clinical and Expermimental Research, 13, 1989, 271-279.
Perls, F.: Gestalt-Therapy verbatim. Berkely 1969; dt.: Gestalt-Therapie in Aktion. Stuttgart 1974. Vgl. Handbuch der Psychotherapie Bd. 1, 281-320, Weinheim, Basel 1983.
Planck, M.: The Philosophy of Physics. New York 1936.
Popper, K. R. und Eccles, J. C.: Das Ich und sein Gehirn. München 1982.
Pribram, K. und Wilber K.: Das holographische Weltbild. Bern, München, Wien 1986.

Ring, K.: Den Tod erfahren - das Leben gewinnen. Erkenntnisse und Erfahrungen von Menschen, die an der Schwelle zum Tod gestanden und überlebt haben. München 1986 (2. Aufl.).
- : The Omega Project. New York 1992.
- and Elsaesser Valarino, E.: Lessons from the Light. What we can learn from the Near-Death Experience. New York 1998.
Rossi, E. L.: Die Psychobiologie der Seele–Körper-Heilung. Essen, 1991
Sabom, M.: Erinnerungen an den Tod. München 1983
Schmoll, H. J., Tewes U. and Plotnikoff, N. P.: Psychoneuroimmunology, Interactions between Brain, Nervous System, Behaviour, Endocrine and Immune System. New York 1992.
Schultz, J. H.: Das Autogene Training. Konzentrative Selbstentspannung. Stuttgart 1932, 1970 (13. Aufl.).
Shakespeare, W.: Hamlet. Stuttgart 1984.
Shapiro, A. K.: The placebo-effect in the history of medical treatment: Implications for psychiatry. In: Am. J. Psychiatry 116, 1959.
Shaprio, D. H. : Meditation in der Klinischen Psychologie. Eschborn b. Frankfurt/M. 1987.
Shedlowski, M. und Tewes, U.: Verhaltenseinflüsse auf das Immunsystem: Stress und Konditionierung. In: Biologie in unserer Zeit, 22, 5, 1992.
Sherrington, Ch.: Körper und Geist. Bremen 1964.
- : The integrative action of the nervous system. New Haven, Yale Univ. Pr. 1966.
- : Man on his nature. Cambridge. Univ. Pr. 1975.
Shorr, J. E.: Psycho-imagination-therapy. The integration of phenomenology and imagination. New York 1972.
- : Imaginationstherapie. In: Handbuch der Psychotherapie Bd. 2, 1032-1052, Weinheim, Basel 1983.
Simonton, O. C., Matthes-Simonton, Stephanie u. Creighton, J.: Wieder gesund werden. Eine Anleitung zur Aktivierung der Selbstheilungskräfte für Krebspatienten und ihre Angehörigen. Hamburg 1982.
Singer, J. L. und Pope, K. S. (Hrsg.): Imaginative Verfahren in der Psychotherapie. Paderborn 1987.
Spintge, R.: Physiologie, Mathematik, Musik und Medizin. Definitionen und Konzepte für die Forschung. In: Berger, L. (Hrsg.): Musik, Magie und Medizin. Neue Wege zur Harmonie und Heilung. Paderborn 1997.
Sternberg, S.: Memory scanning: New findings and current controversies. In: Quarterly Journal of Experimental Psychology 22, 1975.
Stevenson, I.: Reinkarnation. Der Mensch im Wandel von Tod und Wiedergeburt. Freiburg 1986 (5. Aufl.).
Stokvis, B. und Pflanz, M.: Suggestion. Stuttgart 1961.
Tart, Ch. T.: Transpersonale Psychologie. Freiburg 1978.
Tholey, P. und Utecht K.: Schöpferisch träumen. Der Klartraum als Lebenshilfe. Niedernhausen/Ts. 1987.
Tietze, H. G.: Imagination und Symboldeutung. Genf 1983.
Time-Life-Bücher: Das Immunsystem. Faszination menschlicher Körper. Amsterdam 1994.
Urban, H. J.: Ce que j'ai vu à Konnersreuth. In: Psyche, März 1954.
Walker, E. H.: Consciousness in the Quantum Theory of Measurement. In: J. for the Study of Consciousness 5, 1972.

- : The Nature of Consciousness. In: Mathematical Biosciences 7, 1970, 131-178.

Walleser, M.: Die mittlere Lehre des Nagarjuna. Heidelberg 1911.

Warner, W. L.: A black civilisation: A social study of an Australian tribe. New York 1941.

Whatmore, G. B. and Kohli, D.: Dysponesis: A neurophysiologic factor in functional disorders. In: Behavioral Science 13, 1968.

Wheeler, J. A. et al.: Gravitation. San Francisco 1973.

- : Gravitation und Raumzeit, Heidelberg 1991.

- : At home in the universe. Woodbury, New York 1994.

Wilber, K.: Die drei Augen der Erkenntnis. Auf dem Wege zu einem neuen Weltbild. München 1988.

- : Eros, Kosmos, Logos. Eine Vision an der Schwelle zum nächsten Jahrtausend. Frankfurt/M. 1996.

Wilson, E. S.: The Transits of Consciousness. In: Subtle Energies 4, 1993, 171 - 186.

Wittgenstein, L.: Tagebücher 1914-1916. In: Schriften. Frankfurt 1960.

Witkin, H.: Individual differences in ease of perception of embedded figures. In: Journal of Personality 1950.

Wolpe, J.: Praxis der Verhaltenstherapie. Bern 1981.

Woodworth, R. and Schlosberg, H.: Experimental Psychology. New York 1975.

Zänker, K. S. Kommunikationsnetzwerke im Körper. Psychoneuroimmunologie – Aspekte einer neuen Wissenschaftsdisziplin. Heidelberg, Berlin, New York 1991.

Zukav, G.: Die tanzenden Wu Li Meister. Der östliche Pfad zum Verständnis der modernen Physik: vom Quantensprung zum Schwarzen Loch. Reinbek 1993.

Quellennachweis

Aus folgenden Werken wurde mit freundlicher Genehmigung der genannten Verlage zitiert:

Ann Faraday: Deine Träume Schlüssel zur Selbsterkenntnis. © S. Fischer Verlag GmbH, Frankfurt am Main 1978

Jerome D. Frank: Die Heiler. Wirkungsweisen psychotherapeutischer Beinflussung. Vom Schamanismus bis zu den modernen Therapien. Aus dem Amerik. von Wolfgang Krege. The John Hopkins University Press, 1961. Klett-Cotta, Stuttgart 1981

Aniela Jaffé: Erinnerungen, Träume, Gedanken von C. G. Jung. © Walter Verlag, Zürich/Düsseldorf 1971

George Leonhard: Der Rhythmus des Kosmos. © alle deutschsprachigen Rechte bei Scherz Verlag, Bern, München, Wien für den Otto Wilhelm Barth Verlag

Kenneth Ring: Den Tod erfahren - das Leben gewinnen. © alle deutschsprachigen Rechte bei, Scherz Verlag, Bern, München, Wien

Personen- und Sachregister

Die Gedanken, Methoden und Anregungen in diesem Buch stellen die Meinung und Erfahrung der Verfasser dar. Sie wurden von den Autoren nach bestem Wissen erstellt und mit größtmöglicher Sorgfalt überprüft. Sie bieten keinesfalls Ersatz für kompetenten medizinischen Rat. Jede Leserin, jeder Leser sollte für das eigene Tun und Lassen auch weiterhin selbst verantwortlich sein.
Daher erfolgen Angaben in diesem Buch ohne jegliche Gewährleistung oder Garantie des Verlags oder der Autoren. Eine Haftung des Verlags oder der Autoren für etwaige Personen-, Sach- oder Vermögensschäden ist ausgeschlossen, es sei denn im Falle grober Fahrlässigkeit.

Die Deutsche Bibliothek - CIP-Einheitsaufnahme

Lückert, Heinz-Rolf:
Selbstheilung durch geistige Kräfte : ein Handbuch der Methoden und ihrer Anwendungen / Heinz-Rolf Lückert. Hrsg. von Inge Lückert -
Zürich : Kreuz-Verl., 1999
ISBN 3-268-00232-3

1 2 3 4 5 03 02 01 00 99

P.O. Box 621, CH-8034 Zürich
Umschlaggestaltung: Atelier Reichert
Umschlagbild: © ZEFA/SHARPS HOOTERS; Photo: D. Gubernick
Satz: Rund ums Buch, Rudi Kern, Kirchheim/Teck
Druck und Bindung: Wiener Verlag, Himberg
ISBN 3 268 00232 3